就 业 论

第一卷

就业理论体系与分析方法

王二丹　王唯炜　著

THE THEORY OF EMPLOYMENT
The System of the Theory of Employment and Its Analysis Method

知识产权出版社
全国百佳图书出版单位

图书在版编目（CIP）数据

就业论. 第一卷，就业理论体系与分析方法 /王二丹，王唯炜著. —北京：知识产权出版社，2019.1

　　ISBN 978-7-5130-5535-2

　　Ⅰ.①就…　Ⅱ.①王…②王…　Ⅲ.①就业-理论研究　Ⅳ.①C913.2

中国版本图书馆 CIP 数据核字（2018）第 078887 号

内容提要

　　《就业论》共四卷本，是一部系统地阐述凯恩斯《就业、利息和货币通论》的理论著作，本书是《就业论》的第一卷《就业理论体系与分析方法》。政治经济学的思想起源和经济学的发展历程表明，就业理论的思想体系是一脉相承的经济学体系。凯恩斯基于亚当·斯密等经济学家的道德哲学和政治哲学思想，以及供需均衡的一般理论，提出了一般就业理论的要旨，并以此为核心构建了一个科学的就业理论的分析框架。

　　本书基于马歇尔和凯恩斯的研究方法，采用几何图解方法和空间-时间的概念，建立了供需均衡的 $N^w - Y^d$ 模型，旨在运用科学的方法阐释斯密的供需均衡的一般理论，揭示经济总量的供给与需求在空间和时间上相互作用的普遍规律。

　　责任编辑：彭喜英　　　　　　　　　　　　　　　**责任印制：孙婷婷**

就业论（第一卷）

就业理论体系与分析方法

JIUYE LUN(DI-YI JUAN)

JIUYE LILUN TIXI YU FENXI FANGFA

王二丹　　王唯炜　　著

出版发行：**知识产权出版社**有限责任公司　　　　网　　址：http://www.ipph.cn
　　　　　　　　　　　　　　　　　　　　　　　　　　　　　　http://www.laichushu.com
电　　话：010-82004826
社　　址：北京市海淀区气象路 50 号院　　　　　　邮　　编：100081
责编电话：010-82000860 转 8539　　　　　　　　　责编邮箱：pengxiying@cnipr.com
发行电话：010-82000860 转 8101　　　　　　　　　发行传真：010-82000893
印　　刷：北京中献拓方科技发展有限公司　　　　　经　　销：各大网上书店、新华书店及相关专业书店
开　　本：720mm×1000mm　1/16　　　　　　　　　印　　张：17.5
版　　次：2019 年 1 月第 1 版　　　　　　　　　　 印　　次：2019 年 1 月第 1 次印刷
字　　数：261 千字　　　　　　　　　　　　　　　 定　　价：78.00 元
ISBN 978-7-5130-5535-2

导　言

　　凯恩斯的《就业、利息和货币通论》（简称《通论》），从本质上讲，是阐述就业理论的著作。正如凯恩斯所言，"由于这就是就业通论的实质内容，我们的任务在于说明这一内容。""对本书以下各章所要建立的就业理论……"。毋庸置疑，凯恩斯写作《通论》的目的是建立就业理论，他的任务在于说明就业通论的实质内容。

　　《就业论》是一部系统地阐述就业理论的著作。概括地说，就业理论体系的基本原理主要是由以下主题构成的：分配理论、劳动所有权学说、有效需求原理、货币理论、资本利润学说、利息理论、劳动需求原理和经济总量的分析框架。《就业论》在系统地阐释上述就业理论思想体系的基础上，进一步发展了马歇尔的图解方法和凯恩斯的代数分析方法，力图将几何图形分析方法与代数分析方法有效地结合起来，为经济学提供一个更完整的、更科学的就业理论的分析框架。

　　《就业论》由四卷组成，共计八篇。本书是第一卷《就业理论体系与分析方法》，分为两篇。

　　第一篇题为"就业理论的思想体系"。凯恩斯就业理论的思想来源，可以一直追溯到亚当·斯密的有效需求学说。《国富论》正是围绕着有效需求理论揭示了经济科学的真理。就其实质而言，可以认为斯密的经济理论体系是一个就业理论体系。对此，斯密在《国富论》开篇的《序论及全书设计》（简称《序论》）中，精辟地阐述了劳动这一主题在其理论体系中的核心地位。本书的第一篇围绕着《国富论》的七个基本主题，力图清晰地诠释一脉相承的就业理论的思想体系。

　　第一章概述了《国富论》的七个基本主题。《国富论》的《序论及全书设计》阐述的基本主题概括了经济活动的目的和基本规律；《国富论》主要是围绕着消费者比例、就业率和收入分配率这三个基本变量，考察不同的经济学说是如何左右一国的经济政策，进而影响一国的消费者比例、劳动者的就业率以及劳动年产物的分配率。也就是说，斯密最关注的不是财富积累（经济增长）问题，而是与"物的问题"截然不同的"人的问题"——一国的消费者比例和劳动者的就业率。就

《国富论》的本质而言，财富是手段，而不是目的。

第二章考察了一切生产的唯一目的、经济活动的基本规律、有效需求不足与失业、经济总量的分析框架以及一般就业理论的要旨等主题。从根本上讲，这些讨论都是围绕着斯密《国富论》的三个基本主题展开的，这些主题构成了就业理论的基本原理。关于一切经济活动的最终目的，斯密的观点是：消费是一切生产的唯一目的，这原则是完全自明的。经济活动的基本规律是：劳动是供给国民消费的一切生活必需品和便利品的源泉，年产物的总供给和消费者比例都取决于就业率；与此同时，大多数人的消费本身又是财富的另一来源，这些消费支出也为他人提供了收入和就业机会。西斯蒙第和马尔萨斯认为，如果一国的消费需求严重不足，将导致生产过剩，会抑制社会再生产，从而造成劳动者的大量失业。凯恩斯的就业理论的分析框架就是建立在上述思想的基础之上的。

第三章围绕就业、消费与收入分配之间的关系，探讨了分配学说的基本原理，为就业理论奠定了道德哲学的基础。一国的消费者比例和就业率是与大多数国民的幸福联系在一起的，大多数国民的幸福建立在社会文明繁荣的基础上，社会文明繁荣不但与一切生活必需品和便利品的供给相联系，并且与社会公正地分配财富和收入相联系。不仅如此，分配理论是与科学的分析方法联系在一起的；分配公正与否对于一个国家的就业、收入和消费的影响是不容忽视的，一国的消费者比例和就业率都取决于收入分配的比例。归根结底，就业理论的分析框架考察的不仅仅是经济增长问题，更重要的是考察就业率以及与之相关的收入分配问题；它围绕着决定消费者比例的就业率，研究一个经济体各经济总量的合理的比例关系，以及这些比例之间遵循的经济规律。

第四章考察了古典学派以前的劳动所有权学说，它为就业理论奠定了政治哲学的基础。古典政治经济学从诞生那天起，威廉·配第就认识到，国家"必须为所有其他贫民寻找一些固定的职业"，这是与他们"丰衣足食"的消费联系在一起的。斯密一语道破了劳动所有权的实质：劳动者所有的世袭财产，就是他们的体力与技巧，如果他们无法就业，那明显是侵犯了这最神圣的财产。因此，社会需要维护劳动者劳动的权利和自由，为国民的劳动所有权提供制度保障。进一步讲，劳动所有权是与资本相联系的。《国富论》的一个重要主题是资本量的大小及其用途的改变是如何推动就业量的变化，并最终影响消费者比例的变化。凯恩斯则认为，投资超过储蓄的数量是决定就业量改变的动力，从而建立起储蓄量、投资量与就业量之间的定量关系。综合以上四章的论述，我们试图概括性地阐释就业理论这一庞大的思想体系。

第二篇《就业通论与图解方法》试图在解释斯密的劳动价值论和供需均衡的一般理论，以及马歇尔的供需均衡的图解方法的基础上，运用凯恩斯的经济总量的分析框架，并且采用空间-时间的概念，构建一个供给与需求的四维模型。在其中，我们找到了一条连续的反映供给与需求的均衡状态的点的连线，它使得供需均衡的一般原理连续适用于长短不同时期，从而为经济科学的供需均衡的一般分析提供了统一的科学的研究方法。

对于一个理论体系而言，真实的价值尺度是与经济分析的科学性紧密联系在一起的；如果没有一种统一的真实价值尺度，经济学就无法发展出自身科学的研究方法。第五章介绍了古典学派以前的政治经济学对真实价值尺度的研究。可以说，劳动价值论是使经济学成为一个统一的分析体系的核心。凯恩斯深刻理解并认同古典学派以前的价值理论，他基于斯密的"劳动是衡量一切商品交换价值的真实尺度"的思想，以及遵循马歇尔关于"价值论是使经济科学成为一个统一体的核心"的观点，选择用劳动单位（就业量）和工资单位（货币量）来衡量经济总量，从而将劳动市场与产品市场的供需均衡分析联结成为一个统一的分析体系。

第六章通过探讨斯密的供需均衡的一般理论和分析方法，对比古典就业理论的基本假设前提，深入地考察了凯恩斯的劳动供给和需求的模型以及总供给和总需求模型。在一定意义上，经济科学的发展是从马歇尔的《经济学原理》开始的。马歇尔认为，劳动价值理论和劳动产品价值理论是一个统一的整体；经济科学的头等任务是正确地发展和运用科学方法，研究最一般形态上的正常需求和正常供给的均衡。在很大程度上，供需均衡的一般理论已经决定了供需均衡分析所采用的基本方法。凯恩斯继承并发展了马歇尔的分析方法。就其实质而言，凯恩斯构建的经济总量的供需均衡模型，产品的总供给和总需求模型是与劳动的供给和需求模型相互联系而彼此影响的。这样，就形成了一个劳动的供给和需求与产品的总供给和总需求的统一的分析体系。

在现代经济分析中，供需均衡分析的图解方法，已经成为经济学家用来解释市场供给与需求的标准工具。凯恩斯将图解分析方法归功于马歇尔，称马歇尔是"现代图解经济学的奠基人"。第七章从供给与需求的图解分析方法入手，描绘了凯恩斯的劳动供给与劳动需求图形，以及与就业量相联系的总供给与总需求图形，并在此基础上发展出劳动供需模型与产品供需模型相互联系的供给与需求的四维图解方法。四维图解方法是基于就业理论的基本原理，以劳动价值论作为经济分析的理论基石，运用马歇尔的图解技术以及凯恩斯的市场供给与需求的基本分析方法，构建出的反映劳动的供给与需求和产品的总供给与总需求之间的相互作用，并且与变量的时间相联系的四维模型分析工具，这一工具直观地反映出均衡就业量（劳动量）与有效需求（商品的交换价值）之间的定量关系。

早在 1890 年写作《经济学原理》时，马歇尔已经敏锐地意识到时间因素对于经济分析的重要性，他坚信，时间因素"差不多是每一经济问题的主要困难之中心"。他把时间因素直接引入到经济分析中，发现了"一条贯穿始终，并把供求均衡的一般原理与长短不同的时期联系起来的连线"。我们通过四维图解的方法，把四维模型中的供需均衡点的连线投影在三维空间的底面，在供需均衡的 $N^w - Y^d$ 模型中得到了一条连续的供需均衡曲线。第八章探讨了这条贯穿经济分析始终的均衡就业量与有效需求构成的点的连线。可以看到，均衡就业量与有效需求构成的点的连线是唯一真实的客观实在，从而把长短不同时期的供需均衡点连接起来的曲线与就业理论的基本原理联系起来，为供需均衡的分析框架提供一个统一的科学的研究方法。

无论是古典学派的学说、新古典学派的学说，还是新古典综合学派的学说，其核心内容都集中在供给与需求的一般均衡关系的研究。凯恩斯多次指出，就业通论并非否认经济可能处于稳定均衡的状态，而是古典学派的假设条件只适用于充分就业的特殊情况，而不适用于存在失业的一般通常的情况。第九章通过四维图解方法，在 $N^w - Y^d$ 模型中得到了一条随时间变化的充分就业量与潜在产量构成的点的连线，它是一条贯穿始终的并将长短不同时期联系起来的充分就业曲线。充分就业曲线是一条"最优"的供需均衡曲线；经济科学可以采用供需均衡的 $N^w - Y^d$ 模型以及充分就业曲线更深入地研究供给与需求的最优均衡状态。依靠充分就业曲线的分析方法，有助于经济政策的最终目标的理论研究。

　　经济学在成为一门独立的学科以后，需要拥有自己的基础，它亟需发展更完整的、更具科学性的研究方法。在一定意义上，经济科学的进步几乎全部体现在供需均衡的一般模型的选择与改进上。为了解释凯恩斯所说的经济的"常态"与"特例"，第十章将供需均衡的 $N^w - Y^d$ 模型与就业通论联系了起来。运用供需均衡的 $N^w - Y^d$ 模型解释一个国家的供需均衡曲线相对于充分就业曲线的位置、供需均衡曲线相对于充分就业曲线的斜率以及供需均衡曲线的延伸方向的各种变化，我们可以更深刻地理解《通论》的经济思想；这一模型还为观察经济体系的真实运作提供了科学的分析工具。毋庸置疑，对供需均衡曲线相对于充分就业曲线的斜率，与供需均衡曲线的延伸方向和幅度的研究，既是凯恩斯就业通论的核心内容，也是供需均衡的分析框架的最终任务。

目　　录

第一篇　就业理论的思想体系

第二篇　就业通论与图解方法

第一篇

就业理论的思想体系

日常生活的各准则，象在自然现象的研究一样，也按某种有组织的次序整理起来了，并且也用少数共同原理联结综合起来了。研究并说明这些起联结作用的原则的科学，称为道德哲学。

——亚当·斯密《国民财富的性质和原因的研究》

我认为经济学在本质上是一门道德科学，而不是自然科学。这也就是说，它必须运用内省和价值判断。

——约翰·梅纳德·凯恩斯 1938 年 7 月 4 日

致罗尔·哈罗德的信件

引　言

约翰·梅纳德·凯恩斯（John Maynard Keynes，1883—1946）的经济学名著《就业、利息和货币通论》（1936，简称《通论》）已经问世80多年了。他在这本书中所阐述的开创性理论，对经济学界乃至整个经济社会的各个方面都产生了深远影响。"从现代宏观经济学的观点出发，我们必须把J.M.凯恩斯的《就业、利息和货币通论》（1936年）视作我们时代最伟大的学术成就……"[1]经济学界通常认为，是凯恩斯将宏观经济思想整合到一起形成了一个一般性的经济总量的分析框架，从而引发了经济理论的"凯恩斯革命"，于是，冠之以"宏观经济学之父"的美誉。然而，凯恩斯在《通论》中从未明确提及他的学说是宏观经济学，而是一再声称《通论》是论述就业理论的著作。

首先，《通论》的全称是《就业、利息和货币通论》。可以看出，凯恩斯的学说是围绕就业量、利息率和货币数量这三个基本变量展开的。在这三个变量中，就业量是经济分析的目标。凯恩斯在书的《序》中对此作了解释，"使用货币的经济制度基本上是这样一个制度；在其中，对将来的看法的改变不仅可以影响就业的方向，而且还可以影响就业的数量。"[2]概括地说，《通论》是研究货币数量和利息率的改变如何影响人们对未来经济的预期，进而影响就业的方向和数量的一般性理论著作。

其次，在《通论》第三章《有效需求原理》中，凯恩斯多次明确指出其写作目的是要建立就业理论。"对本书以下各章所要建立的就业理论……"[3]或者说，《通论》的任务在于阐述就业理论，"由于这就是就业通论的实质内容，我们的任务在于说明这一内容"。[4]有效需求原理是就业理论的基本原理，《通论》接下来的几篇内容就是对这一原理的各个方面逐一

---

❶ 约瑟夫·熊彼特. 经济分析史：第三卷［M］. 北京：商务印书馆，1994：599.

❷ 约翰·梅纳德·凯恩斯. 就业、利息和货币通论［M］. 重译本. 北京：商务印书馆，1999：3.

❸ 约翰·梅纳德·凯恩斯. 就业、利息和货币通论［M］. 重译本. 北京：商务印书馆，1999：32.

❹ 约翰·梅纳德·凯恩斯. 就业、利息和货币通论［M］. 重译本. 北京：商务印书馆，1999：30-31.

进行细致的考察，这构成了《通论》的实质内容。

最后，通读《通论》，我们不难发现，书中反复强调了经济分析的最终目标变量为就业量。比如，"我们分析的最终目标是找出：决定就业量的是什么"。[1] 凯恩斯通过研究什么因素决定整个社会就业量的变化，进而解释社会广泛存在失业的原因，最终力图找出实现充分就业的方法和手段。《通论》分析的最终目标是考察决定就业量的因素是什么，并非考察决定经济增长的因素是什么。显而易见的是，一个经济分析框架的目标变量将会决定模型体系中所有自变量与因变量之间的函数关系；不同的目标变量需要建立不同的模型来解释，那么模型中的各个自变量及模型所反映的自变量与因变量的关系自然也会不同。

这里需要指出的是，我们并非在辨析宏观经济学名称的来源和准确性问题，而是在阐述《通论》的核心内容。毋庸置疑，就其本质而言，凯恩斯的学说是就业理论。

不可思议的是，在凯恩斯去世之后的七十多年里，他曾经为之奋斗的就业理论的经济思想竟然"在经济学文献中完全不见踪迹"[2]。事实上，从《通论》问世的那天起，对凯恩斯学说的不同解释和评述就成为经济学界争论的焦点。这些争论的结果形成了目前对该学说较为一致的看法，其实质是：经济理论界认可的，是凯恩斯的经济总量的分析方法，而不是他的经济思想——就业理论；大多数经济学家更感兴趣的仍然是古典均衡理论，或者按照当今学界的划分，称为新古典均衡理论。然而，凯恩斯写作《通论》的出发点，正是不满意于古典学派的假设前提和结论，试图建立一个更符合经济事实的就业理论的分析框架。为了揭示经济理论的"这一巨大之谜"，我们有必要深入地探究就业理论的思想渊源，系统地解释就业理论的经济思想和分析方法。

对于凯恩斯就业理论的思想来源，首先可以追溯至托马斯·罗伯特·马

---

[1] 约翰·梅纳德·凯恩斯. 就业、利息和货币通论 [M]. 重译本. 北京：商务印书馆，1999：95.

[2] 约翰·梅纳德·凯恩斯. 就业、利息和货币通论 [M]. 重译本. 北京：商务印书馆，1999：37. 这里套用了凯恩斯对马尔萨斯的有效需求理论之命运的评述。原文为："马尔萨斯曾经为之斗争的有效需求这一巨大之谜在经济学文献中完全不见踪迹。"很明显，《通论》也陷入了相似的尴尬境地，目前从就业理论角度解释《通论》的著作，就我们所知仅有琼·罗宾逊的《就业理论引论》（1937）和杜德莱·狄拉德的《凯恩斯经济学——货币经济理论》（1955）。

尔萨斯（Thomas Robert Malthus，1766—1834）的有效需求原理。凯恩斯将有效需求不足导致失业的思想归功于马尔萨斯。"一直到马尔萨斯的晚年，那时，有效需求的不足作为对失业的科学解释取得了一定的地位。"❶凯恩斯的就业理论是在马尔萨斯学说的基础上，对这一根本性问题做进一步的诠释和发展。

如果继续探讨马尔萨斯的有效需求原理，也许不难看出，它是基于亚当·斯密（Adam Smith，1723—1790）的有效需求学说。无论是马尔萨斯的《人口原理》（1798）还是《政治经济学原理》（1820），其核心思想都是建立在对《国民财富的性质和原因的研究》（1776，简称《国富论》）的基本理论观点的解释、发展和完善之上的。倘若我们深入研究斯密所创建的理论体系，可能会发现，《国富论》正是围绕着有效需求理论揭示了经济科学的真理。就其实质而言，可以认为斯密的经济理论体系是一个就业理论体系。对此，斯密在《国富论》开篇的《序论及全书设计》中，精辟地阐述了劳动这一主题在其理论体系中的核心地位。本书的第一篇围绕《国富论》的几个基本主题以及它们之间的联系，试图概括地阐释就业理论的思想体系。

❶ 约翰·梅纳德·凯恩斯. 就业、利息和货币通论 [M]. 重译本. 北京：商务印书馆，1999：374.

第一章 《国富论》的主题

> 一个人对一件事情的性质的感觉本身就是一个始点。如果它
> 对于一个人是足够明白的，他就不需再问为什么。而受过良好道
> 德教育的人就已经具有或是很容易获得这些始点。

> —— 亚里士多德《尼各马可伦理学》

就业理论研究的始点，是考察"一切经济活动的最终目的应该是什么""经济分析的最终目标应该是什么"以及"经济活动的基本规律是什么"这类经济理论最基本的问题。"对每种始点，我们必须以它的本性的方式理解，必须正确地定义它们，因为它们对于尔后的研究至关重要。始点是研究的一半，它使所要研究的许多问题得以澄清。"❶ 为了解释这些最基本的经济理论问题，本书把经济理论体系的开山之作——亚当·斯密的《国富论》的主题作为讨论就业理论的始点。清楚地理解并把握斯密理论体系的主题至关重要，它将使我们所要研究的许多基本的理论问题得以澄清。

在《国富论》出版 10 年之后，斯密似乎意识到大多数读者对于该书的主题存在很大的误解，于是，"1786 年，亚当·斯密又为《国富论》增写了《序论及全书设计》置于卷首，出版了该书的第四版，这是斯密生前审订的最后一个《国富论》版本。"❷ 在这篇不到三页的《序论及全书设计》（简称《序论》）中，斯密明确提出了《国富论》各篇的主题及核心思想，概括了全书的结构和思路。《序论》的表述简明扼要，斯密是在给他的读者指点迷津。

《序论》要传达的信息是清晰明了的，即《国富论》作为一个经济理论体系要探讨的核心问题究竟是什么。从书名来看，《国民财富的性质和原

---

❶ 亚里士多德. 尼各马可伦理学 [M]. 北京：商务印书馆，2003：21.
❷ 亚当·斯密. 道德情操论 [M]. 北京：商务印书馆，1997：译者序言.

因的研究》给读者的第一印象是关于财富问题的研究，这既是大多数国民感兴趣的问题，也是国家统治者最为关注的问题。的确，斯密在《国富论》中阐述了许多有关财富的理论。例如，著名的分工理论告诉读者，合理的劳动分工可以提高劳动生产力，从而促进生产，并增加社会财富；深受当代推崇的"一只看不见的手"的思想，指出经济活动隐含的规律会促使个人利己的经济行为有利于整个社会的经济利益和财富积累；货币、银行、资本……这些词汇似乎都与财富密切相关。尽管如此，斯密在《序论》中却没有把财富增长作为《国富论》的基本主题，而是开门见山地强调了以下几个主题。

一、劳动是供给国民每年消费的一切生活必需品和便利品的源泉

《国富论》的第一个主题旨在考察经济活动的基本规律，即一国国民的劳动、一切生活必需品和便利品的供给与其国民消费之间的关系。《序论》的开篇首先指出："一国国民每年的劳动，本来就是供给他们每年消费的一切生活必需品和便利品的源泉。"[1]《序论》的第一句话直接道出了经济活动的基本规律，即一国国民通过劳动，生产出全体国民所需的一切生活必需品和便利品，这些产品最终要提供给全体国民，以满足他们对一切生活必需品和便利品的消费。概括地讲，基本经济规律反映的是一国每年的就业量、一切生活必需品和便利品的总供给与国民总的消费量三者之间的关系。《国富论》旨在研究这三者之间的关系，这一基本关系构成了斯密理论体系的最核心内容。

根据斯密的定义，真实财富是"社会的土地和劳动的年产物"。[2]一般来说，社会的土地和劳动的年产物（总产量）是由生活必需品、便利品、奢侈品和资本品四个部分构成的。现代社会所采用的国民生产总值的指标与真实财富的范畴比较接近，反映的是社会所有产品每年增加的状况。在这里，斯密强调的是真实财富中的"一切生活必需品和便利品"，很明显，他

---

[1] 亚当·斯密. 国民财富的性质和原因的研究：上卷 [M]. 北京：商务印书馆，1972：1.
[2] 亚当·斯密. 国民财富的性质和原因的研究：上卷 [M]. 北京：商务印书馆，1972：3.

是将一切生活必需品和便利品与奢侈品和资本品区别对待的，着眼于研究一切生活必需品和便利品的总供给与总消费。

二、消费是一切生产的唯一目的，衡量一国国民消费水平的消费者比例与一切生活必需品和便利品的供给密切相关

《国富论》的第二个主题解释了一国的消费者比例与一切生活必需品和便利品供给之间的关系。经济理论首先需要明确地解释一切经济活动的目的"应该是什么"。斯密认为，经济生活存在一个自明的原则："消费是一切生产的唯一目的。"❶社会劳动和生产的最终目的是满足国民对一切生活必需品和便利品的消费需求。这里，斯密特别强调要考虑老幼病弱者的消费需求，而不仅仅只有劳动者和生产者等参与生产活动的人才享有消费的权利。为此，斯密提出了一个消费者比例的概念，指出，构成一国国民每年消费的一切生活必需品和便利品，"对消费者人数，或是有着大的比例，或是有着小的比例，所以一国国民所需要的一切必需品和便利品供给情况的好坏，视这一比例的大小而定"。❷可以将斯密的上述表述理解为，他首先强调的是一个国家能够享有充足的生活必需品和便利品的消费者人数在全部国民中所占的比例，即消费者比例。消费者比例衡量的是一国国民总体的消费水平，与该国的一切生活必需品和便利品的供给密切相关，反映了与一切生活必需品和便利品的供给状况相联系的国民消费的水平。

三、一个国家的消费者比例总必取决于劳动者的就业率

《国富论》的第三个主题阐明了一国的消费者比例的决定因素。斯密认为一国的总供给状况受该国下述两方面情况的支配：第一，国民运用

❶ 亚当·斯密. 国民财富的性质和原因的研究：下卷 [M]. 北京：商务印书馆，1972：227.
❷ 亚当·斯密. 国民财富的性质和原因的研究：上卷 [M]. 北京：商务印书馆，1972：1.

劳动的熟练、技巧和判断力❶，也就是一国的劳动生产力水平；第二，"从事有用劳动的人数和不从事有用劳动的人数，究竟成什么比例"❷，换句话说，一国劳动者的就业量究竟占什么比例。斯密进一步强调，在通常情况下，劳动生产力相对于就业率是稳定的，因此，"一国国民每年供给状况的好坏，总必取决于其国民每年从事有用劳动的人数，和不从事有用劳动的人数，究竟成什么比例"❸。由于一国的消费者比例取决于该国一切生活必需品和便利品的供给状况，在生产力通常稳定的情况下，一国的总供给取决于劳动者的就业率，因此，《国富论》的这一命题可以概括地表述为：一国国民的消费者比例总必取决于劳动者的就业率。斯密清晰地阐明了决定消费者比例的基本因素；他指出消费者比例与就业率之间的关系，意在强调劳动者的就业问题是《国富论》研究的核心主题。

四、社会文明繁荣是与社会公正地分配财富和收入联系在一起的

《国富论》的第四个主题明确提出了一国的社会文明繁荣是与社会公正地分配财富和收入相联系的。收入分配是与消费者比例密切相关的又一个问题，一个文明繁荣的社会特别要考虑老幼病弱者的各种生活必需品和便利品的消费权利。"在文明繁荣的民族间，虽有许多人全然不从事劳动，而且他们所消费的劳动生产物，往往比大多数劳动者所消费的要多过十倍乃至百倍。"❹显而易见，收入分配和再分配与一国的消费者比例息息相关，既影响一国的消费者比例，又影响该国劳动者的就业率。"劳动的生产物，按照什么顺序自然而然地分配给社会上各阶级？这就是本书第一篇的主题。"❺简而言之，一国的社会文明繁荣与财富和收入的分配密切相关，公正地分配财富和收入是社会文明进步和经济稳定发展的前提。

---

❶ 亚当·斯密. 国民财富的性质和原因的研究：上卷 [M]. 北京：商务印书馆，1972：1.
❷ 亚当·斯密. 国民财富的性质和原因的研究：上卷 [M]. 北京：商务印书馆，1972：1.
❸ 亚当·斯密. 国民财富的性质和原因的研究：上卷 [M]. 北京：商务印书馆，1972：2.
❹ 亚当·斯密. 国民财富的性质和原因的研究：上卷 [M]. 北京：商务印书馆，1972：1-2.
❺ 亚当·斯密. 国民财富的性质和原因的研究：上卷 [M]. 北京：商务印书馆，1972：2.

五、就业量与推动劳动的资本量的大小及资本的用途成比例

《国富论》的第五个主题揭示了决定一个国家就业量的因素。如果说《国富论》研究的核心主题是就业问题，那么，又是什么因素决定一国就业量的大小呢？斯密明确指出："有用的生产性劳动者人数，无论在什么场合，都和推动劳动的资本量的大小及资本用途成比例。"❶一国的就业量取决于该国推动劳动的资本量的大小及资本的用途，也就是说，对于就业问题的考察不能脱离它与资本量的大小及资本的用途之间的联系。斯密的表述说明，资本积累是创造真实财富——土地和劳动的年产物的方式，而创造真实财富的目的是促进消费者比例的提高。如前所述，一国的消费者比例总必取决于劳动者的就业率。因此，在这一意义上，一国资本积累的目的是维持劳动者就业，并且投资要与推动劳动者就业的人数相匹配。

六、一国经济政策决定投资和劳动管理计划，进而决定该国的就业量

《国富论》的第六个主题阐述了一国的经济政策决定着该国的生产和就业的思想。在考察经济活动基本规律的基础上，斯密深入地讨论了一个国家不同的经济政策将决定其采取极不相同的投资计划和劳动管理计划，这些不同的计划将决定一国就业量及真实财富的变化。"对于劳动的一般管理或指导，曾采取极不相同的计划。这些计划，并不同等地有利于一国生产物的增加。有些国家的政策，特别鼓励农村的产业；另一些国家的政策，却特别鼓励城市的产业。"❷需要特别注意的是，斯密强调，一国采取不同的经济政策所导致的真实财富的增加，并不等同于劳动人数会以相同的比例增加；这主要是由于在社会不同行业的生产中，资本的用途有着显著的不同，相同数量的资本所推动的劳动的数量也会有很大的不同。

---

❶ 亚当·斯密. 国民财富的性质和原因的研究：上卷 [M]. 北京：商务印书馆，1972：2.
❷ 亚当·斯密. 国民财富的性质和原因的研究：上卷 [M]. 北京：商务印书馆，1972：2.

七、不同的经济学说将左右国家的政策

《国富论》的第七个主题旨在解释不同的经济学说将左右国家的政策。斯密认为,不同的投资计划和劳动管理计划起因于不同阶级的利益与偏见,而后又产生了极不相同的经济学说对这些观点进行解释和支持。"这些计划却引起了极不相同的经济学说。……这些不相同的学说,不仅对学者们的意见产生了相当大的影响,而且君王和国家的政策亦为它们所左右。"❶一国采取不同的经济政策基于不同的经济理论。由于极不相同的经济学说左右着国家统治者的经济政策,那么这些受不同的经济学说指引的不同的经济政策,必然会对一国的经济结果——消费者比例和就业率产生截然不同的影响。

基于上述主题,《国富论》的第五篇重点讨论了财政理论与财政政策。

综上所述,《序论》所论及的主题可以扼要地概括如下:一国国民的劳动是供给他们每年消费的一切生活必需品和便利品的源泉;消费是一切生产的唯一目的,更严格地说,提高大多数人的消费水平或者消费者比例,是一切生活必需品和便利品供给的目的;在通常情况下,劳动生产力是相对稳定的,一国的消费者比例总必取决于劳动者的就业率;国家文明繁荣的前提是社会公正地分配财富和收入,或者说,社会的进步与否取决于劳动生产物按照什么比例分配给社会各阶级的人民;资本积累和使用的目的主要是推动劳动者就业,一国的就业量与该国资本量的大小及资本的用途成比例。上述基本主题概括了经济活动的目的和基本规律,《国富论》主要是围绕消费者比例、就业率和收入分配率这三个基本变量,考察不同的经济学说如何左右一国的经济政策,进而影响一国的消费者比例、劳动者的就业率及劳动年产物的分配率。由《国富论》的以上主题可以看出,斯密最关注的不是财富积累(经济增长)问题,而是与"物的问题"截然不同的"人的问题"——一国的消费者比例和劳动者的就业率。

然而,任何一本书的题目本身必然会涉及它的主题。财富是《国富论》

---

❶ 亚当·斯密. 国民财富的性质和原因的研究:上卷 [M]. 北京:商务印书馆,1972:3.

所要探讨的主题之一，那么，斯密所强调的上述基本主题与真实财富之间的关系是什么呢？通过领悟斯密关于劳动者就业、国民消费与国民财富之间关系的思想，我们也许不难得出以下结论：劳动者通过就业生产"土地和劳动年产物"的方式，通常称为创造财富；消费者享受劳动成果——一切生活必需品和便利品的行为，通常称为消费财富；社会公正体现在财富和收入分配的比例——要优先考虑老幼病弱的国民，通常称为分配财富；运用不同的方式管理国民的储蓄与投资，通常称为管理财富。简而言之，人类的经济活动就是运用土地、劳动和资本来生产"土地和劳动的年产物"，以满足国民的一切生活必需品和便利品的消费，正是"真实财富"将上述几个基本主题——消费者比例、就业率、收入分配比例，以及资本的数量及其用途联系了起来。由此可见，就《国富论》的本质而言，财富是手段，而不是目的。

毫无疑问，《国富论》的上述主题涉及经济理论的一系列最基本问题。本书第一篇旨在详细地阐述《国富论》的上述主题，这部分内容由三章构成：第二章的标题为"就业理论的基本原理"，旨在深入地考察《国富论》的前三个主题；第三章的标题为"就业、消费与收入分配"，旨在进一步探讨《国富论》的第四个主题；第四章的标题为"劳动所有权与就业理论"，旨在细致地讨论《国富论》的后三个主题。概括地说，围绕着《国富论》的七个基本主题，我们力图清晰地诠释一脉相承的就业理论的思想体系。

第二章　就业理论的基本原理

　　既然所有的知识与选择都在追求某种善，政治学所指向的目的是什么，实践所能达到的那种善又是什么。就其名称来说，大多数人有一致意见。无论是一般大众，还是那些出众的人，都会说这是幸福，并且会把它理解为生活得好或做得好。

——亚里士多德《尼各马可伦理学》

第一节　概　　述

　　自从《国富论》问世以来，经济学的发展几乎全部建立在对《国富论》解释的基础上。对于亚当·斯密在《序论》中提出的《国富论》的基本主题，我们需要进一步做出令人信服的解释。如第一章所述，《国富论》的前三个主题旨在解释其理论体系的基本原理。其一，劳动是供给国民每年消费的一切生活必需品和便利品的源泉，这一原理阐述了一国每年的就业量（劳动量）、一切生活必需品和便利品的供给量与其国民消费量之间的关系；其二，消费是一切生产的唯一目的，衡量一国国民总体消费水平的消费者比例与一切生活必需品和便利品的供给密切相关；其三，一个国家的消费者比例总必取决于劳动者的就业率。斯密试图通过以上三个基本主题阐述就业理论的基本原理，其目的是揭示经济活动的基本规律。

　　一切生产的最终目的是经济理论首先需要回答的问题。无论是考察消费是一切生产的唯一目的，还是讨论消费者比例的提高，乃至研究消费者比例与大多数人的幸福的关系，毋庸置疑的是，《国富论》所讨论的核心问题都是大多数人的一切生活必需品和便利品的消费问题，而不是个人或国家的财富积累（经济增长）问题。

就业理论的基本原理旨在揭示经济活动的基本规律。《国富论》阐释的是一国劳动者的就业率、一切生活必需品和便利品的供给状况与消费者比例之间的关系，或者说，一国劳动者的就业量、土地和劳动的年产物的供给量与国民消费量之间的关系。其中，消费者比例与就业率之间的关系是《国富论》的核心主题。一方面，劳动是供给国民每年消费的一切生活必需品和便利品的源泉，消费者比例总必取决于就业率；另一方面，国民每年的消费又是一国财富的另一个来源，如果社会大部分成员，即劳动者的收入过低，将必然导致国民消费需求不足及生产过剩，从而造成劳动者大量失业，国家将陷入"失业-消费不足-生产过剩"的恶性经济循环中。

在斯密的就业理论体系及马尔萨斯的有效需求原理的基础上，凯恩斯建立了就业理论的分析框架。他非常清楚消费是个切经济活动的最终目的，为此提出了一个消费倾向的概念，并将这个与消费者比例相联系的变量纳入其分析体系中。另外，凯恩斯也非常理解消费者比例总必取决于就业率的思想，为此，他明确提出经济分析的最终目标是找出：决定就业量的是什么。在上述思想的基础上，凯恩斯试图构建一个经济总量的分析框架，其核心内容是分析决定就业量的因素，即用一个模型定量描述经济活动的基本规律——就业量与总供给、消费倾向、投资量之间的关系。他认为上述变量之间的定量关系就是一般就业理论的要旨。

本章围绕《国富论》的上述三个基本主题，展开对就业理论体系的探索。首先，考察一切生产的唯一目的应该是什么；其次，揭示经济活动的基本规律是什么；再次，解释有效需求不足与失业之间的关系；之后，在阐述凯恩斯的经济总量的分析框架的基础上，探讨他的一般就业理论的要旨；最后，总结就业理论的基本原理。

第二节　一切生产的唯一目的

"一切经济活动的最终目的应该是什么"，毫无疑问，是经济理论首先需要回答的问题，它既是经济理论研究的出发点，也关系到经济分析最终要到达的终点。《国富论》正是围绕着这一核心命题对经济生活中存在的基本规律展开考察的。本节准备介绍亚当·斯密关于"消费是一切生产的唯一目的"的重要思想，并考察消费者比例与大多数人民的幸福之间的联系。

一、消费是一切生产的唯一目的

经济学说首先需要回答的不是"是什么"的问题，而是"应该是什么"的问题，也就是说，经济学说的首要任务涉及价值判断。"有智慧的人不仅知道从始点推出的结论，而且真切地知晓那些始点。"[1]对有关始点问题的研究是至关重要的，"因为，除非对始点比对由始点引出的结论更加了解，否则他就只是偶然地有科学知识"。[2]无论如何，如果我们把经济学作为一门科学，首先需要搞清楚其理论研究的始点。

作为政治经济学的完成者，斯密真切地知晓经济学的"始点"，并且知道如何从始点推出结论。对于经济理论的最根本性问题——一切生产的目的应该是什么，他明确地做出如下阐述。

> 消费是一切生产的唯一目的，而生产者的利益，只在能促进消费者的利益时，才应当加以注意。这原则是完全自明的，简直用不着证明。但在重商主义下，消费者的利益，几乎都是为着生产者的利益而被牺牲了；这种主义似乎不把消费看作一切工商业的终极目的，而把生产看作工商业的终极目的。[3]

可以这样理解亚当·斯密的思想：首先，消费是一切生产的最终目的，或者更确切地说，一切生产的最终目的是促进消费者的利益；其次，一切生产的唯一目的是满足国民对于一切生活必需品和便利品的消费需求，而不是通常所认为的经济增长（财富积累）本身。财富积累的最终目的也是消费，社会财富的生产和积累只不过是国民消费得以实现的手段和中间环节。因此，在整个"生产-分配-消费"的过程中，消费者的利益最应予以

---

[1] 亚里士多德. 尼各马可伦理学 [M]. 北京：商务印书馆，2003：175.
[2] 亚里士多德. 尼各马可伦理学 [M]. 北京：商务印书馆，2003：171.
[3] 亚当·斯密. 国民财富的性质和原因的研究：下卷 [M]. 北京：商务印书馆，1972：227.

关注，而生产者的利益则处于从属地位。用今天通行的经济学语言来说，物质生产或财富积累仅仅是宏观经济的中间目标。

斯密在《国富论》中对于"消费是生产的唯一目的"的命题并没有做更多的解释，他认为这一原则是"完全自明"的。不过，斯密并非如此轻易地下了结论，他对这一命题是经过了长期思考的。根据詹姆斯·布坎的考证，斯密对"生产的目的"的研究，至少可以追溯到《国富论》出版以前的 13 年。"斯密在 1763 年 3 月 29 日的讲座中说道，'暂且不论评判富裕的其他标准，如果一个国家所有的生活必需品和便利品都轻松易得（comea-ttibleness），那么这个国家就是富裕的，没有什么比这种'轻松易得'，更配得上富裕这个头衔了。"❶按照斯密的原意解释"国富"：如果一个国家的国民都能"轻松易得"一切生活必需品和便利品，这个国家就是富裕的。那么，我们可以说，生产的目的是国民对一切生活必需品和便利品的"轻松易得"。

在后续的讲座中，斯密进一步讨论了这一主题。"到了 4 月 13 日，斯密将之换成一个同样通俗但更为纯洁的词——'可消费性'。'一个国家所拥有的一切财富是服务于什么目的？只为供养人民。那么，怎样才能达到这一目的呢？答案便是消费财富。'即使是财宝，最终也要被消费掉，否则那便不算财富。"❷根据布坎的考证，斯密认为国家拥有财富只是为了供养人民，让人民消费财富；简而言之，财富是手段，消费才是目的。我们可以概括斯密对于财富的基本看法：一国国民通过劳动创造财富的目的是消费财富；具有"可消费性"的劳动年产物才能被称为财富，财富的意义就在于它最终要被人们消费，从这一意义上说，始终无法被消费掉的产品不能被称为财富。

值得注意的是，在谈到物质生产和积累财富的目的时，斯密强调了对"一切生活必需品和便利品"的消费。生活必需品和便利品是财富中与人类生存最息息相关的部分；消费财富，最主要的是对一切生活必需品和便利品的消费。因此，从根本上讲，一切生产的唯一目的是提高国民对一切生活必需品和便利品的消费。

在《国富论》问世多年后，对于经济理论的这一"完全自明"的最根

---

❶ 詹姆斯·布坎. 真实的亚当·斯密［M］. 北京：中信出版社，2007：103.
❷ 詹姆斯·布坎. 真实的亚当·斯密［M］. 北京：中信出版社，2007：103.

本性问题，许多经济学家仍然存在很大的误解。在斯密之后，法国经济学家让·沙尔·列奥纳尔·西蒙·德·西斯蒙第（Jean Charles Leonard Simonde de Sismondi，1773—1842）继续对"人类劳动的目的"这一主题进行了探讨。西斯蒙第是法国古典政治经济学的完成者，他的代表作是出版于 1819 年的《政治经济学新原理》。针对"人类劳动的目的"所存在的误区，西斯蒙第从分析离群索居的人的劳动目的入手，解释了个人通过劳动积累财富与其消费的关系。"那个离群索居的人劳动的目的完全是为了积累，以便以后可以安闲地休息。因为他不相应地增加自己的消费，所以他积累财富的指标不高，达到这个指标以后就不再进行积累，除非他是傻子。"❶他意在指出一个正常人的劳动观念——劳动的目的首先是满足个人对生活必需品的需求；一个离群索居的人对财富的需求取决于他对生活必需品的有限的消费指标，因此，过度地积累财富并不是他劳动的目的。

与之相对，西斯蒙第提出了一个"社会人"的概念，并且比较了"社会人"与"离群索居的人"不同的消费需求。"社会人的需要则是无限的，因为他们的劳动给他带来了变化无穷的享受，不管他积累了多少财富，他永远不能说：C'est assez（够了）；他总有办法把自己所积累的财富变成享受，或者至少会想出利用这种财富的办法。"❷在高度分工的社会组织形态下，由于社会人可以消费别人的劳动成果，他可以通过积累财富来交换多种多样的产品和服务，以满足其多种多样的享受。无限的欲望和需要使得财富积累对于他来说比离群索居的人重要得多，因此社会人倾向于积累更多的财富，并消费更多的财富。然而，在不同的社会形态下，尽管劳动者所从事的劳动的种类和方式有了很大的不同，但他们从事劳动的目的却是一致的。"职业和地位的区别，虽然区分了劳动的任务，却没有改变人类劳动的目的。人们肯于进行劳动，是为了以后获得休息；进行积累是为了消费；贪图财富是为了享受。"❸尽管与离群索居的人相比有了高得多的消费需求，对于社会人来说，劳动的目的仍然是满足他

---

❶ 让·沙尔·西斯蒙第. 政治经济学新原理［M］. 北京：商务印书馆，1964：58.
❷ 让·沙尔·西斯蒙第. 政治经济学新原理［M］. 北京：商务印书馆，1964：58.
❸ 让·沙尔·西斯蒙第. 政治经济学新原理［M］. 北京：商务印书馆，1964：59.

们对各种劳动产品的需求和享受。

同理，社会的公共财富是为了提供给全体国民使用和消费。公共财富的目的与个人财富的目的并无分别，都是供应国民的各种需求、满足他们的各种享受，这正是财富的价值所在。"个人财富的目的和公共财富的目的都是为了满足消费和消耗财富的享受，如果财富不能让人享受，如果任何人都不需要它，那末，它就失去了价值，就不再是财富了。"❶西斯蒙第最后总结道："人类劳动的唯一目的是供应自己的需要，任何东西，只有它的产品必须能供人类或快或慢地消费才有价值；最后，人类只要开始享用财富，或停止财富的流通，就要开始消费财富。为了使财富达到它的目的，并一定要它为人类服务而被用掉；只要把它从市场上抽掉，把它变成享受，或者把它变成消费基金就可以了。"❷可以看出，西斯蒙第的"人类劳动的唯一目的是为了消费财富"的思想与斯密在讲座中提到的财富的"可消费性"的观念是一致的。

既然生产真实财富的唯一目的是消费，而人类对于维持自身生存的生活必需品和便利品的消费又是有限的，那么，生产就不需要高速度、无限制地扩大下去。自《国富论》问世 240 多年以来，许多经济学家把经济增长（财富积累）作为一切生产的唯一目的，鼓励国家、企业和个人的过度竞争，极力扩大生产规模和追求利润，其结果是造成了自然资源的极大浪费、自然环境的严重污染以及可以吞噬无限商品的奢侈性消费的过度膨胀。总而言之，如果认为《国富论》是研究国民财富积累的理论，是对亚当·斯密经济理论的一种巨大的误解，很难做出令人信服的解释。

二、消费者比例与大多数人的幸福

在阐明"消费是一切生产的唯一目的"的基础上，斯密进一步分析了大多数国民的消费水平的改善对于整个社会的利弊。他将大多数人的一切生活必需品和便利品的消费水平与国家繁荣和社会公正联系在一起，社会大部分成员生活状况的改善，即供给社会全体国民衣食住的劳动者，能够

---

❶ 让·沙尔·西斯蒙第. 政治经济学新原理 [M]. 北京：商务印书馆，1964：51.
❷ 让·沙尔·西斯蒙第. 政治经济学新原理 [M]. 北京：商务印书馆，1964：81.

合理地分享更多的自身生产的劳动生产物，是判定一个社会公正繁荣与人民幸福的基本依据。

> 下层阶级生活状况的改善，是对社会有利呢，或是对社会不利呢？一看就知道，这问题的答案极为明显。各种佣人、劳动者和职工，在任何大政治社会中，都占最大部分。社会最大部分成员境遇的改善，决不能视为对社会全体不利。有大部分成员陷于贫困悲惨状态的社会，决不能说是繁荣幸福的社会。而且，供给社会全体以衣食住的人，在自身劳动生产物中，分享一部分，使自己得到过得去的衣食住条件，才算是公正。❶

然而，如何考察整个社会大部分成员的生活状况和消费水平呢？斯密提出了一个消费者比例的概念。我们可以对其作如下定义：消费者比例是一个衡量一国国民消费水平的量化指标，反映了一个国家能够享有充足的一切生活必需品和便利品的消费者人数在其全部国民中所占的比例。可见，一国的消费者比例与该国每年供给国民的一切生活必需品和便利品的数量密切相关。

> 对消费者人数，或是有着大的比例，或是有着小的比例，所以一国国民所需要的一切必需品和便利品供给情况的好坏，视这一比例的大小而定。❷

斯密在《序论》中提出的消费者比例的概念，在其理论体系中具有重要的价值。他认为一国国民每年的一切生活必需品和便利品的供给状况，是与该国消费者比例的大小联系在一起的。一国可以享受到充足的生活必需品和便利品的消费者人数在其全部国民中所占的比例越大，说明整个社会的供给和消费状况越好，这是社会文明繁荣的标志。因此，一切生产的唯一目的应该是提高大多数国民的消费水平，更准确地讲，应该是提高消

❶ 亚当·斯密. 国民财富的性质和原因的研究：上卷 [M]. 北京：商务印书馆，1972：72.
❷ 亚当·斯密. 国民财富的性质和原因的研究：上卷 [M]. 北京：商务印书馆，1972：1.

费者比例。

值得注意的是，斯密特别关注大多数人民的一切生活必需品和便利品的消费与他们的幸福之间的关系。一个社会不是拥有的财富越多越好，而是在社会处于进步状态，劳动者的生活状况得到日益改善的时候，大多数人民最幸福。"也许值得指出，不是在社会达到绝顶富裕的时候，而是在社会处于进步状态并日益富裕的时候，贫穷劳动者，即大多数人民，似乎最幸福、最安乐。"❶当社会处于进步状态时，大多数人民的实际收入和消费水平逐步提高，这才有利于大多数人民的幸福和安乐。

上述思想表明，斯密关心的是大多数人民的痛苦与幸福，实际上，他是将一个国家消费者比例的提高与大多数人民的幸福联系在一起。在《国富论》中，斯密将谋求大多数人民的幸福建立在满足其一切生活必需品和便利品消费的基础上；如果一个国家供给国民消费的生活必需品和便利品减少，底层劳动者将不可避免地陷入贫困和饥饿，消费者比例必将下降。因此，保障一切生活必需品和便利品的充足供给、促进消费者比例的提高，是大多数人民幸福的物质基础。

最后需要指出的是，一切生产的唯一目的不仅是一个单纯的理论问题，它涉及经济分析框架的目标变量的结构问题。根据斯密的上述论述，消费者比例应该成为经济分析框架中不可忽略的最终目标变量。

第三节　经济活动的基本规律

如前所述，《国富论》的基本主题是考察经济活动的基本规律，这一规律揭示了一国每年的劳动量以及劳动年产物的供给量与国民消费量之间的关系。一方面，劳动是供给一切生活必需品和便利品消费的源泉，消费者比例和总供给都取决于就业率；另一方面，大多数人的消费本身又是财富的另一个来源，消费不足会导致生产过剩，从而抑制社会再生产的持续。

---

❶ 亚当·斯密. 国民财富的性质和原因的研究：上卷［M］. 北京：商务印书馆，1972：74.

亚当·斯密理论体系所研究的基本经济规律就是围绕着劳动者的就业量、劳动年产物的总供给与国民消费量之间的关系展开的。

一、劳动是一切生活必需品的源泉

严格地说，就业理论所研究的经济活动的基本规律是考察一国劳动者的就业率、一切生活必需品和便利品的总供给与消费者比例之间的关系。如果说消费是一切生产的唯一目的，而一国国民所需的一切生活必需品和便利品的消费状况又是与该国消费者比例的大小联系在一起的，那么，经济理论就需要进一步探讨决定消费者比例的因素是什么。在《序论》的开篇，斯密首先指出了其理论体系的最基本原理，即劳动是一切生活必需品和便利品消费的源泉。

一国国民每年的劳动，本来就是供给他们每年消费的一切生活必需品和便利品的源泉。❶

一国国民每年消费的一切生活必需品和便利品来源于该国全体劳动者每年的劳动；他们劳动生产出来的产品供给全体国民消费。这里所说的"一国国民每年的劳动"，在现代经济学中，通常用一个国家具有一定劳动技能的劳动者的就业总量来计量。在此基础上，斯密阐述了一国劳动生产力、就业率与消费者比例之间的关系。

但无论就哪一国国民说，这一比例都要受下述两种情况的支配：第一，一般地说，这一国国民运用劳动，是怎样熟练，怎样技巧，怎样有判断力；第二，从事有用劳动的人数和不从事有用劳动的人数，究成什么比例。不论一国土壤、气候和面积是怎样，它的国民每年供给的好坏，必然取决于这两种情况。❷

❶ 亚当·斯密. 国民财富的性质和原因的研究：上卷［M］. 北京：商务印书馆，1972：1.
❷ 亚当·斯密. 国民财富的性质和原因的研究：上卷［M］. 北京：商务印书馆，1972：1.

斯密采用消费者比例来衡量一国国民的一切生活必需品和便利品的消费水平。由于一国的消费者比例取决于该国每年一切生活必需品和便利品的供给状况，而这些年产物的供给状况又取决于该国每年的劳动生产力和就业率●，因此，一国的消费者比例必然取决于劳动生产力和就业率。在短期（如每年）劳动生产力相对稳定的情况下，消费者比例总必取决于就业率。

> 不论一国国民在运用劳动时，实际上究竟是怎样熟练，怎样有技巧，怎样有判断力，在运用情况继续不变的期间，一国国民每年供给状况的好坏，总必取决于其国民每年从事有用劳动的人数，和不从事有用劳动的人数，究竟成什么比例。❷

在这里，斯密抛开了劳动生产力的因素，进一步讨论了就业率与总供给及消费者比例之间的关系，强调一个国家每年的总供给状况的好坏总必取决于就业率，就业率在其理论体系中的核心地位显而易见。在《国富论》的第二篇，斯密专门对影响一国从事生产性劳动的人数的因素做了深入分析。

最后，我们可以概括以上主题所要阐述的基本思想：消费是一切生产的唯一目的，提高大多数人的消费水平或者消费者比例是社会文明繁荣和人民幸福的基础与象征；劳动是供给国民消费的一切生活必需品和便利品的源泉，因此，在通常劳动生产力相对稳定的情况下，消费者比例和总供给状况总必取决于劳动者的就业率。可见，斯密意在指出其理论体系的两个目标变量之间存在定量关系。

二、国民消费是财富的另一个来源

根据以上论述，劳动是供给国民消费的一切生活必需品和便利品的源

● 需要说明的是，亚当·斯密在谈到就业率时的表述是"从事有用劳动的人数"所占的比例，这里强调的是有用劳动。在现代经济学中，习惯的做法是在总量分析中不再区分有用劳动和无用劳动，而是考察总的就业人数在全部劳动人口中所占的比例，也就是就业率。

❷ 亚当·斯密. 国民财富的性质和原因的研究：上卷［M］. 北京：商务印书馆，1972：2.

泉，而容易被忽略的另一方面是，大多数国民的消费是国民财富的另一个来源，这就涉及就业理论所研究的基本原理——就业量、产量与消费量之间的相互作用。对于就业理论来说，一方面，需要考察就业量的变化对产量和消费量的影响；另一方面，需要探讨消费量的变化对就业量和产量的影响。

关于一国大多数人的消费水平对国家财政收入和就业量的影响的早期研究，至少可以追溯到法国重农学派的知识领袖弗朗西斯·魁奈（François Quesnay，1694—1774）在 1757 年所写的《人口论》。该文充分体现了魁奈对于经济规律的深刻洞察力：一国国民的消费需求关系到国民收入、社会再生产和就业，即消费需求关系到财富创造的整个过程。

> 人的劳动的结果并不限于生产产品，它还为消费的需要服务，为抵补所花的费用服务，而这种费用本身则是财富的另一来源。人们从自己的工资或盈利收入中花费的一切，能为别人带来好处，并且重新成为产生和恢复财富的来源。●

魁奈的观点非常清晰，不仅人的劳动成果服务于国民的消费需求，而且国民的消费也是社会再生产的动力。这是因为，人们将工资或盈利收入用于消费，不仅满足了自身的需求，同时这些消费支出也为他人提供了收益和就业机会，使得社会生产得以持续，社会财富才能源源不断地被创造出来。

按照魁奈的原意来理解经济活动的基本规律：一方面，劳动者通过就业生产各种劳动成果，以满足国民的消费需求；另一方面，在大多数人的消费需求实现的同时，他人的收入也得以实现，生产者得以从事再生产活动，这就为生产这些产品的劳动者提供了就业机会。从因果关系的整体来考察，不难看出，消费环节的畅通是财富得以持续生产的关键因素，一国大多数人的消费水平决定着未来的生产、就业和收入。

魁奈特别关注的是，下层阶级对生活必需品的消费水平与国家收入之间的关系，以及国家的赋税政策对于下层阶级消费水平的影响。"因此下层

● 弗朗西斯·魁奈. 人口论［M］. //魁奈经济著作选集. 北京：商务印书馆，1979：137.

阶级生活得富裕还是仅限于消费一些最必需的东西，对国家来说并不是无关紧要的，这一部分人口的数量比有钱人要多得多。因此随着这些人的消费所受到的限制，国家会遭到同样程度的损失；必须在他们的劳动和正确的国库政策的帮助之下保证穷苦人的消费，因为使君主和国家的收入来源枯竭的、考虑不周的赋税，是会促使这种消费缩减的。"❶魁奈的论述通俗易懂，他从君主的角度出发，考察了占一国人口大多数的下层阶级人民的消费水平对于国家收入的重要性。他告诫国家的统治者：下层阶级人民的消费水平直接影响国家的收入，不合理的赋税会使下层阶级的消费缩减，使国家收入遭受损失。因此国家必须采取正确的财政和赋税政策，保证下层阶级人民对生活必需品的充足消费，这又是与他们的就业和工资水平联系在一起的。

在其另一篇重要文献《谷物论》（1775）中，魁奈将满足大多数国民对生活必需品的一般性消费与国民的幸福直接联系起来，国民通过辛勤的劳动提高自己的收入，满足对一切生活必需品的消费，才是国民的幸福生活。并且，这对君主和国家是有益的，因为国民的收入和消费以及由此带来的国家收入才是国家真正的财富。"那些比较明智的大臣知道，能够给君主以多额收入，和给国民以幸福的消费，是满足生活必需的一般消费。……所有的人都希望由自己的劳动，而能吃美好的食物，穿华丽的衣服。对他们的努力给予任何帮助，也不会是过分的，因为国王的收入，人民的利得和支出，是君主真正的财富。"❷需要强调的是，魁奈所说的国家收入所依赖的国民消费，主要是指下层阶级对生活必需品的消费，因为由富人的奢侈消费所支持的收入是非常有限的。"国民的消费是君主收入的源泉，……但是由奢侈所维持的消费，是非常有限的，只能够由富裕来支持。"❸

根据以上论述，尽管魁奈是从君主的角度来考察消费与收入和就业之间的关系，然而，他考虑问题的基点显然是下层劳动者对生活必需品的依

---

❶ 弗朗西斯·魁奈. 人口论［M］.//魁奈经济著作选集. 北京：商务印书馆，1979：138-139.

❷ 弗朗西斯·魁奈. 谷物论［M］.//魁奈经济著作选集. 北京：商务印书馆，1979：40-41.

❸ 弗朗西斯·魁奈. 谷物论［M］.//魁奈经济著作选集. 北京：商务印书馆，1979：40.

赖。他的结论是清晰明了的：下层劳动者对生活必需品的消费水平决定着社会大部分成员的幸福，也决定着一国未来的收入状况；国民消费是国家真正财富的来源，保障下层阶级享有充足的生活必需品是推动社会进步的关键所在。

我们认为，魁奈关于"国民消费是财富的另一个来源"的研究具有特殊的重要性。上述思想对《国富论》产生了极其重要的影响，在某种程度上，为斯密的有效需求理论的形成奠定了思想基础。

应该意识到，上述研究为总供给与总需求学说奠定了理论基石。简而言之，一国国民劳动是供给他们每年消费的一切生活必需品和便利品的源泉，这一思想为斯密的总供给学说奠定了理论基础；一国国民对生活必需品的消费需求是真实财富的另一个来源，决定着该国的收入和就业水平，这一思想为斯密的总需求学说奠定了理论基础；在此基础上，斯密发展了有效需求理论，这一理论可以概括为：一国每年生产一切商品所使用的全部劳动量，自然会按照经济规律使自己适合于有效需求。上述思想构成了斯密的供给与需求均衡学说的实质内容，我们将在第二卷的第十一章详细地考察斯密的有效需求学说。

第四节　有效需求不足与失业

在亚当·斯密以后，对有效需求学说的完善与发展集中体现在 1819 年西斯蒙第在《政治经济学新原理》中阐述的生产过剩理论，以及 1820 年马尔萨斯在《政治经济学原理》中阐述的有效需求原理。

如果从动态角度考察生产、收入、消费与就业之间的关系，可以进一步论证一国国民收入和消费水平的下降对于再生产和就业的负面影响。西斯蒙第和马尔萨斯这两位著名的经济学家都对这一问题作了深入探讨。对此，马克·布劳格曾作过精辟的评价。"事实上，《政治经济学新原理》一书显然对马尔萨斯所著的《政治经济学原理》……具有深刻的影响。这两本书都强调我们现在所称的总需求不足，……其实，西斯蒙第比马尔萨斯更带有凯恩斯学派的味道，而凯恩斯应当把西斯蒙第而不是把马尔萨斯奉为他的先驱者。"❶客观地说，西斯蒙第对经济理论的一个重要贡献，就体现在他对斯密的有效需求学说的发展。

一、西斯蒙第的生产过剩理论

在经济运行过程中可能会出现生产过剩的思想，已经成为现代经济学的重要组成部分。需要指出的是，生产过剩理论是西斯蒙第首先提出的，他在讨论关于人类劳动的目的的基础上，详细地论述了消费需求不足、生产过剩与劳动者失业之间的联系。首先，消费需求不足是不公正的分配制度的必然结果。"工人虽然通过自己每天的劳动生产出远远超过自己每天消费的产品，但是在他与土地所有者和资本家分完利润以后，除了仅能维持自己生活的东西以外，很少有剩余。"❷经济活动的实际情况往往是，大部分劳动产品分配给了土地所有者和资本家，劳动者消费的产品远远少于他们生产的产品。换句话说，就收入的比例而言，一国劳动者的工资收入往往过低，正是由于低下的工资水平限制了他们的消费能力。

其次，就业状况的恶化更加剧了劳动者的贫困。"工人的依附地位以及创造国民财富的人的贫困状况，随着人口的增加变得日益严重。那些除了双手之外没有其他收入、并且要求工作的人永远占大多数，他们总是不得不很快地接受别人叫他们做的任何一种劳动，接受人们提出的一切无理的条件，而且要把自己的工资压到最低限度。"❸一个国家人口的过度增长，会使得劳动力的供给超过雇主对劳动力的需求，这样，雇主就可以只支付给劳动者最低限度的工资。然而，劳动者对此毫无办法，占国民大多数的劳动者没有其他的生产资料，只有通过被雇用，才能获得收入以维持自己的生存。这样一来，下层劳动者必然缺乏购买生活必需品的能力。如果劳动者的就业水平和工资状况得不到提高，他们的消费状况也就无法得到改善。

再次，社会财富的再生产对于大多数人的消费存在很强的依赖关系，

---

❶ 马克·布劳格. 凯恩斯以前的 100 位著名经济学家 [M]. 北京：商务印书馆，2008：287.
❷ 让·沙尔·西斯蒙第. 政治经济学新原理 [M]. 北京：商务印书馆，1964：65.
❸ 让·沙尔·西斯蒙第. 政治经济学新原理 [M]. 北京：商务印书馆，1964：68.

西斯蒙第非常清楚，"绝对的消费决定着相等的、或扩大的再生产"。❶他提出了生产过剩理论，指出，"生产过剩往往由于降低物价而产生更大的消费；但是，这并不会有好的结果。……（生产者）的收入减少了，来年的消费就要减少；他们的资本减少了，他们以后每年使用穷人的劳动量也就要减少，因此也就要减少他们的收入"。❷生产过剩必将使再生产受到限制，进而造成工人失业和劳动工资的下降，这又使消费状况进一步恶化。可见，如果消费需求不足和生产过剩的问题得不到根本性改善，经济运行的情况就会变得日趋恶化。由于生产过剩会对社会财富再生产造成极大的破坏，西斯蒙第强调生产、收入和消费之间应保持合适的比例，他将这一协调的比例称为均衡。"可见在生产、收入和消费之间的相互比例中，如果发生不协调现象同样会有害于国家……，这种消费减少，也就不再要求新的生产。只要这种均衡受到破坏，国家就会遭难。"❸这里所说的生产、收入和消费之间的均衡受到破坏，国家就会遭难，显然是指一国的消费水平持续下降会导致生产停滞，工人大量失业和陷入贫困，社会就会发生经济危机。

最后，西斯蒙第从经济总量分析的角度总结了其生产过剩理论。"在我们查看社会的总账时……永远可以看出，只有消费的增加才能决定再生产的扩大，而消费则只能根据消费者的收入来加以调节。"❹总之，西斯蒙第对有效需求学说的发展，首先在于他提出了生产过剩的思想。这一理论的主要观点是：消费是经济循环的一个关键环节，消费量与生产量的比例失调，或者说消费需求不足或生产过剩会使得生产者的收入下降，这将导致社会再生产受到抑制，造成劳动者失业和劳动工资的下降；而劳动者失去工资收入，又将导致其家庭的消费水平进一步下降，国家将陷入"消费不足-生产过剩-劳动者失业"的恶性经济循环；消费不足主要是由于占国民大多数的劳动者的收入过低，这只能通过提高劳动者的工资、改善他们的就业状况来解决。因此，在供给与需求的循环过程中，生产、收入和消费要符合协调的比例关系，这是经济良性运转的一个必要条件。

---

❶ 让·沙尔·西斯蒙第. 政治经济学新原理 [M]. 北京：商务印书馆，1964：83.
❷ 让·沙尔·西斯蒙第. 政治经济学新原理 [M]. 北京：商务印书馆，1964：83.
❸ 让·沙尔·西斯蒙第. 政治经济学新原理 [M]. 北京：商务印书馆，1964：85.
❹ 让·沙尔·西斯蒙第. 政治经济学新原理 [M]. 北京：商务印书馆，1964：87.

二、马尔萨斯的有效需求原理

马尔萨斯对亚当·斯密的有效需求理论的发展，集中体现在其《政治经济学原理》的第二版中对有效需求原理所作的系统性论述。是马尔萨斯首先认识到，商品的有效需求是由消费需求和投资需求构成的，假如一个国家企图通过减少消费量，同时增加投资量来提高产量，那么，市场上各种商品的总量会显著增加，超过消费者对这些商品的需求，这将会导致消费需求不足。在这种情况下，生产过剩显然是普遍性的而不是局部的。马尔萨斯的结论是相当清楚的：一个国家不可能通过长期缩减消费来积累资本而成为富国，这是因为有效需求不足会造成普遍性的生产过剩和劳动者的大规模失业。我们将在第二卷的第十一章详细地考察马尔萨斯的有效需求学说。

综上所述，经济活动的基本规律的实质在于：经济运行的好坏不单取决于生产规模、收入水平的绝对量及其增长速度，而且关键在于总供给、消费量与就业量是否存在适当的比例，生产、消费和就业的变化是否符合协调的关系。只有经济总量之间保持合适的比例关系，才能保证经济的均衡发展。

第五节　经济总量的分析框架

事实上，无论是 1776 年亚当·斯密在《国富论》中阐述的有效需求学说，还是 1819 年西斯蒙第在《政治经济学新原理》中阐述的生产过剩理论，或者是 1820 年马尔萨斯在《政治经济学原理》中阐述的有效需求不足的原理，长期以来，并没有引起以李嘉图为代表的"主流"经济学家的重视。直到 100 多年后，有效需求学说才在凯恩斯的《通论》中得到了进一步的发展。

20 世纪 20 年代末，全球爆发了资本主义最为严重的经济危机，经济崩溃动摇了人们的信心。西斯蒙第阐述的生产过剩现象以及马尔萨斯阐述的有效需求不足现象，100 多年以后在全球范围内完全应验了。传统的古典理论对经济危机的解释已经无能为力，此时，亟须一种经济学说来解释经济长期萧条和大规模失业的根源，而更为紧迫的是要尽快找到解决失业的办法。在这种背景下，凯恩斯的《就业、利息和货币通论》（简称《通论》）应运而生。该书写于 1932 年年初，于 1936 年出版。《通论》的重要价值在于，凯恩斯在马尔萨斯的有效需求不足原理的基础上，创建了一个应对市场失灵和失业危机的就业理论的分析框架，引发了经济理论的"凯恩斯革命"，并导致了全球经济政策的重大变革。关于 20 世纪 30 年代的大萧条和《通论》的出版背景，已有大量文献做过介绍，这里不予赘述。

本节试图概括《通论》的基本思想。在阐述凯恩斯提出的经济分析的最终目标的基础上，考察他所构建的经济总量的基本模型，解释他的经济总量的分析框架。

一、关于经济分析的最终目标

首先需要指出的是，凯恩斯真切地知晓斯密的"消费是一切生产的唯一目的"这一经济理论的基本命题，并且将该思想贯穿其学说的始终。他在《通论》中明确提出，"一切生产的最终目的都是为了满足消费者"[1]，这一表述与斯密的观点完全一致。在后面的论述中，他再一次突出了这一命题，将"一切生产"的表述扩展为"一切经济活动"，指出，"消费——重复众所周知的事实——是一切经济活动的唯一目标和对象"。[2]凯恩斯并没有论证这一基本命题的来源，他认为这是众所周知的事实，人们从事各种性质和类型的经济活动都是为了获得收入以进行消费。

我们应该认识到，关于一切经济活动的最终目的的论述，不是一个抽象的哲学命题，它涉及经济分析框架的目标变量的结构问题。对凯恩斯来说，"消费是一切经济活动的唯一目标和对象"并不是一句象征性的表述，他将这一命题纳入他的分析框架中，以对变量之间的关系做定量研究。

在《通论》中，凯恩斯试图构建一个经济总量的分析框架，他在确定

---

❶ 约翰·梅纳德·凯恩斯. 就业、利息和货币通论 [M]. 重译本. 北京：商务印书馆，1999：52.

❷ 约翰·梅纳德·凯恩斯. 就业、利息和货币通论 [M]. 重译本. 北京：商务印书馆，1999：109.

经济分析的最终目标的基础上，找出影响因变量的各个自变量，然后试图确定它们之间的定量关系。可以说，目标变量的明晰是建立一个分析框架的出发点。

> 我们的分析的最终目标是找出：决定就业量的是什么。到目前为止，我们已经得到初步的结论，即：就业量取决于总供给函数和总需求函数的交点。❶

凯恩斯分析的最终目标是找出"决定就业量的是什么"，他的基本模型以就业量为因变量，考察就业量是如何通过总供给与总需求的相互作用而决定的，其自变量就是影响"总供给函数和总需求函数的交点"的各种因素。

从一定意义上来说，凯恩斯对斯密的"一国国民每年供给状况的好坏总必取决于劳动者的就业率"这一命题是心领神会的。既然一国每年的消费品和投资品的总供给取决于劳动者的就业状况，那么，就业量作为经济总量分析的核心指标，对就业量的决定因素的研究就构成了就业理论探讨的核心命题。

在现实经济中，劳动者的就业量将决定一国国民消费品的总供给和消费状况。一国劳动者就业的最优状态为充分就业，因此，凯恩斯把如何实现充分就业作为其经济分析的最终目标。如果充分就业得以实现，就意味着一个国家已达到与充分就业相联系的最优的总供给和国民消费水平。

二、经济总量分析的基本模型

在《通论》中，凯恩斯运用模型来定量地分析就业量与总供给、总需求（消费量和投资量）之间的关系，在此基础上，建立了经济总量的分析框架。

首先，凯恩斯基于劳动供需与产品供需相互作用的整体分析，发展出

---

❶ 约翰·梅纳德·凯恩斯. 就业、利息和货币通论 [M]. 重译本. 北京：商务印书馆，1999：95.

一种宏观意义上的供给函数与需求函数的分析框架。"令 Z 为雇用 N 个人时的产品的总供给价格,则 Z 和 N 之间的关系可以被写作为 $Z = \Phi(N)$;该式可以被称为总供给函数。同样,令 D 为企业家雇用 N 个人时所预期的卖价,则 D 和 N 之间的关系可以被写作为 $D = f(N)$,该式可以被称为总需求函数。"❶很明显,凯恩斯定义的总供给与总需求都是就业量的函数,从这一意义上来说,总供给与总需求的变化是与就业量的大小相联系的。

其次,凯恩斯确定了就业量与有效需求之间存在某种定量关系。在经济总量的分析框架中,总供给函数与总需求函数相交时的总需求的数值——有效需求决定就业量。"就业量被决定于总需求函数和总供给函数的交点,因为,在这一点,企业家的预期利润会达到最大化。总需求函数与总供给函数相交时的 D 的数值被称为有效需求。"❷由于就业量是由总供给函数与总需求函数共同决定的,凯恩斯的讨论就是基于对这两个函数的分析展开的。也就是说,他关心的是就业量的决定因素——有效需求如何影响就业量的大小及其变化的方向。"由于这就是就业通论的实质内容,我们的任务在于说明这一内容。"❸《通论》的实质内容是,探讨有效需求的数值以及影响它的各种因素如何决定就业量,从而在总产量(总收入)与就业量之间建立确定的定量关系。

《通论》第三章的标题为"有效需求原理",凯恩斯基于马尔萨斯的有效需求原理的思想,试图建立一个经济总量的分析框架,并将其分析框架的基本模型总结为下列几个命题。

命题一 一国总收入取决于就业量。"在技术、资源和成本均为既定的情况下,收入(包括货币收入和实际收入)取决于就业量 N。"❹如果用 Φ 代表总供给函数,总收入 Y 与就业量 N 的关系为

$$Y = \Phi(N) \tag{2.1}$$

---

❶ 约翰·梅纳德·凯恩斯. 就业、利息和货币通论 [M]. 重译本. 北京:商务印书馆,1999:30.
❷ 约翰·梅纳德·凯恩斯. 就业、利息和货币通论 [M]. 重译本. 北京:商务印书馆,1999:30.
❸ 约翰·梅纳德·凯恩斯. 就业、利息和货币通论 [M]. 重译本. 北京:商务印书馆,1999:30-31.
❹ 约翰·梅纳德·凯恩斯. 就业、利息和货币通论 [M]. 重译本. 北京:商务印书馆,1999:34.

命题二 消费量取决于总收入，进而取决于就业量。消费量与总收入的比例关系称为消费倾向，"除了消费倾向本身发生变化以外，消费取决于总收入的水平，从而取决于就业量水平 N。"[1]若用 χ 代表社会的消费倾向，消费量 D_1 与就业量 N 的关系为

$$D_1 = \chi \cdot Y = \chi \cdot \Phi(N) = \chi(N) \qquad (2.2)$$

命题三 一国的就业量取决于所有企业家的劳动需求，而劳动需求取决于有效需求，即取决于消费需求与投资需求的数量之和。"企业家所决定雇用的劳动者的数量 N 取决于两种数量的总和（D），即：D_1，社会愿意消费的数量，和 D_2，社会愿意投资的数量。D 就是我们的所谓有效需求。"[2]有效需求 D、消费倾向 χ、投资量 D_2 与就业量 N 的关系为

$$D = D_1 + D_2 = \chi(N) + D_2 \qquad (2.3)$$

命题四 当市场的供给与需求处于均衡时，有效需求决定于总供给函数与总需求函数的交点，这时，总产量和总收入处于均衡水平，并且它们都是就业量的函数。由于 $D = D_1 + D_2 = \Phi(N)$（在这里，Φ 是总供给函数），由于正如我们在上述命题二中所看到的那样，D_1 取决于 N（我们可以写作 $\chi(N)$；χ 取决于消费倾向），所以 $\Phi(N) - \chi(N) = D_2$。[3]均衡产量与均衡收入取决于有效需求是总量分析的基本模型。总供给函数 Φ、消费倾向 χ、投资量 D_2 与就业量 N 的关系为

$$\Phi(N) - \chi(N) = D - D_1 = D_2 \qquad (2.4)$$

根据上述命题给出的经济模型，凯恩斯构建了一个宏观经济学的分析框架，由此，我们可以把以上四个模型视为宏观经济学的分析基础。当然，现代宏观经济理论已经系统地发展了凯恩斯的上述命题和模型，在此不予赘述。

值得注意的是，凯恩斯定义的所有经济总量，无论是总供给与总需求（有效需求、总产量、总收入），还是消费量、投资量，以及消费倾向，都是就业量的函数。

---

[1] 约翰·梅纳德·凯恩斯. 就业、利息和货币通论 [M]. 重译本. 北京：商务印书馆，1999：34.

[2] 约翰·梅纳德·凯恩斯. 就业、利息和货币通论 [M]. 重译本. 北京：商务印书馆，1999：34.

[3] 约翰·梅纳德·凯恩斯. 就业、利息和货币通论 [M]. 重译本. 北京：商务印书馆，1999：34.

第六节 一般就业理论的要旨

在《有效需求原理》这一章中，凯恩斯一再声明，他写作的目的是要建立就业理论，《通论》各章的任务在于说明就业理论。那么，何谓就业理论呢？一般就业理论的要旨又是什么呢？

一、就业理论的基本模型

对于经济总量的分析方法而言，最值得探讨的可能是凯恩斯如何在构建经济总量的基本函数关系的基础上，推导出就业理论的基本模型。他试图通过这一模型，确立各个自变量与经济分析的目标变量之间的定量关系。换句话说，凯恩斯试图用这一基本模型概括其有效需求原理的核心思想。

由式（2.4）的反函数可以得到就业理论的基本结论，即命题五。凯恩斯将命题五称为一般就业理论的要旨。

因此，均衡的就业量取决于，1）总供给函数，Φ，2）消费倾向，χ，和3）投资量，D_2。这就是一般就业理论的要旨。❶

命题五概括了一般就业理论的核心内容。凯恩斯的目的是用一个基本模型概括他的一般就业理论的要旨，我们称其为就业理论的基本模型。

就业理论的基本模型：

$$N = F(\Phi, \chi, D_2) \qquad (2.5)$$

其中，N 代表就业量；Φ 代表总供给函数；χ 代表消费倾向；D_2 代表投资量。

---

❶ 约翰·梅纳德·凯恩斯. 就业、利息和货币通论 [M]. 重译本. 北京：商务印书馆，1999：34.

　　就业理论的基本模型表明，决定就业量的因素有三：总供给函数、消费倾向和投资量，这一关系就是一般就业理论的要旨。凯恩斯建立经济总量分析框架的目的是要说明就业理论的基本模型，分析影响总供给函数、消费倾向和投资量的各种因素如何对就业量产生影响。

　　我们可以对凯恩斯的分析思路作一个简单的概括。一般就业理论要解决的核心问题是：找出决定就业量的因素是什么；在技术、资源和成本等因素既定的条件下，就业量取决于有效需求，即取决于消费需求和投资需求之和；由于消费量取决于消费倾向和总供给状况，因此，就业量取决于总供给函数、消费倾向以及投资量。"事实上，消费倾向和新投资的数量二者在一起决定就业量……"❶

　　上述五个命题给出的理论模型表明，经济总量分析框架是一个统一的分析体系，以上五个命题是不可分割的统一整体。特别需要指出的是，就业理论基本模型的因变量不是均衡产量或均衡收入，而是均衡就业量；而总供给是作为一个自变量出现在基本模型中的，这与增长理论的基本模型存在根本性区别。令人遗憾的是，《通论》出版近 80 年以来，大多数宏观经济学家"忽略"了凯恩斯的第五个命题。宏观经济学在前 4 个命题的基础上，匆忙构建了一个宏观经济的分析框架。然而，就《通论》的实质而言，就业量取决于总供给函数、消费倾向和投资量这一基本关系，恰恰反映了凯恩斯学说的精髓——一般就业理论的要旨。

二、一般就业理论的要旨

　　我们依照《通论》给出的五条命题解释了凯恩斯的经济总量分析的基本模型，阐述了就业理论的基本模型——均衡就业量与总供给函数、消费倾向、投资量之间的关系，这一函数关系在凯恩斯的有效需求原理中具有特殊的重要性。我们可以沿着这条思路，进一步探讨一般就业理论的要旨的含义。

---

　　❶ 约翰·梅纳德·凯恩斯. 就业、利息和货币通论 [M]. 重译本. 北京：商务印书馆，1999：36.

（1）凯恩斯采用就业量作为基本模型的因变量，符合其经济分析的最终目标。《通论》将经济分析的最终目标确定为找出决定就业量的因素是什么，在构建就业函数时，将就业量作为其基本模型的因变量。我们应该意识到，凯恩斯经济分析的最终目标是与一切经济活动的最终目的相联系的，消费是一切经济活动的唯一目标和对象，一国国民的消费量总必取决于该国劳动者的就业量。

（2）一般就业理论旨在解释均衡就业量与有效需求之间的定量关系。当劳动市场和产品市场都处于均衡时，总供给函数与总需求函数相交于一点，此时该点的有效需求的数值决定了劳动供给函数与劳动需求函数相交时的就业量——均衡就业量。凯恩斯的经济总量分析框架就是要建立起均衡就业量与有效需求之间的函数关系。

（3）均衡就业量与总供给函数之间的关系。凯恩斯把总供给定义为就业量的函数，因此，就业量是总供给的反函数。在短期既定的技术、资源和成本的条件下，即假定总供给条件不发生变化，就业量是由需求方面的因素决定的。也就是说，在短期内，就业量取决于总供给的大小及消费倾向和投资的数量。

（4）均衡就业量与消费倾向之间的关系。消费需求是有效需求的一个基本组成部分，那么，消费需求是如何影响就业量的呢？凯恩斯创造性地使用了消费倾向的概念，他认为，消费需求对就业量的影响不仅在于消费需求绝对值的大小，关键在于消费需求与总收入的比例关系——消费倾向。就业量取决于消费倾向的大小，消费倾向的变化会引起就业量的改变。我们将在第三章专门讨论消费倾向的有关内容。

（5）均衡就业量与投资量之间的关系。凯恩斯明确指出："在既定的被我们称为消费倾向的条件下，就业量的均衡水平……取决于现期的投资数量。"❶可见，投资量的改变是引起就业量改变的重要因素。我们将在第四章专门讨论这一主题。

（6）就其实质而言，就业理论基本模型就是凯恩斯的就业函数。"在

---

❶ 约翰·梅纳德·凯恩斯. 就业、利息和货币通论［M］. 重译本. 北京：商务印书馆，1999：33.

第 20 章，一个与之（总供给函数）密切相关的函数被称为就业函数。"❶
就业函数考察的是有效需求如何决定就业量的均衡水平。凯恩斯试图用一
个模型定量地描述其一般就业理论的要旨，即均衡就业量与总供给、消费
倾向、投资量之间的关系，这一基本模型被称为就业函数。我们将在第二
卷的第十二章深入考察凯恩斯的就业函数。

第七节　就业理论的基本原理

本章考察了一切生产的唯一目的、经济活动的基本规律、有效需求不
足与失业、经济总量的分析框架以及一般就业理论的要旨等主题，从根本
上讲，这些讨论都是围绕着亚当·斯密的《国富论》的三个基本主题展开
的。这些主题构成了就业理论的基本原理，我们可以将其要义归纳为以下
几点。

第一，凯恩斯分析的最终目标是与一切生产的唯一目的联系在一起的。

关于一切经济活动的最终目的，斯密的观点是：消费是一切生产的唯
一目的，这原则是完全自明的。一国国民的消费水平可以用消费者比例来
衡量，消费者比例反映了一国能享受到充足的生活必需品和便利品的消费
者人数占全部国民的比例。一切经济活动的最终目的是提高消费者比例，
这一比例的大小关系到社会文明繁荣的程度，是与大多数人民的幸福联系
在一起的。

凯恩斯也明确提出，一切生产的最终目的都是满足消费者，或者说，
消费是一切经济活动的唯一目标和对象。他把经济分析的最终目标确定为：
找出决定就业量的因素是什么。毋庸置疑的是，经济分析的最终目标与一
切经济活动的最终目的是密切相关的，消费者比例的大小总必取决于一国
每年从事有用劳动的人数占全部劳动人口的比例。凯恩斯把就业量作为经
济分析的最终目标，是符合斯密提出的一国国民的消费者比例总必取决于
劳动者的就业率的思想的。

---

❶ 约翰·梅纳德·凯恩斯. 就业、利息和货币通论 [M]. 重译本. 北京：商务印书馆，
1999：30.

第二，就业理论的基本模型概括了斯密的供需均衡学说的核心内容。

经济活动的基本规律是：劳动是供给国民消费的一切生活必需品和便利品的源泉，消费者比例和总供给都取决于就业率；与此同时，大多数人的消费本身又是财富的另一来源，这些消费支出也为他人提供了收入和就业机会。凯恩斯的就业理论分析框架就是建立在上述思想的基础上的。

首先，劳动是国民每年消费的一切生活必需品和便利品的源泉，一国的消费者比例取决于该国每年一切生活必需品和便利品的供给状况，这一供给状况则取决于就业量。也就是说，总供给和消费量都是就业量的函数。其次，就业量取决于有效需求，其理论基础来源于斯密的有效需求学说。斯密的有效需求学说可以简洁地表达为：一国每年上市的商品所使用的全部劳动量，会依照经济规律使自己适合于有效需求。再次，就业量取决于消费倾向，充分体现了一国国民的消费支出是国家财富另一个来源的思想。一国占国民大多数的下层劳动者对生活必需品的消费需求决定着该国未来的收入和就业量。最后，就业量取决于投资量，资本的数量及资本用途的变化推动了就业量的变化。斯密特别强调，因为资本的用途不同，所推动的劳动量亦不相同。总之，凯恩斯的就业理论基本模型概括了斯密的有效需求学说的核心思想。

第三，凯恩斯的模型科学地解释了生产过剩学说和有效需求不足的原理。

西斯蒙第和马尔萨斯认为，如果一国的消费需求严重不足，将导致生产过剩，会抑制社会再生产，从而造成劳动者的大量失业。凯恩斯指出，在短期内，假定总供给条件不变，有效需求不足意味着，或者消费倾向过低，或者投资量过低；"如果消费倾向和新投资量造成有效需求不足，那末，现实中存在的就业量就会少于在现行的实际工资下所可能有的劳动供给量……"❶凯恩斯用一个函数表达式 $N = F(\Phi, \chi, D_2)$ 概括了经济体系的各个基本变量之间的关系，即就业量取决于总供给函数 Φ、消费倾向 χ 及投资量 D_2。凯恩斯强调，这就是一般就业理论的要旨，就业理论的任务是对这一模型中的各种因素进行详细的说明。

---

❶ 约翰·梅纳德·凯恩斯. 就业、利息和货币通论［M］. 重译本. 北京：商务印书馆，1999：36.

对于凯恩斯的一般就业理论的基本模型来说，值得深入探讨的是，消费倾向与投资量的变化如何引起就业量的改变，这就涉及就业理论的两个基本命题：分配公正与充分就业。这两个基本命题体现了斯密理论体系的核心思想，并且概括了凯恩斯的就业通论的实质内容，本书的任务在于说明这一内容。我们将在阐明斯密理论体系的基本思想的基础上，全面系统地解释凯恩斯的经济总量模型体系，并试图构建一个统一的、科学的就业理论分析框架。

第三章　就业、消费与收入分配

> 分配的公正在于成比例，不公正则在于违反比例。
>
> ——亚里士多德《尼各马可伦理学》

第一节　概　　述

根据前两章的论述，我们不能否认，《国富论》的主题简明扼要，《通论》的基本命题明晰透彻，一般就业理论的要旨简洁明了。然而，令人费解的是，自《通论》出版 80 多年以来，更进一步说，《国富论》问世 240 多年来，就业理论的基本思想一直没有被主流经济学派所采纳。

首先，李嘉图经济学的理论基石是"扎伊尔定律"——供给创造其自身的需求。古典经济学仅仅关注总供给函数，而就业理论则强调总需求函数。对此，凯恩斯曾进行过深入的思考："可以忽视总需求函数的想法是李嘉图经济学的基本观点，而在百余年以来，我们所学习的经济学也以这个观点为基础。马尔萨斯确实曾经猛烈地反对过李嘉图的有效需求不可能不足的学说，但却无济于事。"❶正因为古典经济学不承认有效需求存在不足并且可能导致失业的思想，所以，马尔萨斯认为古典理论对于经济活动的基本规律难以做出合理的解释。

其次，在这种分歧背后隐藏着这两种学说对于社会不公正等一系列社会弊端的不同立场。古典经济学家主要关心的是经济增长问题，为了实现经济增长的目标，即使社会存在许多不公正之处也是可以接受的；而且社会不公正作为经济增长的副产品，也是不可避免的。然而，古典理论最终

---

❶ 约翰·梅纳德·凯恩斯. 就业、利息和货币通论［M］. 重译本. 北京：商务印书馆，1999：37.

成为主流经济理论，这让凯恩斯感到难以理解。"李嘉图胜利的完整程度始终是出乎意料和难以理解的事情。……它能把社会上的许多不公正之处和明显的残酷事实解释为在进步中不可避免的后果，以及把改变这些事态的企图解释为弊大于利的事情使它受到统治者的赞赏。它为资本家们的自由行动提供理论根据，使它能得到统治者背后的主要社会力量的支持。"❶需要强调的是，凯恩斯的立场是相当明确的：为了经济增长而牺牲社会公正的观点，是为资本家们的自由剥削行为提供理论支持。

了解《国富论》的学者应该知道，它的第一篇系统地阐述了分配学说和有效需求理论，由此构成了全书的理论核心。"劳动的生产物，按照什么顺序自然而然地分配给社会上各阶级？这就是本书第一篇的主题。"❷就本质而言，亚当·斯密的有效需求学说是与他的分配学说联系在一起的。概括地说，消费是一切生产的唯一目的，可以用消费者比例来衡量一国国民的消费水平，并且大多数人的幸福是与消费者比例联系在一起的。那么，是什么因素直接影响着消费者比例的大小？斯密做出了一个科学的解释：一国的消费者比例总必取决于就业率；同时，他也做出了一个道德的解释：一国每年的产量和就业量的变化取决于该国的劳动年产物按照什么比例分配给劳动者阶级和资本所有者阶级。可见，消费者比例是一个与收入分配密切相关的指标，换句话说，一个国家的文明繁荣是与社会公正地分配财富和收入联系在一起的。

毋庸置疑，就业理论的模型与增长理论的模型存在明显区别。其中两点本质性的差别是：其一，模型的因变量不同，经济增长模型将产量作为目标变量，就业理论的模型将就业量作为目标变量。而斯密特别强调，一国劳动年产物的增加并不等同于劳动人数的增加。其二，模型的自变量有所不同，增长模型完全忽略了收入分配对就业量和产量的影响，而凯恩斯模型中的消费倾向不但是一个与收入分配相联系的自变量，而且是一个与消费者比例密切相关的自变量。凯恩斯的模型遵循着斯密的基本观点：一国劳动年产物的价值是增加还是减少，取决于年产物每年按照什么比例分

---

❶ 约翰·梅纳德·凯恩斯. 就业、利息和货币通论 [M]. 重译本. 北京：商务印书馆，1999：38.

❷ 亚当·斯密. 国民财富的性质和原因的研究：上卷 [M]. 北京：商务印书馆，1972：2.

配给不同阶级的人民。

本章准备围绕就业、消费与收入分配之间的关系，进一步探讨分配学说的基本原理。首先，简述分配理论的思想起源；其次，考察斯密的分配理论：收入分配与社会文明繁荣之间的关系；再次，解释就业《通论》与收入分配的联系，讨论工资相对于收入的比例对消费倾向的影响；最后，阐述分配理论科学分析方法背后的基本原理：分配的公正在于合乎比例。

第二节　分配理论思想起源的简述

对于亚当·斯密的理论体系来说，其分配学说至少有三个思想起源，即以威廉·配第为代表的英国前古典政治经济学、以弗兰西斯·哈奇森和大卫·休谟为代表的苏格兰启蒙学派、以弗朗西斯·魁奈为代表的法国重农学派。上述学派的分配学说最终由斯密综合完善，形成了系统的分配理论，并且构成了《国富论》的核心内容之一。在介绍斯密的分配学说之前，有必要对分配理论的三个思想起源作一个简述。

一、威廉·配第的分配学说

威廉·配第（William Petty，1623—1687）是英国古典政治经济学的创始人。配第对政治经济学的各个领域都作了最初的探索，他所提出的经济学说的一系列重要观点为后继者的理论研究奠定了基础。

在其 1662 年出版的代表作《赋税论》中，配第首先提出了与社会公正相联系的收入分配学说，该学说主张所有无依无靠和失去工作的人都应该得到供养。那么，"谁来供养这些人呢？"配第答道："所有的人。"❶他的观点非常明确，社会全体公民应共同承担供养老幼病弱者及失业贫民的责任，换句话说，抚养无依无靠的人和救济失业贫民是一国公共支出的

---

❶ 威廉·配第. 赋税论：第2版［M］//赋税论、献给英明人士、货币略论. 北京：商务印书馆，1978：28.

主要项目之一。

　　值得注意的是，配第没有采用道德哲学的理论对上述主张加以论证，而是依据实际生活的经验，分析不同的收入分配方式对整个社会的利弊得失。"原因是这样的：……既然尚有充裕食物给那多余的一百人食用，那么他们如何得到这些食物呢？是靠乞讨呢，还是靠偷窃呢？……如果让他们求乞，他们就会今天饿得形容憔悴，明天狼吞虎咽地饱食一餐，这就要引起疾病并养成坏习惯。让他们行窃，情况也是如此。不仅如此，他们求乞或行窃的所得，也许会多于他们的需要，这就会使他们以后永远不想劳动；即使突然而意外地出现了最好的机会，他们也不肯劳动了。"❶姑且不论道德层面的因素，一个社会公正地对待无依无靠和失去工作的人，把社会的一部分财富分给他们，以维持他们的基本生活，即便从社会安全和经济利益的角度考虑，也符合整个社会的最大利益。"由于所有这些理由，将剩余的东西给予他们，确是一种比较安全的方法。不然的话，这些东西也会丢失或被浪费掉。如果没有剩余，则可将别人的丰美食物的质量和数量减低一些；因为绝大多数的人的实际消费，都不少于维持生存的最低需要的二倍。"❷配第的分配学说意在表明：一个人对生活必需品的需求是有限的，当众多无依无靠和失去工作的人得不到基本的供应时，社会其他人却消费了过多的财富，这对整个社会并没有好处。

　　简而言之，威廉·配第分配学说的基本观点是：社会全体公民应共同供养无依无靠和失去工作的人，对这些公民的抚养费是国家公共经费的一个主要项目。需要指出的是，配第不仅从社会安全和经济利益最大化的角度考察了社会公正问题，还运用算术方法对这一问题进行了定量研究。他在其另一名著《政治算术》（1690）中指出，"总的说来，要知道一种赋税有益还是有害，必须彻底了解人民的状况和就业状况。换句话说，必须了解全部人口中有多少人因年幼体弱或没有能力而不

---

❶ 威廉·配第. 赋税论：第2版［M］//赋税论、献给英明人士、货币略论. 北京：商务印书馆，1978：28-29.
❷ 威廉·配第. 赋税论：第2版［M］//赋税论、献给英明人士、货币略论. 北京：商务印书馆，1978：29.

适宜于从事劳动……"❶配第强调了对人民的生活状况进行统计的重要性，指出政府需要定量地考察需要抚养的无依无靠和没有工作能力的人的数量及其在全部人口中所占的比例，以便计量出国家用于支付维持这些人生存的生活必需品的费用，以及如何通过赋税来解决这些开支的来源问题。

二、大卫·休谟的人性论与分配论

大卫·休谟（David Hume，1711—1776）是苏格兰哲学家、历史学家和经济学家，苏格兰启蒙学派的代表人物之一。"他作为一个经济学家的名望来自他在 1752 年出版的《政治论丛》中发表的经济学论文。在所有的古典经济学先驱者中，休谟的思想和亚当·斯密最接近。"❷

休谟的分配学说源于他在《人性论》（1739）中阐述的道德哲学思想，主要由道德哲学与科学、个人与社会的关系以及社会公正与人类的天性等思想构成。休谟认为，"关于人的科学是其他科学的唯一牢固的基础"❸。一切科学"都是在某种程度上依靠于人的科学"❹，各门其他学科只是研究"人性"的某一方面，或者至少与人性有关的某一方面。"显然，一切科学对于人性总是或多或少地有些关系，任何学科不论似乎与人性离得多远，它们总是会通过这样或那样的途径回到人性。"❺休谟强调以研究人性为对象的人的科学（即道德哲学）是一切科学的基础，因此，其他科学的发展和进步都依赖于人们对道德哲学的理解程度。"任何重要问题的解决关键，无不包括在关于人的科学中间；在我们没有熟悉这门科学之前，任何问题都不能得到确实的解决。"❻就经济学而言，人的科学自然也是其"唯一牢固的基础"，解决经济学的最根本问题，显然需要依靠道德哲学

❶ 威廉·配第. 政治算术［M］. 北京：商务印书馆，1978：37.
❷ 斯坦利·L. 布鲁，兰迪·R. 格兰特. 经济思想史：第7版［M］. 北京：中国人民大学出版社，2001：44.
❸ 大卫·休谟. 人性论：上册［M］. 北京：商务印书馆，1980：8.
❹ 大卫·休谟. 人性论：上册［M］. 北京：商务印书馆，1980：6.
❺ 大卫·休谟. 人性论：上册［M］. 北京：商务印书馆，1980：6.
❻ 大卫·休谟. 人性论：上册［M］. 北京：商务印书馆，1980：7-8.

对人性的解释。

在《人性论》中，休谟讨论了个人与社会的关系。首先，自然赋予人类以强烈的欲望与薄弱的手段，二者之间是极度不协调的。"在栖息于地球上的一切动物之中，初看起来，最被自然所虐待的似乎是无过于人类，自然赋予人类以无数的欲望和需要，而对于缓和这些需要，却给了他以薄弱的手段。"❶然而，这种不协调可以通过人类组成社会来解决。人类能够依靠社会集体的力量弥补其个人能力的不足，同时社会还提升了个人的才能和智力，这样，人类在社会中从事劳动和生活才能满足个人的种种需求。"人只有依赖社会，才能弥补他的缺陷，才可以和其他动物势均力敌，甚至对其他动物取得优势。社会使个人的这些弱点都得到了补偿；在社会状态中，他的欲望虽然时刻在增多，可是他的才能却也更加增长，使他在各个方面都比他在野蛮和孤立状态中所能达到的境地更加满意、更加幸福。"❷人类需要借助社会的协作、分工和互助，以获得大多数人满意的生活。因此，人类幸福必然依赖于社会的协调运作。"借着协作，我们的能力提高了；借着分工，我们的才能增长了；借着互助，我们就较少遭到意外和偶然事件的袭击。社会就借这种附加的力量、能力和安全，才对人类成为有利的。"❸休谟上述分析充分体现了关于个人与社会关系的思想的"科学性"。

在《论商业》（1752）一文中，休谟将收入分配与大多数人的幸福联系起来，指出社会公正地分配财富，尽量使全体公民都能享受到充足的生活必需品和便利品，将会促进社会和谐，增进大多数人的幸福，这符合人类追求幸福的天性。"公民之间贫富过于悬殊，会使国家受到削弱。人人，如果可能，都应当能享受自己劳动的成果：占有充分的生活必需品以及基本的生活日用品。没有哪个人会不相信：正是这种平等十分适合于人类的天性，它增进穷人的幸福，却丝毫无损于富人的幸福。"❹休谟的分配论是基于他对人性的深刻洞察以及个人与社会的关系的考

---

❶ 大卫·休谟. 人性论：下册 [M]. 北京：商务印书馆，1980：525.
❷ 大卫·休谟. 人性论：下册 [M]. 北京：商务印书馆，1980：525-526.
❸ 大卫·休谟. 人性论：下册 [M]. 北京：商务印书馆，1980：526.
❹ 大卫·休谟. 论商业 [M]//休谟经济论文选. 北京：商务印书馆，1984：14.

察得出的，即合理的收入分配适合于人类追求幸福的天性。倘若社会贫富分化严重，大多数劳动者即使辛勤劳动也无法获得足够的基本生活必需品，这必将造成社会生产力的严重破坏。"再说，财富如为少数人所独占，这少数人必然……一步步压迫穷人，逼得他们最终失去辛勤劳动的热情。"❶即便从富人的角度来看，财富集中在少数人手里，富人将承受沉重的社会负担，对富人整体利益而言并没有多大好处。"要是财富集中在少数人手里，则这少数人就得缴纳大量税款以供社会的需用。可是当财富分散在大多数人手里时，每个人肩上的负担也就轻了，赋税就不会对各人的生活方式造成多大的差别。"❷可见，休谟是从人类的天性角度，分析合理的收入分配对社会进步和人类幸福所具有的重要意义。

简而言之，休谟的分配论从人性的角度出发，指出个人的生存和幸福离不开社会的和谐运作，因此，社会公正地分配收入和财富符合人类追求幸福的天性。社会公正地分配财富，降低公民间的贫富悬殊，使大多数人都能享受到充足的生活必需品和便利品，既有利于穷人，也有利于富人，从而能够促进社会的稳定和进步，增进人类的幸福。

三、弗朗西斯·魁奈的自然法则与分配政策

弗朗西斯·魁奈是法国重农学派的创始人和杰出领袖。"重农主义学说对亚当·斯密发生了很大的影响，魁奈是斯密所熟识的。"❸法国重农学派信奉并遵循自然法则的作用，强调农业在社会生产和人类生活中的首要地位，他的某些基本观点与重商主义有着本质的区别。

魁奈的分配学说源于他对自然哲学的理解，体现在他对自然规律与经济政策之间关系的阐述中。"在广泛的基础上第一次有系统地建立经济科学是由十八世纪中叶法国一群政治家和哲学家在路易十五的御医魁奈医生领

---

❶ 大卫·休谟. 论商业［M］//休谟经济论文选. 北京：商务印书馆，1984：14.
❷ 大卫·休谟. 论商业［M］//休谟经济论文选. 北京：商务印书馆，1984：14.
❸ 小罗伯特·B. 埃克伦德，罗伯特·F. 赫伯特. 经济理论和方法史：第四版［M］. 北京：中国人民大学出版社，2001：66-67.

导之下进行的。他们政策的基石是顺从自然。"❶何谓"顺从自然"？魁奈断言一切社会事务的秩序都由自然规律所决定，因此，人类的一切经济活动都应该遵循自然规律，按照自然规律进行经济活动才有利于财富的"生产-分配-消费"经济循环的良性运转。"这些规律是造物主一成不变地制定的，以便于人们所必需的财富的不断再生产和分配；而人们结合在一起组成社会，服从于这些规律为他们确立的秩序。"❷自然规律体现在经济生活中，一方面，指导人们从事财富的再生产，以满足其生活必需品和便利品的消费。"社会秩序的自然规律，同时也就是实际规则，为人们的饮食、继续生存和安适所必需的财富的再生产，就是按照这种规则进行的。"❸另一方面，在自然规律的指引下，政府可以制定有利于国家利益和人民利益的各种经济政策，从而最大限度地促进公共福利，并保证这些福利，在各阶级间的合理分配。"这些不可动摇的规律，通过劳动和个人利益的正确结合，形成社会的道德体和政治体，教导人们以最大的成就来促进公共福利，并保证最有利地在社会各阶层之间分配这些福利。"❹

关于社会公正与收入分配的研究，可以追溯到魁奈在 1757 年所写的《人口论》一文。他从人性的角度出发，阐述了下层阶级工资收入和物质福利的提高与社会整体利益之间的关系。"富足的生活能够促使人们爱好劳动，那是因为人们能够享受劳动所提供的物质福利，习惯于生活上的舒适设备，吃好的食物，穿好的衣服，害怕贫困。……这就是从事有益工作的、爱好劳动的下层阶级的人们对国家的贡献。"❺魁奈认为，下层阶级富足的生活才是鼓励人们勤劳工作以实现个人物质满足和家庭幸福，为个人、家庭乃至国家创造财富的根本保证。

由于劳动者的工资是维持他们个人及其家庭成员的生存和劳动能力所必需的，如果实际工资低于维持人的生活资料的必需费用，那么这种劳

---

❶ 艾尔弗雷德·马歇尔. 经济学原理：下卷 [M]. 北京：商务印书馆，1965：401.

❷ 弗朗西斯·魁奈. 中国的专制制度 [M]//魁奈经济著作选集. 北京：商务印书馆，1979：396.

❸ 弗朗西斯·魁奈. 中国的专制制度 [M]//魁奈经济著作选集. 北京：商务印书馆，1979：401.

❹ 弗朗西斯·魁奈. 中国的专制制度 [M]//魁奈经济著作选集. 北京：商务印书馆，1979：396.

❺ 弗朗西斯·魁奈. 人口论[M]//魁奈经济著作选集. 北京：商务印书馆，1979：136.

动将难以为继。魁奈在《中国的专制制度》一文中指出，"用作人的劳动费用，那是因为如果没有用于维持人的生活资料的必需费用，那末这种劳动是不可思议的。……因为这工资是人们为维持其生存所必需的，而且必须足够维持他们和他们的家庭的生存，因为只有在付给他们的工资本身提高的情况下，他们才有可能付税。"❶无论如何，对维持劳动者生存的工资进行征税既不合理，也不公正，这将严重威胁劳动者个人和家庭成员的生存，使他们的生活和劳动难以维持。

魁奈特别注意到 18 世纪以前中国的经济制度，指出正是由于中国遵循自然哲学，数千年来，政府按照自然法则，采取上述富民的经济政策原则，才使得国民走向安宁的生活。"这就是数千年来中国政府走向安宁的生活所遵循的学说的基本原则。中国人从这个学说中得出的结论，其正确性很难使欧洲人信服。"❷具有讽刺意味的是，魁奈担心数千年来中国政府的分配学说和经济政策的正确原则很难使当时的欧洲人信服。

概括地说，魁奈关于经济政策、收入分配与国民消费的研究，是基于自然法则和人的本性。他认为人类社会的一切经济活动都应该顺应自然规律，正是自然规律指导人们从事财富的生产、分配及消费等一系列活动。国家的利益与大多数劳动人民的利益是一致的；政府机构应根据自然规律制定符合公众利益的法律和政策，以维护广大劳动者的工资收入和物质福利。

如果用一句话总结古典学派以前的分配学说的基本观点，那就是：建立以社会公正为原则的收入分配制度，是国家繁荣和国民幸福的必要条件。

第三节　收入分配与社会文明繁荣

如我们在第一章所介绍的，《国富论》的第四个主题明确提出了一国的文明繁荣是与社会公正地分配财富和收入相联系的。"劳动的生产物，按照什么顺序自然而然地分配给社会上各阶级？这就是本书第一篇的主

---

❶ 弗朗西斯·魁奈. 中国的专制制度［M］//魁奈经济著作选集. 北京：商务印书馆，1979：412.

❷ 弗朗西斯·魁奈. 中国的专制制度［M］//魁奈经济著作选集. 北京：商务印书馆，1979：412.

题。"❶收入分配是否公正直接制约着整个社会劳动者的就业水平，进而决定了一国的消费者比例。严格地说，分配不公正是导致有效需求不足的根本原因。本节围绕这一主题展开讨论：首先，阐明收入分配与社会文明繁荣的关系；其次，论述收入分配如何影响就业量和产量；最后，分析分配不公正造成有效需求不足的机制。

一、国家文明繁荣与社会公正

我们应该知道，亚当·斯密首先是一位道德哲学家。在论及财富问题时，他自然而然地将一国的文明繁荣与社会公正以及财富分配联系在一起。为了解释消费者比例这一概念的重要性，以及消费者比例与社会文明繁荣之间的关系，斯密在《序论》中运用了大约半页纸的篇幅（全文仅有两页半），阐述了土地和劳动的年产物以及物质财富的分配与社会文明繁荣密切相关的思想。他从野蛮社会到文明社会的进化入手，论证了社会的文明繁荣取决于社会的劳动生产物能满足广大劳动者的需要，并且老幼病弱者也可以享有各种生活必需品和便利品。一个文明社会的基本标志就是它能公正地对待劳动者和老幼病弱者。

> 在未开化的渔猎民族间，一切能够劳作的人都或多或少地从事有用劳动，尽可能以各种生活必需品和便利品，供给他自己和家内族内因老幼病弱而不能渔猎的人。不过，他们是那么贫乏，以致往往仅因为贫乏的缘故，迫不得已，或至少觉得迫不得已，要杀害老幼以及长期患病的亲人；或遗弃这些人，任其饿死或被野兽吞食。❷

对于未开化民族的论述，斯密并没有运用道德哲学的思想予以解释，而是生动地描绘了野蛮社会如何分配劳动成果的残酷事实：由于劳动生产物的匮乏，未开化的民族往往会杀害或遗弃没有劳动能力的人——老幼病

---

❶ 亚当·斯密. 国民财富的性质和原因的研究：上卷［M］. 北京：商务印书馆，1972：2.
❷ 亚当·斯密. 国民财富的性质和原因的研究：上卷［M］. 北京：商务印书馆，1972：1.

弱者，来保证青壮年的生存和劳动能力。对于生活在现代文明社会中的人们来讲，这一悲惨的场景是令人极其震撼的。斯密的目的是试图说明社会文明与否首先取决于物质财富的多寡。愚昧落后的社会，由于物质的贫乏，老幼病弱等不能从事劳动的人无法得到供养；而文明社会的重要标志是，老幼病弱等不能从事劳动的人同样能享有充足的各种生活必需品和便利品，甚至比一般劳动者所能消费的还要多。"反之，在文明繁荣的民族间，虽有许多人全然不从事劳动，而且他们所消费的劳动生产物，往往比大多数劳动者所消费的要多过十倍乃至百倍。"❶

　　可见，斯密是将大多数人的消费水平与社会文明繁荣联系了起来，消费者比例的大小在很大程度上体现了老幼病弱群体的消费水平。也就是说，一个国家文明繁荣的程度集中体现于该国消费者比例的大小。进一步来讲，一个文明繁荣的社会，一方面体现在与高就业率相联系的劳动生产物的增长；另一方面体现在与社会公正相联系的财富和收入的合理分配。

二、就业量、产量与收入分配

　　在《国富论》的第一篇，斯密深入考察了劳动量、劳动生产物与收入分配之间的关系，分配学说构成了其理论体系的核心内容。根据商品交换价值的来源，斯密将一国的劳动年产物的全部价格分为三部分。由于劳动、资本和土地是生产商品的三种基本要素，或者说，劳动工资、资本利润和土地地租是一切收入与可交换价值的三个根本源泉，一国年产物的全部价格或交换价值是由劳动工资、资本利润和土地地租三部分价格构成的。"构成一国全部劳动年产物的一切商品价格，必然由那三个部分构成，而且作为劳动工资、土地地租或资本利润，在国内不同居民间分配。……工资、利润和地租，是一切收入和一切可交换价值的三个根本源泉。"❷一国生产全部商品的收入，必然要以劳动工资、资本利润和土地地租的形式分配给

---

❶ 亚当·斯密. 国民财富的性质和原因的研究：上卷［M］. 北京：商务印书馆，1972：1-2.

❷ 亚当·斯密. 国民财富的性质和原因的研究：上卷［M］. 北京：商务印书馆，1972：46-47.

这三种生产要素的所有者——劳动者、资本家和地主。

需要注意的是，在考察劳动年产物的交换价值与收入分配之间的关系时，斯密用所能购买或支配的劳动量的价值来衡量社会全部劳动年产物的真实价值，劳动者的真实报酬是用分配给劳动者的工资可以购买或支配的劳动量来衡量的，利润和地租亦然。"这三个组成部分各自的真实价值，由各自所能购买或所能支配的劳动量来衡量。劳动不仅衡量价格中分解成为劳动的那一部分的价值，而且衡量价格中分解成为地租和利润的那些部分的价值。"❶关于斯密的劳动价值论，我们将在第五章作详细阐释。

在现代生产条件下，由于商品价格中包含了大量的利润和地租，因此，一国劳动年产物的真实价值远大于生产这些商品所需的劳动量。"由于在文明国家内，交换价值单由劳动构成的商品极不常见，大部分商品的交换价值，都含有大量的利润和地租，所以，社会全部劳动年产物所能购买或支配的劳动量，远远超过这年产物生产制造乃至运输所需要的劳动量。"❷由于资本和土地所有者分享了劳动年产物的一部分，而这部分年产物并不会用于雇用有用性劳动以生产更多的产品，那么，如果劳动年产物的交换价值中有更多的部分可用于支付劳动者的工资，或者说，一国每年生产的劳动产品中分配给劳动者的比例更大，社会雇用的劳动量越多，社会的总产量也就越高。因此，斯密认为，一国的劳动年产物的价值是增加还是减少，取决于其年产物是按照什么比例分配给劳动者与资本和土地所有者。

> 无论那一个国家，都不是用全部年产物来维持勤劳阶级。无论那一个国家，每年都有大部分生产物归游惰阶级消费。一国年产物的普通或平均价值是逐年增加，是逐年减少，还是不增不减，要取决于这一国家的年产物每年是按照什么比例分配给这两个阶级的人民。❸

---

❶ 亚当·斯密. 国民财富的性质和原因的研究：上卷［M］. 北京：商务印书馆，1972：44-45.

❷ 亚当·斯密. 国民财富的性质和原因的研究：上卷［M］. 北京：商务印书馆，1972：48.

❸ 亚当·斯密. 国民财富的性质和原因的研究：上卷［M］. 北京：商务印书馆，1972：49.

通俗来讲，斯密的意思是，经济增长从根本上取决于收入分配。斯密特别注意到，劳动工资不但与劳动者的生活资料以及劳动者体力的增进相联系，也直接关系到劳动者的品行、工作能力和精神状态。"劳动工资，是勤勉的奖励。勤勉象人类其他品质一样，越受奖励越发勤奋。丰富的生活资料，使劳动者体力增进，而生活改善和晚景优裕的愉快希望，使他们益加努力。所以，高工资地方的劳动者，总是比低工资地方的劳动者活泼、勤勉和敏捷。"❶因此，应该给予劳动者较高的工资报酬，以满足他们对一切生活必需品和便利品的需求，同时使他们有条件提升自身的能力和素质，愉快并满怀希望地工作和生活。可见，斯密从来不脱离人的本性来思考经济问题。

由于劳动者的生活状况取决于他的劳动报酬，所以，一国的劳动工资水平可以反映该国国民总体的生活状况以及社会经济的发展趋势。"所以劳动报酬优厚，是国民财富增进的必然结果，同时又是国民财富增进的自然征候。反之，贫穷劳动者生活维持费不足，是社会停滞不进的征候，而劳动者处于饥饿状态，乃是社会急速退步的征候。"❷因此，劳动者的报酬与社会总收入的比例是最重要的经济衡量指标之一，这一比例不但决定了一国国民财富的变化（经济增长），也反映了国家文明繁荣的程度。

三、分配不公正与有效需求不足

从某种意义上说，马尔萨斯发展了斯密的分配学说，他把收入分配与商品的有效需求联系起来，指出收入分配的不公正会导致有效需求不足，这既是阻碍社会财富增长的主要原因，也是造成劳动者大量失业的根本原因。

早在 1798 年出版的《人口原理》中，马尔萨斯就明确提出："尽管每一个文明国家都必然存在所有者阶级和劳动者阶级，但较为平均地分配财产总是会带来永久性利益。"❸在其《政治经济学原理》中，他

---

❶ 亚当·斯密. 国民财富的性质和原因的研究：上卷 [M]. 北京：商务印书馆，1972：75.
❷ 亚当·斯密. 国民财富的性质和原因的研究：上卷 [M]. 北京：商务印书馆，1972：67.
❸ 托马斯·罗伯特·马尔萨斯. 人口原理 [M]. 北京：商务印书馆，1992：132.

进一步阐述了这一思想，一个国家全部商品的交换价值能否持续增加，生产能力能否全部转化为财富的增长，取决于产品的分配方式能否促进消费者对产品的有效需求。"我们知道，生产能力无论怎样大，总不足以单独保证财富按比例地增长。为了使生产能力充分发挥作用，似乎还必须有其他的因素。这就是不受阻碍的对全部产品的有效需求。看来最有助于达到这个目的的，是一种能使全部商品的交换价值不断增加的产品分配方式，并使这种产品能适应消费者的欲望。"❶马尔萨斯对收入分配、有效需求与财富增长之间的关系的基本结论为：社会财富的增长速度取决于有效需求的水平，而有效需求又取决于收入分配的状况。

马尔萨斯强调，有效需求不足的根源在于少数人拥有过多的财富。"一个很大的地主，周围尽是一些很穷的农民，这是一种最不利于有效需求的财富分配。"❷这是因为，全部商品的主要组成部分——生活必需品和便利品的生产主要面向广大普通劳动者的消费。一个富人即使消费了相对于普通人较多的生活必需品和便利品，这种需求也是有限的；而大多数劳动者的收入太低，使得他们无法换取基本的生活必需品和便利品，这就使得他们的有效需求不足，进而导致大量生产出来的生活必需品和便利品难以找到市场。"实际上，我们总觉得少数人的过多的财富，从有效需求的角度看来，决不能等于多数人的适度的财富。大量的制造业者和商人只能在大地主地位以下的广大消费者阶级中找到他们的商品的市场。"❸只有财富为更多的人适度拥有，社会总体才有能力消费更多的商品，有效需求才能提高，社会财富才能进一步增长。

我们在第二章讨论就业理论的基本原理时，主要分析了消费需求不足是抑制社会再生产并导致失业的原因。如果从更深层次考察收入分配对消费需求的影响，可以看出，一个国家收入分配的不公正是导致其有效需求不足以及生产过剩，造成该国劳动者大量失业的根本原因。

---

❶ 托马斯·罗伯特·马尔萨斯. 政治经济学原理［M］. 北京：商务印书馆，1962：298.
❷ 托马斯·罗伯特·马尔萨斯. 政治经济学原理［M］. 北京：商务印书馆，1962：307-308.
❸ 托马斯·罗伯特·马尔萨斯. 政治经济学原理［M］. 北京：商务印书馆，1962：309.

第四节　就业《通论》与收入分配

经济理论界通常认为，凯恩斯的理论强调运用反经济周期的财政政策，对策便是减少税收和增加政府投资，以推动经济增长。这种理解与凯恩斯学说的实质存在很大偏差。本节将介绍收入分配与就业理论的基本模型的关系，解释消费倾向的定义及其含义，试图清晰地阐述凯恩斯对于收入分配的基本看法。

一、收入分配与凯恩斯的模型

根据第二章所述，凯恩斯是在马尔萨斯的有效需求不足思想的基础上，发展了有效需求原理，其理论的精髓集中体现为就业理论的基本模型：$N = F(\Phi, \chi, D_2)$［式（2.5）］。

凯恩斯的一般就业理论旨在说明，就业量如何决定于总供给函数与总需求函数相交时的总需求的数值——有效需求。他将有效需求这一影响因素进一步分解为消费倾向 χ 和投资量 D_2 两个变量。在短期内，总供给函数 Φ 给定的条件下，消费倾向和投资量共同决定了就业量。在上述模型中，凯恩斯创造性地使用消费倾向替代了消费需求，值得注意的是，消费倾向是一个与收入分配密切相关的变量。

客观地说，凯恩斯的一般就业理论是与他的收入分配的思想紧密联系在一起的。收入分配对于消费倾向的影响极为显著，对此，凯恩斯做出了令人信服的解释。"我的解释是：由于缺乏一个正确的对生产品的分配，所以没有足够的动机使生产能继续下去……，如果快速积累的意图确实会使劳动与资本之间的分配达到如此的程度，以致几乎会摧毁将来积累的动机和能力，从而，摧毁对日益增加的人口所维持和增加的就业量的能力……" ❶消费是一个国家经济运行的关键环节，它取决于就业量和工资的水平，又决定着再生产的规模。产品一旦没有适当的消费用途，就会使同等数量的再生产陷入停顿，就业和工资也就无法维持在原先的水平。由此不难看出，在实际经济的运行过程中，消费倾向与劳动者就业之间存在互为因果的关系。在考察凯恩斯的就业理论的基本模型时，不可忽视的是，收入分配的不公正是导致消费倾向降低的主要原因。那么，对于经济快速增长所造成的消费需求不足，政府首先需要采取调整收入分配的经济政策，从而提高社会的消费倾向。

凯恩斯写作《通论》的目的，是通过科学地分析影响就业量的各种因素，为资本主义社会提供一个治愈失业危机的药方。"如果消费倾向和新投资量造成有效需求不足，那末，现实中存在的就业量就会少于在现行的实际工资下所可能有的劳动供给量，……上述分析可以为我们解释在丰裕之中的贫困这一矛盾现象。其原因在于：仅仅存在着有效需求的不足便有可能、而且往往会在充分就业到达以前，使就业量的增加终止。" ❷然而，现代许多主流经济学家对失业问题的性质缺乏价值判断的能力，企图单纯运用提高经济增长速度的方式解决就业问题。如果经济快速增长伴随着不合理的收入分配，给社会经济带来的后果通常是灾难性的。传统的增长理论模型主张依赖劳动、资本与技术，单纯追求经济增长的目标，而忽视了收入分配，将不可避免地造成消费倾向下降以及有效需求不足，并可能导致失业危机。

二、消费倾向的定义及其含义

我们在上一章已经介绍过，为了考察一个社会的消费量与总收入之间的关系，凯恩斯提出了一个重要的概念——消费倾向。在介绍第二个命题时，凯恩斯把社会的收入和社会所愿意消费的数量之间的关系称为该"社会的消

---

❶ 约翰·梅纳德·凯恩斯. 就业、利息和货币通论 [M]. 重译本. 北京：商务印书馆，1999：374.

❷ 约翰·梅纳德·凯恩斯. 就业、利息和货币通论 [M]. 重译本. 北京：商务印书馆，1999：36.

费倾向"。然而，在该处他并没有进一步解释消费倾向的概念，仅称这一关系"取决于该社会的心理特征"。消费倾向在凯恩斯的就业理论中占有重要地位，我们准备从他的消费倾向的定义入手，详细考察消费倾向的含义。

了解《通论》的学者应该清楚，第三、第四和第五编构成了《通论》的主体内容。第三编的标题为"消费倾向"，这说明对凯恩斯的理论框架而言，消费倾向具有特殊的重要性。消费倾向的概念是与收入和就业联系在一起的，首先，凯恩斯探讨了就业、收入与消费倾向之间的函数关系。"由于我们在这里所涉及的是：当就业量处于既定水平时，什么决定消费量的大小，所以严格来说，我们应该考虑的是表明前者的数量（N）和后者的数量（C）之间的关系的函数。然而，为了方便起见，可以使用稍微不同的函数，即把以工资单位衡量的消费（C_w）和以工资单位衡量的相当于一定就业量水平的总收入（Y_w）联系在一起的函数。"❶在这里，凯恩斯试图将消费量与就业量之间的关系，用工资单位衡量的消费量 C_w 与用工资单位衡量的相当于一定就业量水平的总收入 Y_w 之间的函数来表示，他将反映这一关系的函数称为消费函数。需要注意的是，虽然消费函数直观上体现的是消费量与总收入的关系，但是由于总收入取决于就业量，因此这一函数也隐含着消费量与就业量之间的关系，并最终要反映这两者的关系。这就是凯恩斯所说的消费函数是消费量与"相当于一定就业量水平的总收入"相联系的函数的含义。

凯恩斯随后给出了消费倾向的明确定义。"我们称之为消费倾向的名词定义为：存在于 Y_w（即用工资单位衡量的既定的收入水平）和 C_w（即在该收入水平下的消费开支）之间的函数关系 χ。所以，$C_w = \chi(Y_w)$。"❷根据上述定义，消费倾向衡量的是总收入中用于消费支出的比例，其表达式可由以下模型给出：$\chi = C_w / Y_w$。

消费倾向的准确定义要建立在统一的经济总量的衡量单位的基础上。概括地说，凯恩斯的分析框架是建立在"用工资单位衡量的"经济总量之

❶ 约翰·梅纳德·凯恩斯. 就业、利息和货币通论［M］. 重译本. 北京：商务印书馆，1999：95-96.
❷ 约翰·梅纳德·凯恩斯. 就业、利息和货币通论［M］. 重译本. 北京：商务印书馆，1999：96.

间关系的基础上，其中，消费倾向反映的是用工资单位衡量的消费量 C_w 与用工资单位衡量的总收入 Y_w 之间的关系。凯恩斯选择用工资单位作为经济总量的衡量单位，其理论根源是斯密的劳动价值论。我们将在第五章介绍斯密的"劳动是衡量商品交换价值的尺度"的思想，以及凯恩斯的经济总量的衡量单位。

由此，我们可以给出每个特定时期消费倾向的表达式。在 t 时点，如果用 C_t 表示用工资单位衡量的消费量，用 Y_t 表示用工资单位衡量的总收入，定义消费倾向 χ_t 为消费量 C_t 与总收入 Y_t 的比值，即

消费倾向：

$$\chi_t = C_t / Y_t \tag{3.1}$$

一般来讲，消费倾向的数值介于 0～1 之间，即 $0 < \chi_t < 1$。也就是说，人们会把每年收入的一部分用于消费，而把剩下的部分储存起来以备未来的消费。凯恩斯认为，消费倾向的数值取决于一系列客观因素和主观因素。

在经济学的知识体系中，消费倾向与消费者比例同样是重要的基本概念。消费倾向在凯恩斯的模型框架中占有特殊地位，并且成为最重要的宏观经济指标之一。因此，我们有必要深入地理解消费倾向的含义。

（1）在经济总量的分析框架中，凯恩斯用消费倾向 χ 替代社会总的消费需求 D_1，即有效需求 $D = D_1 + D_2 = \chi(N) + D_2$。凯恩斯创造这一新的概念，是为了揭示经济活动的一般规律，建立总收入、消费量与就业量之间的联系。

（2）消费倾向是一个与收入分配密切相关的概念。一国总的消费量与总收入成何种比例，在很大程度上取决于收入分配的比例。因此，消费倾向是一个反映收入分配水平的重要指标。

（3）消费倾向与就业量之间存在函数关系。由于消费量和社会总收入都是就业量的函数，因此，消费倾向也是就业量的函数，就业量是消费倾向的反函数。消费倾向与就业量之间存在互为因果的关系。

（4）就业量取决于消费倾向。在凯恩斯的分析框架中，把消费倾向作为其就业理论基本模型的一个自变量，旨在考察消费倾向对就业量的影响。二者之间关系的研究，是就业理论的一个基本命题。

（5）消费倾向的变化可以用边际消费倾向来计量。为了精确地计量消费倾向在短期的变化，可以采用边际分析的方法。《通论》具体介绍了边际消费倾向的概念和计算方法，并考察了边际消费倾向对就业量产生的影响。

三、收入分配与就业理论的关系

将早期古典政治经济学的分配学说与亚当·斯密的分配理论联系起来考察，我们应该意识到，由于人类本性与社会经济制度的复杂性，以及收入分配的公正性涉及不同的价值判断，社会的分配制度可能存在明显的缺陷。

与社会公正相联系的收入分配是与价值判断联系在一起的，凯恩斯对社会财富和收入分配的不平等作了以下陈述："存在着社会上的和心理上的理由来认为：相当大的财富和收入的不平等是合理的，但不平等的程度应该比目前存在的差距为小。"[1]凯恩斯认为，只要社会大多数人仍怀有对财富、权力等的渴望，财富和收入的不平等就会存在下去，这是财富和收入的不平等存在的社会原因和心理原因。尽管如此，这种不平等也应该受到限制，"稳健的政治家就应该让游戏在规则和限度的约束下继续进行下去"。[2]同时，凯恩斯也承认，人类本性的心理特点以及社会成规和制度"虽然并不是不能改变的，但在短时期内，除了处于非正常的或发生革命的情况，很难有较大的变动"。[3]

我们应该认识到，凯恩斯的思想是基于他对社会经济制度的深刻理解。他断言：

我们生活于其中的经济社会的显著弊端是：第一，它不能提供充分就业以及第二，它以无原则的和不公正的方式来对财富和收入加以分配。本书的理论对第一个弊端的作用是显而易见的。

---

[1] 约翰·梅纳德·凯恩斯. 就业、利息和货币通论 [M]. 重译本. 北京：商务印书馆，1999：387.

[2] 约翰·梅纳德·凯恩斯. 就业、利息和货币通论 [M]. 重译本. 北京：商务印书馆，1999：388.

[3] 约翰·梅纳德·凯恩斯. 就业、利息和货币通论 [M]. 重译本. 北京：商务印书馆，1999：96-97.

但是，它在两个重要的方面也与第二个弊端有关。❶

《通论》对于第一个弊端——不能提供充分就业的研究是显而易见的，而经济学家往往忽视了《通论》对第二个弊端——以不公正的方式来分配财富和收入的研究。其实，《通论》的两个基本主题——充分就业与分配公正之间存在密切的联系。社会以无原则的和不公正的方式来分配财富与收入，必然会对社会经济造成危害。

凯恩斯清楚地认识到，一国的就业水平首先取决于消费倾向，"如果要继续大致维持充分就业，……除非整个社会的消费倾向（包括国家在内）有着很大的改变"。❷要大幅度地提高社会的消费倾向，其前提当然是以公正的方式来分配财富和收入。当社会以无原则的和不公正的方式来分配财富与收入时，无论以多快的速度拉动经济增长，或者大量增加投资支出，将会进一步导致社会的消费需求不足与生产过剩，不但难以实现充分就业，还可能孕育经济危机，甚至社会危机。

第五节　消费倾向与工资收入比例

总体来讲，一国国民的消费水平首先建立在大多数劳动者的就业和工资收入的基础上，这就需要定量地考察不同的收入分配方式，特别是劳动工资占国民收入的比例对消费倾向产生怎样的影响，进而分析收入分配怎样影响就业量和产量的变化。

本节我们首先给出工资收入比例的概念；其次，建立消费倾向与工资收入比例之间关系的模型，并考察收入分配的变化对就业量和产量的影响；最后，探讨凯恩斯的消费倾向与亚当·斯密的消费者比例之间的关系。

---

❶ 约翰·梅纳德·凯恩斯. 就业、利息和货币通论［M］. 重译本. 北京：商务印书馆，1999：386.
❷ 约翰·梅纳德·凯恩斯. 就业、利息和货币通论［M］. 重译本. 北京：商务印书馆，1999：389.

一、收入分配给两个阶级的比例

如上所述，斯密的分配学说的一个重要思想，就是一国就业量和产量的变化，取决于劳动年产物是按照什么比例分配给两个阶级的人民，这就涉及一国总的劳动报酬占劳动年产物的价值的比例问题。衡量一个国家劳动者工资的合理水平，考虑的出发点是该国的工资总额占全部收入的比例，我们可以称为工资收入比例，这一比例是衡量一国收入分配状况的重要指标。

在 t 时点，如果用 E_t 表示实际工资总额，用 Y_t 表示实际总收入，用 g_t 表示工资收入比例，我们定义工资收入比例为工资总额与总收入的比值，即

工资收入比例：

$$g_t = E_t / Y_t \tag{3.2}$$

一国的工资收入比例提高，即劳动者的工资总额占社会总收入的比重上升，说明该国的收入分配方式趋向于公正。按照斯密的说法，一国的劳动工资占该国全部收入的比重提高，下一年的劳动年产物就会增加，可见，分配公正是社会文明繁荣的先决条件。

二、消费倾向与工资收入比例

当一国的收入分配方式发生变化时，工资收入比例也随之变化，不可避免地会引起消费倾向的改变。由于劳动者的工资水平与社会整体的消费水平密切相关，我们可以通过分析消费倾向与工资收入比例之间的定量关系，来考察收入分配对消费倾向的影响。显而易见，消费倾向与工资收入比例之间关系的研究是就业理论的一个重要课题。

在 t 时点，如果用 K_t 表示实际资本利润和土地地租之和，则总收入 Y_t 等于实际工资总额 E_t 与实际资本利润和土地地租总额 K_t 之和，即

$$Y_t = E_t + K_t \tag{3.3}$$

$$1 = E_t / Y_t + K_t / Y_t \tag{3.4}$$

用 g_t 表示工资收入比例，即 $g_t = E_t / Y_t$ ［式（3.2）］，则 $K_t / Y_t = 1 - g_t$。

如果用 C_t^e 表示工资收入者的实际消费量，用 C_t^k 表示资本收入者（包括地租收入者）的实际消费量，则消费量 C_t 等于劳动收入者的实际消费量 C_t^e 与资本收入者的实际消费量 C_t^k 之和，即

$$C_t = C_t^e + C_t^k \qquad (3.5)$$

可以定义工资收入者的消费倾向为 χ_t^e，资本收入者（包括土地所有者）的消费倾向为 χ_t^k，即

$$\chi_t^e = C_t^e / E_t \qquad (3.6)$$

$$\chi_t^k = C_t^k / K_t \qquad (3.7)$$

将式（3.5）两边分别除以 Y_t，则

$$\begin{aligned} C_t / Y_t &= C_t^e / Y_t + C_t^k / Y_t \\ &= (C_t^e / E_t)(E_t / Y_t) + (C_t^k / K_t)(K_t / Y_t) \\ &= \chi_t^e \cdot g_t + \chi_t^k (1 - g_t) \\ &= (\chi_t^e - \chi_t^k) g_t + \chi_t^k \end{aligned} \qquad (3.8)$$

这样就得到了工资收入比例与消费倾向之间关系的模型，即

消费倾向与工资收入比例的关系：

$$\chi_t = (\chi_t^e - \chi_t^k) g_t + \chi_t^k \qquad (3.9)$$

其中，χ_t 代表消费倾向；χ_t^e 代表工资收入者的消费倾向；χ_t^k 代表资本收入者的消费倾向；g_t 代表工资收入比例。

式（3.9）表明，在短期内，假设 χ_t^e 和 χ_t^k 不变的条件下，消费倾向的大小取决于工资收入比例的数值。

经验证据表明，一般来讲，工资收入者的消费倾向大于资本收入者的消费倾向。在 χ_t^e 和 χ_t^k 给定的条件下，由于 $\chi_t^e > \chi_t^k$，消费倾向 χ_t 与工资收入比例 g_t 正相关，即 g_t 越大，χ_t 越大，说明提高工资收入比例有利于消费倾向的提高。工资收入比例对消费倾向的影响程度，则取决于 χ_t^e 与 χ_t^k 之间的差额。如果二者的数值差距悬殊，则工资收入比例对消费倾向的影响相对较大，那么提高工资收入比例可以显著地提高消费倾向；反之，影响较小。

三、就业量、产量与工资收入比例

式（3.9）刻画了不同的收入分配方式对消费倾向的影响。如果整个社会的收入从劳动者转移到资本家或地主，即一国的工资收入比例下降，对社会的消费倾向的影响通常很可能是降低。正如凯恩斯所说，"这种收入再分配对整个社会的消费倾向的影响是什么？从工资劳动者到其他生产要素的转移很可能要降低消费倾向。……它对消费倾向的影响很可能是降低，而不是提高。"❶根据消费倾向与工资收入比例之间的关系，结合就业理论的基本模型，可以解释凯恩斯所说的收入分配对就业量的影响。

由就业理论的基本模型 $N = F(\Phi, \chi, D_2)$ ［式（2.5）］可知，就业量与消费倾向正相关；由式（3.9）可知，消费倾向与工资收入比例正相关，则就业量与工资收入比例也表现为正相关。特别是工资收入比例的系数 $(\chi_t^e - \chi_t^k)$ 越大，即劳动者的消费倾向与资本收入者的消费倾向之间的差额越大，工资收入比例的变化对消费倾向的影响越大，进而对就业量的影响也越大。

一般来说，收入分配就是通过对消费倾向的作用对经济总量产生影响的。消费倾向与工资收入比例之间的正相关关系以及就业理论的基本模型，反映了斯密的分配理论和有效需求学说的基本思想：一国的全部劳动量，自然会按照经济规律使自己适合于有效需求；与此同时，一国劳动年产物（有效需求）的变化，又取决于该国年产物每年是按照什么比例分配给两个阶级的人民。

上述模型也描述了马尔萨斯的收入分配不公正导致有效需求不足以及失业的思想。假若一个国家的工资收入比例下降，使得社会整体的消费倾向降低，则会造成有效需求不足和生产过剩的现象，会导致劳动者的大量失业，甚至会演变为经济大萧条。

---

❶ 约翰·梅纳德·凯恩斯. 就业、利息和货币通论［M］. 重译本. 北京：商务印书馆，1999：270.

综上所述，凯恩斯关于收入分配的基本思想为：经济萧条的根源在于社会存在的显著弊端，即它以不公正的方式来分配财富和收入，从而引起社会消费倾向的低下，而较低的消费倾向必然会使得社会不能提供充分就业。

四、消费倾向与消费者比例

如前所述，斯密认为社会存在一个自明的原则：消费是一切生产的唯一目的，国民劳动是为了满足大多数人的消费需求，为此，他提出了一个消费者比例的概念。我们有必要对消费者和消费者比例的概念做出明确的解释，这就需要从经济学的意义上理清就业理论的两个基本概念——生活必需品和便利品的较为严格的定义，以便进行变量之间定量关系的研究。

尽管古典理论家没有给出生活必需品和便利品的明确定义，但从未妨碍他们经常使用这一概念。一般来说，一切生活必需品的含义通常可以理解为一个人在一个特定的国家中维持生活所必须满足的物质条件，包括必需的食品（食）、服装（衣）、居住条件（住）、医疗条件和教育费用等。便利品则是使一个人生活得更加轻松、方便、舒适的物质要素，包括必要的交通工具（行）、基本的生活日用品和使生活舒适的各种家庭设备等。

很明显，一个人在某一时期对生活必需品和便利品的需求，可以用该时期支付上述费用的货币价值来计量。一个人是否可称为消费者，是与他的一切生活必需品和便利品的消费能力相联系的，而生活必需品和便利品的消费能力又是与其收入水平或有效支付能力相联系的，或者说，消费者的实际收入水平或有效支付能力的大小是决定其消费需求的一个至关重要的因素。通常，一个消费者的消费水平与其实际收入成正比例。

如果我们定义消费者是至少具有一个人充足的生活必需品和便利品的有效支付能力的人，消费者比例就是一国所有具有充足的生活必需品和便利品的有效支付能力的人占总人口的比例，即消费者人数与总人口之比。

凯恩斯认为，消费是一切经济活动的唯一目标和对象。他提出了消费倾向的概念，一方面将消费作为一切经济活动的最终目的；另一方面又把消费倾向作为其有效需求原理的基本模型的自变量。要理清凯恩斯的分析思路，就需要进一步分析消费倾向与消费者比例之间的关系。

虽然斯密和凯恩斯选择了不同的变量衡量一国的消费状况，这两个变量之间却有着密切的联系。消费倾向是一国总的消费量与总收入的比例，反映的是货币价值之间的比例关系；消费者比例是一国所有具有充足的生活必需品和便利品的有效支付能力的人口占总人口的比例，反映的是人数之间的比例关系。由此不难看出，消费倾向与消费者比例存在正相关的关系。一般来讲，一国的消费者人数越多，或者说消费者比例越高，说明社会总体的消费水平越高，消费倾向的数值也就越大；从另一个角度来看，社会的消费倾向越高，说明社会总收入中有更大的部分用于消费支出，国民整体的消费需求有所提高，这意味着有更多的人可以享受到更多的劳动产品，消费者比例也就越高。

如果从定量分析的角度比较这两个变量，消费倾向更便于经济总量的统计和分析。尤其是在短期经济分析中，消费倾向可以实时反映全社会消费的总体状况。就业理论在短期分析中，如果其他条件不变，通常假定消费者比例随着消费倾向按相同的比例变化，即扩大消费倾向的同时，消费者比例按相同的比例增加；反之亦然。当然，在现实经济中，两者的变化并不总是同步和同比例的。然而，由于影响这两个变量的基本因素是一致的，它们彼此又密切相关，做出这样的短期假定是合理的。

简而言之，消费倾向是一个与消费者比例密切相关的概念。由于提高消费者比例是一切经济活动的最终目的，而消费倾向与消费者比例之间存在正相关的关系，那么，消费倾向本身是与一切经济活动的最终目的相联系的。

第六节　分配理论与科学的分析方法

无论如何，分配公正与否对于一国的消费、收入和就业的影响是不容忽视的。从一定意义上来说，一国的消费者比例和就业率都取决于财富和收入的分配比例。进一步说，分配理论是与科学的分析方法联系在一起的，就业理论的基本方法关键在于研究经济总量的比例之间的关系。

第一，对于经济科学来说，考察的是经济总量的增长率问题，还是经济总量的比例问题，这涉及经济分析采用的不同的研究方法。

经济学作为一门科学，最值得探讨的是经济分析的基本方法。经济学首先考虑的是财富和收入分配的比例问题，还是财富的增长率问题，这在很大程度上决定了经济分析所采用的不同方法。进一步说，经济学是以经济总量的恰当比例作为目标，还是以经济总量的增长率作为目标，涉及一国政府采取的不同的经济政策，不同的经济政策必然会对一国大多数国民的消费水平和就业水平产生极为不同的影响。

假若一切经济活动的最终目的是经济增长，或者说是财富积累，经济科学首先要考虑的是提高一国的经济增长速度，经济分析的基本变量往往采用经济总量的增长率。例如，增长理论的基本变量主要采用产出增长率、投资增长率、消费增长率、劳动增长率及技术生产率的增长等，并试图建立模型来分析上述变量——增长率之间存在的某种定量关系。

与此不同的是，如果一切经济活动的最终目的是达到更高的消费者比例，经济科学首先要考虑的是一国的收入分配比例和就业率，模型的基本变量通常是各种总量的比例。例如，就业理论的基本变量主要采用消费者比例、就业率、消费倾向、工资收入比例等。经济分析的基本方法通常是分析经济总量的上述比例之间存在的某种定量关系。

就分配理论而言，社会的公正在于分配合乎比例。亚里士多德一语道破了分配理论的实质，"分配的公正在于成比例，不公正则在于违反比例"。❶这说明，分配理论关心的是总收入的各组成部分之间的比例关系是否合适，以及这种变量之间的几何比例关系的变化遵循何种规律。

第二，经济学如何判断经济总量之间的合适比例呢？这首先涉及价值判断问题。

经济学要确定工资与收入、消费与收入、就业量与劳动人口、消费者与总人口究竟应该成何种比例，上述比例究竟应该向哪个方向变动，就涉及价值判断的问题。

---

❶ 亚里士多德. 尼各马可伦理学［M］. 北京：商务印书馆，2003：136.

分配理论的一个关键性问题是如何判断收入分配的公正性。不可否认，分配公正的判断是基于不同的阶级地位和价值取向，这样就产生了不同的收入分配原则。"人们都同意，分配的公正要基于某种配得，尽管他们所要（摆在第一位）的并不是同一种东西。民主制依据的是自由身份，寡头制依据的是财富，有时也依据高贵的出身，贵族制则依据德性。"❶一国所采取的财富和收入的分配制度取决于该国国民与统治者的政治选择和经济博弈。也就是说，经济学的基本主题同样涉及不同的价值判断。然而，大多数经济学家通常认为，经济学作为一门科学，"并不存在价值判断"❷。无论现代经济学家认为经济学是否存在价值判断，对于分配理论而言，似乎很难回避这一问题。

分配学说在斯密的体系中占有重要地位，一个国家的文明繁荣是建立在公正的分配制度的基础上的。收入分配是一个决定就业量和产量的关键因素，也是一个与消费者比例密切相关的因素，特别是从根本上决定着老幼病弱人的消费状况。可以说，价值判断在很大程度上决定着经济活动的目标、结果及人民的幸福。

第三，经济分析的实质内容是考察各经济总量增长率之间的关系，还是考察各经济总量之间的比例关系，这是经济学作为一门科学首先需要回答的问题。

就业理论提出了几个基本的比例关系，包括消费者比例、就业率、消费倾向、工资收入比例等。姑且不论经济总量间的某种比例的公正性，我们认为，就业理论的基本原理在于揭示经济活动的基本变量遵循着某种相互作用的变化规律。

要考察各经济总量的比例关系的基本规律，我们不仅需要正确地理解社会公正与收入分配的思想，还需要将这一思想与就业理论的实质联系起来，采用科学的分析方法建立各基本变量之间的定量关系。亚当·斯密强调，一国劳动年产物的价值是增加还是减少，取决于该国的年产物每年按照什么比例分配给各阶级的人民。凯恩斯指出，一国每年的就业量和产量

---

❶ 亚里士多德. 尼各马可伦理学［M］. 北京：商务印书馆，2003：135.

❷ 米尔顿·弗里德曼. 经济学中的价值判断［M］//弗里德曼文萃：上册. 北京：首都经济贸易大学出版社，2001：3.

取决于消费倾向这一比例，又进一步取决于劳动工资与总收入的比例。如果一国每年的工资收入违反比例，表现为劳动者的大量失业、工资下降以及生产停滞，那么这种收入分配方式显然是倒行逆施的。

　　无论如何，摆在经济分析第一位的基本问题是经济增长还是收入分配，涉及供需均衡分析的基本变量是经济总量的增长率还是经济总量的比例，以及各种变量之间的关系问题。归根结底，就业理论的分析框架考察的不仅仅是经济增长问题，更重要的是考察就业率以及与之相关的收入分配问题；它围绕着决定消费者比例的就业率，研究一个经济体各经济总量合理的比例关系，以及这些比例之间遵循的经济规律。一方面，工资收入比例决定着劳动者的工作能力和生活状况，以及老幼病弱者的消费水平；另一方面，社会整体的就业状况和经济增长依赖于占人口大多数的劳动者的报酬以及他们的消费占总收入的比例。如果一国财富集中在少数人手中，大多数人的低收入将导致对商品的消费需求严重不足；从本质上讲，正是分配的不公正导致了劳动者的大量失业以及他们生活条件的恶化。

第四章　劳动所有权与就业理论

科学还具有我们在《分析篇》中举出的其他品质，即只有当一个人以某种方式确信，并且对这结论依据的始点也充分了解时，他才是具有科学知识的。

——亚里士多德《尼各马可伦理学》

第一节　概　　述

如果我们试图更深入地理解就业理论的思想体系，不但需要了解就业理论的思想起源，而且需要深入理解"劳动所有权是人类所有更重要的权利的基础"的思想，这些思想为就业理论的形成奠定了坚实的基础。

经济思想史表明，就业理论的思想至少可以追溯到威廉·配第的学说。配第明确指出，一国用劳动人口的一半从事轻松的劳动就会使国家变得甚为富有，那么，经济理论的难题就是：这些人应该从事什么工作。在实际生活中普遍存在失业人口，仅仅依靠劳动市场本身很难达到充分就业。因此，就业问题既是经济生活中实际存在的困难，也是经济理论无法回避的难题。

劳动所有权的思想告诉我们：人类赖以生存的一切生活必需品都源自人类的劳动和勤奋；如果社会忽视了劳动所有权作为人类更重要的权利的基础，社会的财富增长将难以为继。亚当·斯密一语道破了劳动所有权的实质：劳动者所有的世袭财产，就是他们的体力与技巧，如果他们无法就业，那么明显侵犯了这最神圣的财产。劳动所有权直接关系着劳动者的生存状况，因此，社会需要维护劳动者劳动的权利和自由，为国民的劳动所有权提供制度保障。

　　进一步讲，劳动所有权是与资本相联系的。在《国富论》的第二篇，斯密撇开劳动生产力的因素，特别强调了一国每年的总供给状况总必取决于就业率，其实质内容是围绕着资本量与就业量之间的关系展开的。在这一主题的讨论中，斯密深入考察了决定一个国家的就业量的因素，他阐述了资本的性质、积累资本的方法及资本的各种用途，进而集中探讨了资本量对就业量的推动作用。"所以本书第二篇，讨论资本的性质，逐渐累积资本的方法，以及因为资本用途不同，所推动的劳动量亦不相同这几点。"❶由此可见，《国富论》的一个重要主题是资本量的大小及其用途的改变如何推动就业量的变化，并最终影响消费者比例的变化。

　　凯恩斯深刻洞察了上述主题的实质，发展了斯密的"投资-就业"理论。如何定义投资量是就业理论的一个基本问题，古典经济理论通常将投资等于储蓄作为其假定条件。凯恩斯则认为，投资超过储蓄的数量是决定就业量改变的动力，从而建立起储蓄量、投资量与就业量之间的定量关系。凯恩斯采用了就业弹性的概念对有效需求的不同用途与就业量之间的关系加以考察，试图精确地分析投资于不同产业部门所推动的就业量的巨大差异。

　　本章的内容如下：首先，简要介绍就业理论的思想起源；其次，考察劳动所有权与就业和资本的联系；再次，阐述斯密提出的资本的数量及用途与就业量的关系；最后，讨论凯恩斯论述的储蓄、投资对就业的影响。总而言之，就业理论是一脉相承的思想体系。第一篇分析的目的是提出《就业理论的思想体系》的纲要。

第二节　就业理论思想起源的简述

　　了解就业理论的思想起源及理论体系的形成过程，可以使经济理论所要研究的许多基本问题得以澄清。客观地说，就业理论的思想起源至少可

---

❶ 亚当·斯密. 国民财富的性质和原因的研究：上卷［M］. 北京：商务印书馆，1972：2.

以追溯到威廉·配第的就业理论，以及理查德·坎蒂隆创建的劳动供需和产品供需的分析框架。

一、威廉·配第的就业理论与分析方法

在威廉·配第的政治经济学中，劳动者的就业作为一个重要的现实问题被明确提出。配第试图解决经济理论中失业这一最基本的难题。

基于对劳动市场普遍存在的供给与需求失衡的敏锐观察，配第做了如下分析："以人口的一半作极轻微的劳动就会使王国变得甚为富有，同时将大部分资金用于公共开支，就会提高王国的荣誉。但是，困难的问题，就是这些人应该从事什么工作。"❶按照配第的计算，一个国家有一半的人口从事劳动就能轻松生产出可以满足全国人口所需的一切物质产品。也就是说，就劳动市场而言，占总人口一半的劳动者并不能自然地实现就业，社会对劳动者的需求低于劳动供给是经济的常态。这就意味着，在没有政策干预的情况下，社会必然存在一些劳动者无法找到工作，失业是经济活动中存在的实际困难。

姑且不论配第估计劳动供给的方法是否科学，我们首先需要明确古典政治经济学关于就业的几个基本概念。其一，一般来说，劳动者的就业量通常是指从事有用性劳动的劳动者人数；其二，与一国就业量相联系的使国家富有的产量主要是指一切生活必需品和便利品的供给量，通常不包括奢侈品和投资品的产量；其三，在通常情况下，就业量一般是指从事固定职业的劳动者人数。很明显，现代经济学的就业量及国民生产总值的概念与古典政治经济学的基本概念存在较大差别，衡量就业量和产量的口径也不一样。

我们不难得出这样的结论：古典政治经济学从诞生那天起，就认识到劳动市场往往很难实现充分就业；在通常情况下，社会将存在明显的失业现象。那么，如何解决劳动者的就业问题就成为经济理论不可回避的主题。配第认为，"我们就必须为所有其他贫民寻找一些固定的职业。这些人如果

---

❶ 威廉·配第. 献给英明人士［M］//赋税论、献给英明人士、货币略论. 第 2 版. 北京：商务印书馆，1978：112.

规规矩矩地从事劳动，是应该得到丰衣足食的。"●配第的观点包括以下两层含义：首先，政府要解决劳动者的就业问题，必须为"所有"失业贫民寻找固定的职业；其次，为所有失业者寻找工作是与他们"丰衣足食"的消费联系在一起的，这就需要支付给所有劳动者合理的劳动报酬。

那么，一个国家能为这些失业者提供什么样的职业呢？国家将采用什么方式为这些失业者提供职业呢？配第提出，"我认为，那是属于公共经费第六项中所列的职业。这就是：使所有公路加宽、坚固而平坦，借以大大减轻旅行和车马的费用和烦劳；疏浚河流，使其能够通航；在适当地方栽植有用的树木，以供采伐、观赏和生殖水果之用；修建桥梁和堤道；开采金矿、石矿和煤矿；冶炼钢铁等等各种职业。"●由此可见，配第主张使用公共经费为所有失业者提供公共工程这类职业；并且，应该运用财政政策提供资金，采取扩大公共建设的方式解决就业。不可否认的是，积极的财政政策的思想并非来自宏观经济学，它是与英国古典政治经济学同时诞生的。在此基础上，配第进一步提出了国家解决就业的三个基本原则。"我将所有这些事业，归类为如下几项：第一，本国所缺少的事业；第二，需要劳动多而需要技术少的事业；第三，一些在英国新创办的事业……"●这三个原则对就业理论和经济政策的启示，至今仍值得我们思考和借鉴。

配第充分了解失业问题的严峻性，无论是对一个国家大多数国民的实际生活，还是就经济理论研究的目的而言，就业都是最值得关注的问题。其基本观点是：国家必须为失业者提供就业机会，无论采取何种措施。"这些多余的人的工作，最好是无需耗用外国商品的工作。即使叫他们在索耳兹布里平原建筑无用的金字塔，或将斯顿亨奇的石块运到塔山上面去，或做其他类似的工作，都没有关系。"●其原因在于，

● 威廉·配第. 赋税论［M］//赋税论、献给英明人士、货币略论. 第 2 版. 北京：商务印书馆，1978：28.
● 威廉·配第. 赋税论［M］//赋税论、献给英明人士、货币略论. 第 2 版. 北京：商务印书馆，1978：28.
● 威廉·配第. 赋税论［M］//赋税论、献给英明人士、货币略论. 第 2 版. 北京：商务印书馆，1978：28.
● 威廉·配第. 赋税论［M］//赋税论、献给英明人士、货币略论. 第 2 版. 北京：商务印书馆，1978：29.

就业不但与劳动者的身体健康密切相关，而且与他们的精神健康联系在一起。"因为这类工作最少也能使他们的精神得到训练，养成服从的习惯，同时也能使他们的肉体在必要时能够从事有更多收益的劳动。"❶令人回味的是，在提出解决失业的办法时，配第作为一位非常务实的经济学家，他最关心的不是国家的财富增长，而是劳动者的身心健康和长远利益。

更为重要的是，配第的就业理论是建立在统计学和定量分析的基础上的。《政治算术》是配第在 1671—1676 年写成的，是他独创性地应用算术方法研究社会经济问题的代表性著作。该书的原序指出："我进行这项工作所使用的方法，……即用数字、重量和尺度的词汇来表达我自己想说的问题……"❷他认为采用数学方法分析经济问题往往具有真实性，其结论不会有明显的错误。"用数字、重量和尺度（它们构成我下面立论的基础）来表示的展望和论旨，都是真实的，即使不真实，也不会有明显的错误。"❸配第在《赋税论》中阐明的就业理论的许多重要思想，在《政治算术》中都通过数学方法得以论证和发展，使得这些思想可以直接运用到国家政策的制定中。配第认为，国家赋税的公正与合理，必须建立在彻底了解人民的生活水平及就业状况的基础上，这些情况可以应用数学方法做定量的考察。首先，必须计算全部人口中没有劳动能力的人的数量。"总的说来，要知道一种赋税有益还是有害，必须彻底了解人民的状况和就业状况。换句话说，必须了解全部人口中有多少人因年幼体弱或没有能力而不适宜于从事劳动……"❹其次，必须计算各类劳动者的数量。"必须计算一下，适宜于从事上述劳动或技艺的人有多少，有能力按国家现有情况及现有规模执行国家事务的人有多少。"❺最后，必须了解劳动者从事各种职业可以给他们带来多少收入，并且给出了具体的计算方法。"我们必须调查一下，当人民想劳动或者被迫必须劳动，而又有他们可以从事的职业的时

❶ 威廉·配第. 赋税论 [M] //赋税论、献给英明人士、货币略论. 第 2 版. 北京：商务印书馆，1978：29.
❷ 威廉·配第. 政治算术 [M]. 北京：商务印书馆，1978：8.
❸ 威廉·配第. 政治算术 [M]. 北京：商务印书馆，1978：8-9.
❹ 威廉·配第. 政治算术 [M]. 北京：商务印书馆，1978：37.
❺ 威廉·配第. 政治算术 [M]. 北京：商务印书馆，1978：37.

候，他们能得到多少收入；计算方法是这样的……"❶由此可见，政治经济学的诞生，伴随着定量分析的科学方法的建立。其中一组重要的经济指标就是，统计和计量劳动者的就业和收入状况。从这意义上来说，配第也是经济统计和定量分析的创始人。

简而言之，与分配学说相同的是，就业理论的思想同样源于配第的古典政治经济学。社会广泛存在的失业现象是国家公共政策面临的一个主要难题，政府需要运用公共资金开办各种公共项目，雇用社会的闲散劳动力，并给予他们合理的报酬，以满足其丰衣足食的需要。

二、理查德·坎蒂隆的供给需求的分析框架

理查德·坎蒂隆（Richard Canutillo，1680？—1734）是爱尔兰人，而经济学界习惯上将其归为法国经济学家，这主要是由于他的经济学名著《商业性质概论》是在法国完成的。"该书完稿于 1730 年至 1734 年之间。现在的英译本是根据 1755 年的法文本译出的。"❷这本书在许多年后得到了经济学家的高度认可。"此书一直被明确认为是法国学派的各种主要思想的源泉。"❸艾尔弗雷德·马歇尔（Alfred Marshall，1842—1924）评价道："坎悌恩于 1775 年所写的，内容十分广泛的《商业性质的考察》一书，堪称为有系统的著作，立论尖锐，而且在某些方面也是超时代的；……杰文斯宣称他是政治经济学的真正奠基者。"❹值得注意的是，该书对斯密的《国富论》也产生了很深的影响。

坎蒂隆的《商业性质概论》发展了配第的就业理论，建立了"劳动供给-劳动需求"与"生活必需品的供给-生活必需品的需求"之间的联系，初步形成了一个市场供给与需求的分析框架。

我们知道，一个国家的劳动供给或者说劳动人口的数量是与该国总人口的数量相联系的，而"一个国家的居民人数取决于分配给他们的用来维

❶ 威廉·配第. 政治算术 [M]. 北京：商务印书馆，1978：80.
❷ 亨利·希格斯. 导言 [M]//理查德·坎蒂隆. 商业性质概论. 北京：商务印书馆，1986：1.
❸ 威廉·斯坦利·杰文斯. 理查德·坎蒂隆和政治经济学的国籍[M]//理查德·坎蒂隆. 商业性质概论. 北京：商务印书馆，1986：180.
❹ 艾尔弗雷德·马歇尔. 经济学原理：下卷 [M]. 北京：商务印书馆，1965：401.

持生活的资料"。❶一个国家生活资料的数量又取决于该国的就业量，国民获取生活资料的方式是让劳动者能够从事劳动。"使一国人口增加的自然而持久的方法是使本国人民有工作做，让土地为他们的生活资料的生产服务。"❷在实际生活中，一国的就业量取决于该国各产业对劳动者需求的数量。比如说，农村劳动力数量的增加受耕种的土地的限制。"耕种该村土地的工人就太多了。多余的成年人就必须到别处谋生。一般来说，他们是到城里去谋生。"❸同样，城镇劳动者的就业状况也受到当地各行业对他们劳动的需求的约束。"工人、手工业者和其他靠劳动为生的人，必须使自己的数目同集镇和城市的就业状况以及对他们的需求相适应。"❹相对于劳动需求而言，一国如果存在多余的劳动人口，就产生了劳动供给与劳动需求之间的矛盾。

坎蒂隆对一国的市场供给与需求进行了深入的考察，并在《商业性质概论》的附录中做了细致的定量分析。坎蒂隆的分析结论类似于配第的"以人口的一半作极轻微的劳动就会使王国变得甚为富有"，并且对上述结论做了更进一步的计算和分析。"附录中所做的一长串计算显示，二十五个成年人的劳动完全可以养活另外一百个成年人，即根据欧洲人的生活水平，给他们提供一切生活必需品。……这样，一国之中就有一半人口不从事劳动，或至少不从事前文所说的那种劳动。因此，如果二十五个人承担起养活一百个人所需的全部工作，那么，在这一百个人里就还有二十五个人虽有劳动能力但却无事可做。"❺根据以上论述，对市场供给与需求进行定量分析的要点是：一方面，需要计算劳动供给的数量。劳动供给取决于一国的总人口数量。在通常情况下，大致可以认为一国人口的 50% 是劳动人口，其余的 50% 是非劳动人口。另一方面，需要计算劳动需求的数量。劳动需求取决于一国国民对一切生活必需品的有效需求。根据当时欧洲人的生活水平，一国国民对一切生活必需品的有效需求只能提供其劳动供给量一半的劳动需求。这就意味着，劳动市场在"自然"和"自由"的条件下，大

---

❶ 理查德·坎蒂隆. 商业性质概论 [M]. 北京：商务印书馆，1986：40.
❷ 理查德·坎蒂隆. 商业性质概论 [M]. 北京：商务印书馆，1986：41.
❸ 理查德·坎蒂隆. 商业性质概论 [M]. 北京：商务印书馆，1986：12.
❹ 理查德·坎蒂隆. 商业性质概论 [M]. 北京：商务印书馆，1986：13.
❺ 理查德·坎蒂隆. 商业性质概论 [M]. 北京：商务印书馆，1986：42.

约有一半劳动人口失业。令人遗憾的是，该书的附录未能保存下来，以至于我们失去了领略坎蒂隆提出的就业理论的早期定量分析方法的机会。

在配第之后，坎蒂隆再次提出了在实际生活中存在的根本性难题——大量劳动者具有劳动能力，但却无事可做。就业量的多少不但决定着大多数人民的生活水平，也决定着国家的富裕程度。坎蒂隆告诉我们，一个国家可以通过扩大资本投资来解决就业问题。资本投资不仅可以促进劳动者就业，还使得国家和人民更加富裕。"但如在我们所说的这一百人中有二十五个人被用于生产永久性产品，……那么，这个国家就不仅在表面上而且在事实上也是富庶的。"❶可见，坎蒂隆的学说也是建立在人性的基础上的，国民从事劳动是为了获取必需的生活资料，因此，国家有责任为劳动者提供就业机会，使得他们能获取足够的劳动报酬，来满足其对一切生活必需品的需求。最后，坎蒂隆提出就业理论的一条伟大原理："一个人不管通过劳动生产什么，这种劳动必须能给他提供生活资料，这是一条伟大的原理。"❷

综上所述，就业理论起源于配第的经济思想，坎蒂隆继承并发展了配第的学说。古典政治经济学家认为，失业问题不但是经济生活面临的一个重要困难，也是经济理论的难题，这是因为劳动供给与劳动需求的矛盾是经济社会固有的现象，依靠劳动市场本身很难实现充分就业。因此，国家必须为所有失业者提供就业机会，这不但涉及他们及其家庭对一切生活必需品的消费需求与劳动者的身心健康，也关系到国家的繁荣与富强。

第三节 劳动所有权与就业和资本

在对就业问题的探索过程中，一个重要的观念根植在早期学者的思想中：劳动所有权是人类所有更重要的权利的基础。一方面，劳动所有权是与劳动者的就业和收入联系在一起的，是人类最神圣和最基本的权利；另

---

❶ 理查德·坎蒂隆. 商业性质概论 [M]. 北京：商务印书馆，1986：43.
❷ 理查德·坎蒂隆. 商业性质概论 [M]. 北京：商务印书馆，1986：54.

一方面，劳动所有权能否得到保障，在很大程度上影响一国社会经济制度的稳定性。要想深入理解就业理论的思想内涵，就需要深入考察劳动所有权的学说。

一、人类所有重要权利的基础

弗兰西斯·哈奇森（Francis Hutcheson，1694—1746）是苏格兰启蒙运动的第一个主要思想家。他于 1729—1746 年担任格拉斯哥大学的哲学教授，其思想对苏格兰后来的思想家产生了深刻影响。"哈奇森……具有理解当时经济问题的非凡能力，充分认识到了这些问题的重要性，他对某些问题的看法深深地影响了斯密。"[1]

在 1725 年出版的著作《论美与德性观念的根源》中，哈奇森首先提出，劳动所有权是人类的所有更重要的权利的基础。劳动者的劳动和勤奋养活了地球上的全部人口，创造了人类社会的历史和文明；如果劳动者不再勤劳地从事生产以及其他有用的劳动，那么人类社会的存在就难以维系了。"我们可以明白人类某些更重要的权利的基础所在，我们可以看到，至少十之八九有用于人类的事物都源自人类的劳作和勤勉，因此，一旦人口变得如此众多，以至于地球的天然产品无法充分养活他们或满足其舒适、无罪的享乐时，为了养活这个不断膨胀的系统，就会产生一种必要性，即，能最有效地促进勤勉劳作的行为宗旨，而放弃所有这些行为的人就会拥有相反的效果。"[2]要维持社会的稳定发展，就必须首先保证劳动者勤奋工作的意愿和行为，这就是劳动所有权理论的出发点。那么，如何才能促使劳动者勤奋工作呢？哈奇森考察了享有劳动成果的所有权对劳动者和整个社会的重要性，劳动者勤奋工作的意愿取决于社会能有效地保证其享有自己的劳动成果；如果剥夺了劳动所有权这种基本权利，对于劳动者而言，勤劳就没有意义了，社会再生产也就失去了动力。

---

[1] 约翰·雷. 亚当·斯密传 [M]. 北京：商务印书馆，1998：14.
[2] 弗兰西斯·哈奇森. 论美与德性观念的根源 [M]. 杭州：浙江大学出版社，2009：203.

对任何人剥夺其无罪的劳动成果，就会从自爱或更亲近的关系中消除所有的勤勉动机，……这就是我们对劳动成果拥有支配权和财产权的基础所在，没有这种权利，我们几乎无法对任何劳作报以希望，也无法希望获得超越于未加工的自然产品之外的任何东西。❶

哈奇森从劳动者的角度进一步分析了劳动所有权受到损害的情况。如果无论劳动者如何勤奋工作，生产了多少产品，他们的劳动所得都被限定于仅够消费最基本的生存必需品，或者说，劳动的勤奋与否与所得的劳动成果没有直接的联系，那么，理智的劳动者必然会将其劳动投入控制在可以维持他们的基本生活的最低限度。"劳作就会被限定于我们当下的需要之内，一旦需要得到了满足，它们就停止了，至少它仅仅只会从普遍仁爱的微弱动机出发而延续，如果我们不会被允许储藏超出当下必需品之外的物品，并支配（无论这种支配是为了换取其他各种需要，还是为了效劳于我们的朋友或家庭）超出我们所需的一切的话。"❷由此可见，当劳动者的权益无法得到保障时，会严重侵害劳动者追求自身和家庭幸福的希望与途径，而最终的结果则是社会整体利益的极大破坏。

可以从另一个角度考察劳动所有权的重要性，即维护劳动所有权与人的德性有紧密的联系。人类所具有的一切优秀品德都是在付出辛勤的劳动和艰苦的努力中逐渐形成的。"没有辛劳或代价的帮助，通常不会有什么德性，因为这种能力非常强大，这其中不存在对相反利益的克制。"❸如果说，经济学没有兴趣探究德性的问题，然而，人的德性关系到人的价值，人的价值决定了人在社会中的各种权益，现实生活中无法回避人的价值与个人利益之间的关系。"如果具有不同尊严的两个人都处于危险之中，当我们不能同时援救两者时，我们就要援救更有价值的那个人。"❹在一个社会中，如果劳动所有权受到侵犯，就会消除劳动者勤勉工作的动机；而不依靠辛勤的劳动和付出，劳动者难以形成良好品德，这就降低了劳动者自身的价

---

❶ 弗兰西斯·哈奇森. 论美与德性观念的根源 [M]. 杭州: 浙江大学出版社, 2009: 204.
❷ 弗兰西斯·哈奇森. 论美与德性观念的根源 [M]. 杭州: 浙江大学出版社, 2009: 204.
❸ 弗兰西斯·哈奇森. 论美与德性观念的根源 [M]. 杭州: 浙江大学出版社, 2009: 208.
❹ 弗兰西斯·哈奇森. 论美与德性观念的根源 [M]. 杭州: 浙江大学出版社, 2009: 209-210.

值，损害了他们的根本利益。

总之，劳动所有权理论的基本观点是："财产权的基础在于人们和财产占有者的感情是一样的，都合理地期望享有自己获得或发现的物品而不受侵害。"❶哈奇森对劳动所有权的看法非常明确，侵犯劳动者对其劳动成果的所有权不利于社会的财富增长，甚至会威胁到人类的生存；如果没有劳动所有权，社会其他的一切权利也就无从谈起。

哈奇森关于劳动所有权的思想，为斯密的劳动所有权理论提供了道德哲学的基础。同样重要的是，他阐明的"劳动所有权是人类所有更重要的权利的基础"的思想，奠定了现代产权制度的理论基石。

二、人的劳动与"自然权利"

通常认为，法国重农学派的思想体系建立在自然哲学的基础上。其中与劳动所有权有关的思想体现在弗朗西斯·魁奈的自然哲学中强调的人的自然权利。

通过了解魁奈在 1765 年发表的《自然权利》中的思想，我们也许能够加深对劳动所有权理论的理解。这篇论文首先提出了人的"自然权利"的概念，"所谓人的自然权利，大体上可以规定为人们对于适合他们享用的物件的权利"❷。在这里，人的自然权利可以理解为人们享用其通过劳动所获得的消费品的权利。每个人的自然权利是不同的，取决于个人自身具备的各种条件以及社会提供的种种条件，"在谈论人的自然权利时，首先必须把人本身，各人的体力，以及各种知识能力加以考察，还必须把他和其他人的多种多样的关系加以考察"❸。魁奈的意思是，当一个人具有一定的劳动能力，并且通过从事某种劳动生产出一定的劳动产品时，他才具有所谓的自然权利——享用适合他的消费品的权利。

在原始的自然状态下，由于没有社会的互助和协作，个人要获得适合于他享用的那部分消费品，只能依靠自己的劳动。"在原始的自然状态，适

---

❶ 约翰·雷. 亚当·斯密传 [M]. 北京：商务印书馆，1998：14.
❷ 弗朗西斯·魁奈. 自然权利 [M]//魁奈经济著作选集. 北京：商务印书馆，1979：289-290.
❸ 弗朗西斯·魁奈. 自然权利 [M]//魁奈经济著作选集. 北京：商务印书馆，1979：290-291.

合于人享用的各种物质，只限于在自然中自己生长的，这些物质各人以自己的劳动，也就是由于自己的探索，因而获得其中的某些部分，才能行使自己无法确定的自然权利。"❶个人为了获得物质财富，需要进行必要的劳动，他不但要有一定的体力和精神能力，还需要一定的手段和工具配合他的劳动。"人只有依靠劳动，也就是为了获得物质而进行必要的探索，才能对于所必需的各种物质享有自然权利。……但是为了进行探索，以及为了使探索能够成功，人们必须要有一定的肉体和精神的能力，以及满足他们的欲求的活动所必要的手段和工具。"❷可见，现在社会的劳动者要实现他们的自然权利，其行为方式与原始人在本质上并无不同，都需要通过劳动获得所需的物质产品。劳动者从事各种职业不但要有体力和健康，以及与人的精神相联系的各种知识和能力，还需要有与其职业相适应的各种生活资料。此外，在进入经济社会之后，劳动者的自然权利是建立在一定的社会制度下以自己的劳动所得相互交换的基础上的。"到了他们进入了社会，他们为了相互的利益而缔结了协约，那时他们的自然权利就扩大了，假设在这个情况之下，社会的构成能够依据人的自然权利的根本规律，明显地适合于人的最有利的秩序，那末他们就能够确实保持享受大部分的自然权利。"❸很显然，只有当社会依据自然规律形成了有利于人的自然权利的秩序，才能保证劳动者享有适当的自然权利。

魁奈关于人的自然权利的思想，为斯密的劳动所有权理论提供了自然哲学的基础。自然法则中包含人的自然权利的根本规律：人具有享用适合他的各种消费品的权利，劳动者只有依靠劳动才能享有这一权利，这又取决于个人的体力、精神能力、必要的手段和工具，以及他与社会的各种关系；只有依据自然规律建立起适合人类"劳动-分配-交换-消费"的有序的社会秩序，才能有效地保证人的自然权利。

---

❶ 弗朗西斯·魁奈. 自然权利 [M] //魁奈经济著作选集. 北京：商务印书馆，1979：296.
❷ 弗朗西斯·魁奈. 自然权利 [M] //魁奈经济著作选集. 北京：商务印书馆，1979：297.
❸ 弗朗西斯·魁奈. 自然权利 [M] //魁奈经济著作选集. 北京：商务印书馆，1979：297.

三、资本、就业与劳动所有权

客观地说，斯密的劳动所有权理论是在哈奇森和魁奈思想的基础上，对"劳动所有权是人类所有更重要的权利的基础"与人的"自然权利"的思想的进一步发展。相比较而言，斯密的劳动所有权理论更具有逻辑性，他将一国大部分贫穷劳动者的这种权利与其就业以及资本之间的关系做了更为清晰的表述。

为了说明劳动者就业、消费与资本之间存在的密切联系，斯密分析了资财的不同性质。在自给自足的原始自然状态下，人人都依靠自己的劳动来满足自身的需求，这种生产方式不需要储备资财。"在无分工，少交换，自己所需要的一切物品都由自己供给的原始社会状态下，要经营社会事业，无须预储资财。人人都力图依靠自己的劳动来满足自身随时发生的需要。"❶在社会分工出现之后，个人的大部分消费需求必须依赖他人对劳动生产物的供给，因此通过劳动交换才能满足各种消费需求。"在彻底实行分工之后，一人自己劳动的产物，便仅能满足自身随时发生的需要的极小部分。其他大部分需要，必得仰赖他人劳动的产物来供给。这种产物必由购买而得。"❷由于生产不能直接获得全部所需的物质产品，生产者必须储有一定的资财以供目前的消费。要从事生产经营，还需要一定的资本投入以提供原材料、生产设备和工具等。"但在购买以前，……必须先在某个地方储有各色各样的货物，足以维持他的生活，并提供材料和工具供他使用。"❸

根据资财的不同性质，斯密将一个社会的总资财划分为三部分。第一部分是留供全体公民目前消费的资财，第二部分是固定资本，第三部分是流动资本。第一部分资财与后两部分资财的区别是不能提供任何收入或利润。"第一部分是留供目前消费的，其特性是不提供收入或利润。已由消费

---

❶ 亚当·斯密. 国民财富的性质和原因的研究：上卷 [M]. 北京：商务印书馆，1972：252.

❷ 亚当·斯密. 国民财富的性质和原因的研究：上卷 [M]. 北京：商务印书馆，1972：252.

❸ 亚当·斯密. 国民财富的性质和原因的研究：上卷 [M]. 北京：商务印书馆，1972：252.

者购买，但尚未完全消费掉的食品、衣服、家具等物，属于这一类。仅供居住的国内房屋，也是这个部分中的一个部分。"❶对于大多数劳动者来说，他们拥有的资财极其有限，只能在短期内维持其基本的生活。他们没有办法积累资本来建立自己的事业，那么就只能依靠雇主的资本雇用自己的劳动为生，因此，劳动收入构成其唯一的收入来源。"一人所有的资财，若仅足维持他数日或数周的生活，他很少会想从这笔资财取得收入。他将慎之又慎地消费它，……在这场合，他的收入完全来自他的劳动。"❷最后，斯密概括道："各国贫穷劳动者大部分就是过这种生活。"❸一国大多数人仅持有有限的供个人消费的资财，拥有资财的性质和数量决定了大多数公民必须通过就业获得劳动报酬，以交换其所需要的一切生活必需品。

因此，一个国家绝大多数人的世袭财产就是他们的体力与技巧，他们只能通过使用体力与技巧，用劳动换取社会他人生产的食物和衣服等生活必需品。那么，不让贫穷劳动者以他们认为正当的方式就业，就是侵犯了他们最神圣的财产——劳动所有权，也就是侵害了他们生存和追求幸福的权利。

> 劳动所有权是一切其他所有权的主要基础，所以，这种所有权是最神圣不可侵犯的。一个穷人所有的世袭财产，就是他的体力与技巧。不让他以他认为正当的方式，在不侵害他邻人的条件下，使用他们的体力与技巧，那明显地是侵犯这最神圣的财产。❹

我们必须承认，劳动所有权是一切其他所有权的主要基础，这种所有权是最神圣不可侵犯的。因此，在雇主与被雇用者的相互选择以及达成协

---

❶ 亚当·斯密. 国民财富的性质和原因的研究：上卷［M］. 北京：商务印书馆，1972：256.
❷ 亚当·斯密. 国民财富的性质和原因的研究：上卷［M］. 北京：商务印书馆，1972：254.
❸ 亚当·斯密. 国民财富的性质和原因的研究：上卷［M］. 北京：商务印书馆，1972：254.
❹ 亚当·斯密. 国民财富的性质和原因的研究：上卷［M］. 北京：商务印书馆，1972：115.

议之间不应设立人为的障碍。劳动市场的自由竞争是维护劳动所有权的制度保证；妨碍劳动市场的自由竞争，不仅侵犯了劳动所有权，也侵犯了雇主的权益。"显然，那不但侵害这劳动者的正当自由，而且还侵害劳动雇用者的正当自由。妨害一个人，使不能在自己认为适当的用途上劳动，也就妨害另一个人，使不能雇用自己认为适当的人。"❶总之，维护劳动者的劳动自由与雇主雇用劳动者的自由，是保障一国劳动所有权的制度前提。

四、劳动所有权与产权制度

综上所述，哈奇森提出劳动所有权是人类更重要的权利的基础，斯密也认为劳动所有权是一切其他所有权的主要基础。那么，我们需要进一步探讨"劳动所有权是一切其他所有权的主要基础"的基本含义。首先，其他所有权主要是财产所有权，包括土地所有者的财产权，以及资本所有者的财产权；其次，明晰的财产权是自由市场经济制度的基础，劳动所有权又是其他所有权的主要基础。无论侵犯哪一类所有者的财产权，都将不可避免地动摇市场经济制度的基础；其中，劳动所有权是最神圣不可侵犯的。

可以试想一下，如果剥夺劳动者的劳动所有权，通常表现为，一国存在大批的劳动者无法找到工作，而他们唯一拥有的财产就是他们的体力与技巧，那么，正如马尔萨斯所质问的，"所有那些失业者将用什么东西来换取社会生产的食物和衣服？"❷在这种情况下，企图让失去了劳动所有权的失业者公平地对待其他一切财产的所有权，特别是公平地对待土地所有者的财产权和资本所有者的财产权，显然不太现实。

如果失业持续增加，与此同时，社会少部分富人过着奢侈的生活，而比这些人多得多的人却缺衣少食，失业者和贫穷劳动者对这种显而易见的不公正会采取抗议甚至极端的手段，这必然会引起社会的不稳定。凯恩斯

❶ 亚当·斯密. 国民财富的性质和原因的研究：上卷 [M]. 北京：商务印书馆，1972：115.

❷ 托马斯·罗伯特·马尔萨斯. 人口原理 [M]. 北京：商务印书馆，1992：114-115.

说道:"可以肯定,世界容忍失业的期间不会很久,而失业问题,除了短暂的局势动荡时期以外,按照我的意见,还是不可避免地和现代资本主义的个人主义联系在一起。"❶最糟糕的情形是,当失业达到某一极限水平时,社会革命将不可避免。"就业量的平均水平……居于如此令人不能容忍的低微位置,以致会引起革命。"❷很明显,被剥夺了劳动所有权的大量失业者,既不会承认土地所有权,也不会承认资本所有权。经济发展史证明,这将从根本上动摇市场经济制度的产权基础。

总之,一国劳动者的就业和收入状况是与其劳动所有权联系在一起的,劳动所有权是人类所有更重要的权利的基础,也是市场经济产权制度的主要基础。它在很大程度上影响着一个社会经济制度的稳固,并从根本上决定着各阶级人民,特别是劳动阶级的生活状况和幸福。

第四节 资本的数量及用途与就业

如前所述,劳动所有权是人类最基本的权利。对于大多数劳动者来说,他们的劳动所有权的实现首先依赖于一个国家总的就业水平,而一国的就业水平又取决于该国所有雇主的资本量的大小与资本的用途。亚当·斯密把这一思想简洁地概括为:劳动者人数与资本量的大小及资本的用途成比例。

本节将考察资本量的大小、资本的用途与雇主的工资基金对于劳动需求量的影响,并阐述投资、就业与一国经济政策的关系,以及不同的经济学说在很大程度上左右着国家的经济政策。

一、资本的数量与劳动需求量

在《国富论》的第二篇中,斯密讨论了资本的性质和累积资本的方

---

❶ 约翰·梅纳德·凯恩斯. 就业、利息和货币通论 [M]. 重译本. 北京:商务印书馆,1999:394.
❷ 约翰·梅纳德·凯恩斯. 就业、利息和货币通论 [M]. 重译本. 北京:商务印书馆,1999:320.

法，接着考察了决定就业量的因素，并阐述了资本量的大小与就业量之间的关系。

劳动需求理论是《国富论》的一个重要主题，其基本思想是：雇主的劳动需求量是与其资本量的大小相联系的，随着资本量的增加而成比例地增加。"不论资本利润如何，对劳动的需求，随资本增加而增加。"❶雇主用资本购买原材料、生产设备和工具，并支付工人工资，因此，"一定数量资本所能雇用的劳动量，显然等于该资本能供给以材料、工具以及适应于工作性质的维持费的工人的数量。"❷一般来说，资本量、就业量与产量之间存在一定的定量关系，更多的资本和劳动投入往往能够生产出更多的产品。"投资雇用劳动的人，自然希望投资方法能够尽量产出最大量的产品。……往往要看他能有多少资财，看他能雇多少工人。"❸也就是说，资本的数量决定了劳动需求，它又和就业量共同决定了产品的产出量。从经济总量的角度分析，任何社会实际雇用的劳动者的变化，以及与劳动需求相联系的工资水平的变化，都取决于资本量的变化。"资本的增减，自然会增减真实劳动量，增减生产性劳动者的人数，因而，增减一国土地和劳动的年产物的交换价值，增减一国人民的真实财富与收入。"❹在一个给定时期，一国总的资本量的变化不但决定了该国就业量的变化，也决定了该国以土地和劳动的年产物的交换价值衡量的真实财富的变化——国民总收入的数值。

二、资本的不同用途与就业量

斯密的劳动需求理论还包含另一层重要的思想：劳动需求量是与雇主资本的不同用途相联系的。"一切资本，虽都用以维持生产性劳动，但等量

---

❶ 亚当·斯密. 国民财富的性质和原因的研究：上卷［M］. 北京：商务印书馆，1972：85.

❷ 亚当·斯密. 国民财富的性质和原因的研究：上卷［M］. 北京：商务印书馆，1972：271.

❸ 亚当·斯密. 国民财富的性质和原因的研究：上卷［M］. 北京：商务印书馆，1972：253.

❹ 亚当·斯密. 国民财富的性质和原因的研究：上卷［M］. 北京：商务印书馆，1972：310.

资本所能推动的生产性劳动量，随用途的不同而极不相同，从而对一国土地和劳动的年产物所能增加的价值，亦极不相同。"❶我们应该认识到，斯密关于资本的不同用途与就业量之间关系的思想更具有洞察力。各国的富裕程度很不相同，国民的收入和生活状况也存在很大差异，究其原因在于各国将资本投入不同的生产领域，即各国对资本的使用方式极不相同。斯密关于资本的用途与就业量之间关系的研究主要包括以下几方面的内容。

（1）一国资本在各产业上投入的比例不同，所推动的劳动量亦不相同。斯密的视野极为开阔，他从资本在三大产业如何配置的角度，阐述了资本的不同用途对就业量的影响。"同一资本在国内所推动的劳动量有多有寡，所增加的土地和劳动的年产物价值有大有小，要看它投在农业上、工业上、批发商业上的比例的不同而不同。"❷一国的就业量取决于资本在国内不同产业之间的配置；由于各产业对劳动的需求极其不同，等量资本在各产业中投入的比例不同，推动的本国的就业量和产量亦不相同。

（2）在同一产业中，资本的用途不同，所推动的劳动量亦不相同。斯密具体考察了在某一特定产业中资本的不同用途与就业量之间的关系。"同是批发商业，投资结果，亦将因所营批发商业的种类不同而极不相同。"❸一国的就业量取决于资本在同一产业中的不同配置；由于一个特定产业之内的不同领域对劳动的需求不同，等量资本在各领域的投入比例不同，推动的本国的就业量和产量也不相同。

（3）资本留在国内或者输出国外，所推动的本国劳动量亦不相同。斯密考察了资本留在国内或者输出国外对于就业量的不同影响，指出，"比较重要的是，制造者的资本应留在国内。因为有这种资本留在国内，本国所能推动的生产性劳动量必较大，本国土地和劳动的年产物所能增加的价值

---

❶ 亚当·斯密. 国民财富的性质和原因的研究：上卷［M］. 北京：商务印书馆，1972：329.

❷ 亚当·斯密. 国民财富的性质和原因的研究：上卷［M］. 北京：商务印书馆，1972：337.

❸ 亚当·斯密. 国民财富的性质和原因的研究：上卷［M］. 北京：商务印书馆，1972：337.

也必较大。"●资本只有留在国内，才能推动本国的就业。如果资本投到国外产业，就会增加他国的生产性劳动及产量。以消费品的批发贸易为例，等量资本投在国际贸易上与投在国内贸易上相比较，只能维持较少的本国生产性劳动。"与投在消费品国外贸易上的等量资本比较，投在国内贸易上的资本，所维持所鼓励的本国生产性劳动量，一般较大，所增加的本国年生产物价值，一般也较大。"●总之，一国的就业量还取决于资本在国内外产业之间的配置；由于只有投入国内产业的资本才能推动本国的就业，等量资本在国内外产业间的投入比例不同，推动的本国的就业量和产量也不相同。

总之，就业量不但与资本量的大小相联系，并且与资本的不同用途密切相关。一国就业量与该国资本投入国内外的比例存在相关关系，而且取决于其资本在国内各产业间的投入比例，以及在各产业内的不同配置。

三、雇主用来支付工资的基金

如果要进一步分析资本的数量及用途对劳动需求的影响，斯密认为，劳动需求量最终取决于"预定用来支付劳动工资的资金"的多少，即雇主预定的工资基金的数量决定就业量的大小。"对工资劳动者的需求，必定随着预定用来支付劳动工资的资金的增加而成比例地增加。"●也就是说，只有当雇主资本的用途与劳动需求相联系时，就业量才能受到资本数量的影响；就业量取决于雇主资本中预定用来支付劳动工资的那部分，即工资基金的数量。一国雇用劳动的工资基金的总量增加，就业量也随之成比例地增加。

从工资基金角度进一步考察雇主的劳动需求，特别需要指出的是，维持生产性劳动者的基金与其他用途的资本是不同的，只有雇用劳动的工资基金的数量才能影响就业量。"很明显，要增加生产性劳动者的数目，必先

● 亚当·斯密. 国民财富的性质和原因的研究：上卷 [M]. 北京：商务印书馆，1972：335.

❷ 亚当·斯密. 国民财富的性质和原因的研究：上卷 [M]. 北京：商务印书馆，1972：341.

❸ 亚当·斯密. 国民财富的性质和原因的研究：上卷 [M]. 北京：商务印书馆，1972：63.

增加资本，增加维持生产性劳动者的基金。"●所以说，一般性的投资并不一定能够扩大就业，如果这些投资并没有形成工资基金，用于支付劳动者的工资。

另外，斯密特别注意到工资基金下降的后果，这将导致许多劳动者失业，使得劳动者的工资有时也下降。"用来雇用劳动者的资金，既较前年度为少，便有许多人失业，于是他们为获得职业而相互竞争，这在有的时候就使劳动的真实价格与货币价格都下落。"●对于一个国家来说，工资基金的变化不但决定就业量的变化，而且影响实际工资与货币工资的变化。

我们应该认识到，资本量的大小及资本的用途的学说，特别是工资基金学说，是斯密理论体系的一个重要组成部分。实际上，在《国富论》中，有效需求理论、消费理论、资本理论、工资基金理论与劳动需求理论是一个相互联系的整体，它们共同构成了就业理论体系的主体内容。

四、经济政策决定投资与就业

《国富论》第三篇的主题是考察与就业密切相关的经济政策问题。斯密考虑的是一国采取不同的劳动管理计划对该国的就业量和劳动年产物的数量的影响。"在劳动运用上已有相当程度的熟练、技巧和判断力的不同国民，对于劳动的一般管理或指导，曾采取极不相同的计划。这些计划，并不同等地有利于一国生产物的增加。"●一国的劳动管理计划将影响雇主在不同产业的投资决策，从而影响他们的劳动需求，并最终作用到该国的就业量和产量上。因此，采取不同的经济政策，对一国的就业量和产量的促进作用有很大不同。而且，一国总产量的增加并不等同于就业量的同比例增加。

斯密提出的经济政策是整体性的，不但包括财政政策和货币政策，也包括劳动政策和产业政策。就劳动政策而言，不同的政策主要是以下述三

● 亚当·斯密. 国民财富的性质和原因的研究：上卷［M］. 北京：商务印书馆，1972：315.
❷ 亚当·斯密. 国民财富的性质和原因的研究：上卷［M］. 北京：商务印书馆，1972：79.
❸ 亚当·斯密. 国民财富的性质和原因的研究：上卷［M］. 北京：商务印书馆，1972：2.

种方式影响就业量的变化:"第一,限制某些职业中的竞争人数,使其少于原来愿意加入这些职业的人数;第二,增加另一些职业上的竞争,使超越自然的限度;第三,不让劳动和资本自由活动,使它们不能由一职业转移到其他职业,不能由一地方转移到其他地方。"❶一国采取不同的劳动政策,将影响雇主在各行业的投资量以及雇用的劳动者人数,主要表现在第三种方式,即不同的政策可能会妨碍某些行业劳动者的自由流动,从而限制了这些行业能够雇用的劳动者人数以及投资和生产的规模。"什么妨害劳动者的自由流动,也同样妨害资本的自由流动。因为一种行业上所能使用的资本量,在很大程度上,决定于这行业所能使用的劳动量。"❷

就产业政策而言,社会全部的产业规模和雇用的劳动者人数首先取决于社会资本的总量,与资本总量成一定的比例。"社会全部的产业决不会超过社会资本所能维持的限度。任何个人所能雇用的工人人数必定和他的资本成某种比例,同样地,大社会的一切成员所能继续雇用的工人人数,也一定同那社会的全部资本成某种比例,决不会超过这个比例。"❸而这一比例的大小又同该国的产业结构有关。等量资本所推动的本国就业量的多少,所增加的劳动年产物的价值的多少,要看资本投在国内农业、工业和商业上的比例。因此,一个国家的产业政策显得尤为重要,一国劳动者的就业量在很大程度上取决于该国产业政策所决定的资本规模以及资本投在各产业的不同比例。此外,斯密提出的经济政策还包括财政政策和货币政策,这些内容需要在以后的章节作专门讨论。

五、不同的学说左右经济政策

《国富论》第四篇的主题是解释不同的经济政策背后不同的经济学说。"在本书第四篇详细明确地解释这些不同学说,并说明它们在各时代和各国

---

❶ 亚当·斯密. 国民财富的性质和原因的研究:上卷 [M]. 北京:商务印书馆,1972:112.

❷ 亚当·斯密. 国民财富的性质和原因的研究:上卷 [M]. 北京:商务印书馆,1972:129.

❸ 亚当·斯密. 国民财富的性质和原因的研究:下卷 [M]. 北京:商务印书馆,1972:24-25.

中所产生的重要影响。"❶一国的经济政策在很大程度上影响该国的投资、就业、收入与消费的状况，那么，是什么因素左右一个国家的经济政策？斯密认为，一国极不相同的经济政策是与不同的经济学说相联系的。"这些计划却引起了极不相同的经济学说。有的人认为城市产业重要；有的人又力说农村产业重要。这些不相同的学说，不仅对学者们的意见产生了相当大的影响，而且君王和国家的政策亦为它们所左右。"❷斯密的基本逻辑是：不同的经济学说左右国家的经济政策，而一国的经济政策又极大地影响了该国资本量的大小及资本的用途，进而通过雇主的工资基金影响了该国的就业、收入与消费。关于经济学说、经济政策与资本的数量及用途的研究，可以对"投资的目的"的问题给予启示。一国可以将财富积累作为其投资的目的，或者将扩大就业作为其投资的目的，不同的政策将服务于不同的目的，并最终取决于不同的经济学说对这一根本性问题的不同理解和解释。

综上所述，斯密提出的"资本用途不同所推动的劳动量亦不相同"的思想，在就业理论中占有重要的地位。简而言之，一个国家就业量的大小既取决于资本的数量，又取决于资本的用途；最终，一国所有雇主预定用来支付劳动工资的基金决定该国总的就业量。

最后，可以概括地总结《国富论》的后三个主题之间的联系：不同的经济学说左右一个国家的经济政策，一国采用不同的经济政策又极大地影响了该国雇主的投资计划和劳动需求量，最终导致该国的就业量和产量的不同结果。

第五节　储蓄、投资与就业的变化

在《国富论》以后，也许只有凯恩斯深刻理解了"劳动者人数，无论在什么场合，都和推动劳动的资本量的大小及资本用途成比例"。他意识到这一思想是至关重要的，并系统地发展了亚当·斯密的资本理论。本节在

---

❶ 亚当·斯密. 国民财富的性质和原因的研究：上卷［M］. 北京：商务印书馆，1972：3.
❷ 亚当·斯密. 国民财富的性质和原因的研究：上卷［M］. 北京：商务印书馆，1972：3.

考察凯恩斯的储蓄和投资含义的基础上，阐述他的"投资超过储蓄将增加就业"的学说，并采用投资的就业弹性定量地描述投资的不同用途对于就业量的影响。

一、储蓄与投资的实际含义

我们应该知道，古典学派的均衡理论通常假设：投资等于储蓄。古典学派的供需均衡理论认为，通常来讲，社会的储蓄行为必然导致相应的投资行为。"人们很自然地会设想：如果一人能增加自己的财富而又显然没有从其他人那里取走任何东西，那末，他必然也会增加整个社会的财富；因此……，一个人的储蓄行动不可避免地会导致出与之相对应的投资行动。"❶不可否认，自古典学派以来，大多数经济学家相信任何储蓄行为可以自发地导致投资的等量增加，并且，"古典学派的大多数人把这一信念推广到过分的程度，因为，他们认为：一人的任何储蓄行为必然会造成相应的投资的增加"。❷如果上述观点成立，即投资量恒等于储蓄量，那么可以推论：投资量与储蓄量总是以相同的数量变化。

为了对古典学派的假设条件的真实性做出令人信服的解释，就需要清楚地理解储蓄和投资的实际含义。就储蓄而言，它是与收入和消费联系在一起的。"储蓄的意思是收入超过用于消费支出的部分。"❸对于投资来说，它的通行定义是当期资本品的增加值。"现行投资的意义必然是由于本期的生产活动而对资本设备造成的添增的价值。"❹从这一意义上来说，投资并不必然等于储蓄，或者说，投资与储蓄是不同的事物。

凯恩斯反对古典学派关于投资与储蓄通常相等的假设。在解释投资的定义时，凯恩斯对收入采取了不同的解释。"把企业家的（在一定的意义上）

---

❶ 约翰·梅纳德·凯恩斯. 就业、利息和货币通论［M］. 重译本. 北京：商务印书馆，1999：26.

❷ 约翰·梅纳德·凯恩斯. 就业、利息和货币通论［M］. 重译本. 北京：商务印书馆，1999：183.

❸ 约翰·梅纳德·凯恩斯. 就业、利息和货币通论［M］. 重译本. 北京：商务印书馆，1999：68.

❹ 约翰·梅纳德·凯恩斯. 就业、利息和货币通论［M］. 重译本. 北京：商务印书馆，1999：69.

'正常利润'，而不是在现实中实现的利润当作他的收入。"❶或者说，企业家在进行投资决策时，"作出决定的动机是企图使他的现在的和将来的利润最大化"。❷可以看出，决定投资的动机与决定储蓄的动机之间并不存在任何直接的联系。企业家关心的是资本的未来收益或者说预期利润，而资本的未来收益则完全取决于对未来的有效需求和总供给条件的变化的预期。"这一谬论却很难加以纠正。它来自一种信念，认为财富所有者想要拥有的是资本资产本身，而他真正想拥有的却是资本资产的未来收益。未来收益则完全取决于对有效需求和供给之间的将来关系的预期。因此，如果储蓄行为不能改善预期收益，那末，它就不能刺激投资。"❸总之，投资取决于企业家对经济增长的预期，储蓄不可能自动转变为投资。

在上述分析的基础上，凯恩斯解释了储蓄与投资通常并不相等的思想。"我们再来论述储蓄与投资的不等。由于收入的定义的不同，所以收入超过消费的部分不同，从而储蓄与投资不等。"❹这一思想是符合经济现实的，储蓄是大众行为，取决于当期的收入与消费；投资是企业家行为，取决于对未来利润的预期。由于二者的决定因素不同，因此不能保证储蓄全部转化为投资。"关于储蓄大于投资，我的意思是：产量的规模处于如此的状态，以致企业家从他所拥有的资本设备那里得到少于正常利润的收益；而关于储蓄大于投资的数量增长，我的意思是：在现实中的利润已经下降，从而企业家会具有减少产量的动机。"❺凯恩斯的意思是，投资是与预期的产量规模和预期的利润水平相联系的。企业家根据预期利润水平决定其投资量，当预期利润低于当期利润时，他就会减少投资和产量，这就使得储蓄量大于投资量。因此，在某一特定时期，投资与储蓄常常是不相等的。

---

❶ 约翰·梅纳德·凯恩斯. 就业、利息和货币通论 [M]. 重译本. 北京：商务印书馆，1999：84.

❷ 约翰·梅纳德·凯恩斯. 就业、利息和货币通论 [M]. 重译本. 北京：商务印书馆，1999：85.

❸ 约翰·梅纳德·凯恩斯. 就业、利息和货币通论 [M]. 重译本. 北京：商务印书馆，1999：218-219.

❹ 约翰·梅纳德·凯恩斯. 就业、利息和货币通论 [M]. 重译本. 北京：商务印书馆，1999：84.

❺ 约翰·梅纳德·凯恩斯. 就业、利息和货币通论 [M]. 重译本. 北京：商务印书馆，1999：84.

二、投资超过储蓄将增加就业

实际上，早在 1930 年出版的《货币论》中，凯恩斯就清楚地解释了储蓄与投资的不同含义，并且投资与储蓄并不必然相等。"如果我们考虑一下个人不把货币收入花在消费方面所发生的情形时，就可以清楚地看出，储蓄的出现可以没有任何相应的投资出现。个人怎样运用剩余款项，与投资完全无关，不论是存到银行里，还是还债，抑或是购买房屋或证券，只要企业家没有随着增加投资，结果总是一样。"❶储蓄与投资对经济的影响有着显著的不同，只有投资才能促进国民财富的增长。当储蓄增加时，如果投资没有随之增加，那么储蓄量超过投资量的部分就脱离了生产环节，因而不能用于促进财富的增长。"不仅如此，流弊还是累积性的。因为储蓄量超过投资量的逾额部分被浪费掉了，而不能实现为世界财富的任何净增加。"❷"不作投资之用的储蓄无异覆水于地，对国民财富不能有丝毫增补。唯有投资（也就是以资本品的形式增加物质财富的生产），才能增加国民财富……"❸

对于储蓄行为的性质，凯恩斯曾作过形象的比喻。"个人进行储蓄的行为——可以被说成是——今天不吃盛餐的决策。……它抑制供应今天的盛餐的工商业，而没有在同时助长供应将来的消费的工商业。……储蓄的行为，除了会减少目前对消费品的需求以外，还会减少目前对投资品的需求。"❹在分析储蓄行为时，凯恩斯是把当前消费和未来消费联系在一起考虑的。储蓄行为会抑制当前的消费需求，较低的消费水平又阻碍了企业进一步投资的动力，从而抑制了未来的生产和财富积累。

凯恩斯进一步分析了储蓄影响投资和就业的机制。储蓄行为是通过影响消费倾向而对投资和就业产生影响的；增加储蓄的行为会降低消费倾向，而消费倾向的降低又会减少投资和就业。"无论如何，在现实中，个人进行

---

❶ 约翰·梅纳德·凯恩斯. 货币论：上卷 [M]. 北京：商务印书馆，1986：146-147.
❷ 约翰·梅纳德·凯恩斯. 货币论：下卷 [M]. 北京：商务印书馆，1986：179.
❸ 约翰·梅纳德·凯恩斯. 货币论：下卷 [M]. 北京：商务印书馆，1986：179.
❹ 约翰·梅纳德·凯恩斯. 就业、利息和货币通论 [M]. 重译本. 北京：商务印书馆，1999：217.

储蓄的决策并不必然导致对将来消费的订货单，而仅仅代表对现在消费的订货单的取消。由此可见，由于满足消费是使就业存在的唯一理由，所以不难理解为什么消费倾向的减少在其他条件不变的情况下会对就业量具有不利作用。"❶根据以上分析，决定就业量的一个重要因素是投资量相对于储蓄量的变化，即投资超过储蓄的数量决定就业量的改变。

> 在我的《货币论》中，……我进行争辩，认为投资超过储蓄的数量是决定就业量改变的动力。……我的新论点可以被述之如下：在过去的就业量和产量为既定时，对投资超过储蓄数量的预期的增加会导致企业家来增加就业量和产量。❷

凯恩斯的逻辑非常清晰，如果企业家预期有效需求会增加，他将积极扩大投资和生产，使投资量超过储蓄量，其结果是增加了就业量和产量。在经济未达到充分就业时，只有当投资大于储蓄时，就业才能增加，并且就业增加的数量取决于投资超过储蓄的数量；在实现充分就业之后，投资应该等于储蓄，以使得就业量维持在充分就业水平。

综上所述，古典学派的理论通常假定投资量与储蓄量二者相等；凯恩斯认为古典学派的假设只适用于充分就业状态下的储蓄与投资，是经济生活中的特例。在一般情况下，企业家投资的数量可能与经济中现有的储蓄量有很大的不同，投资相对于储蓄的数量的变化将影响就业量的变化。可以看出，凯恩斯的以上观点在他的有效需求原理的基础上更进了一步。简而言之，凯恩斯的结论是：投资量与储蓄量通常并不相等，而投资超过储蓄的数量是决定就业量改变的动力。

三、消费和投资的就业弹性

如前所述，斯密明确地提出了由于资本的用途不同，等量资本所推动

---

❶ 约翰·梅纳德·凯恩斯. 就业、利息和货币通论 [M]. 重译本. 北京：商务印书馆，1999：218.

❷ 约翰·梅纳德·凯恩斯. 就业、利息和货币通论 [M]. 重译本. 北京：商务印书馆，1999：85.

的劳动量亦不相同的思想。与研究其他经济问题一样，凯恩斯不会满足于变量之间关系的定性思考，他对资本的不同用途影响就业的思想进行了定量研究。

凯恩斯的有效需求原理表明，就业量取决于有效需求。他进一步指出，就业量取决于有效需求不过是粗略的说法，更为重要的是，就业量取决于有效需求在不同行业中的分解方式；由于不同行业的就业弹性不同，相同的有效需求所推动的就业量的大小亦不相同。"就业量纯然取决于总有效需求（用工资单位来衡量），不过是粗略地接近于事实的说法。因为，有效需求的增加量在不同行业中的分解方式可以在很大程度上影响就业量。例如，如果增加的有效需求大量流入具有高数值的就业弹性的产品，那末，总就业量的增加就会大于有效需求大量流入低数值的就业弹性产品的情况。"❶在其他情况不变的条件下，"如果有效需求的流向改变到具有相对低微的就业弹性的产品，那末，就业量会下降，而并不需要有效需求的任何改变，就可做到这一点"。❷为了精确地计量有效需求对就业的影响，凯恩斯明确地提出了就业弹性的分析方法。

在《通论》中，凯恩斯广泛地采用弹性的方法进一步解释其有效需求原理，充分展示了他是如何采用模型来思考经济理论问题的。用 N 表示就业量，用 D_w 表示有效需求量，可以"给就业弹性下定义。……整个社会行业的就业弹性可以被表示为：$e_e = (\mathrm{d}N / \mathrm{d}D_w)(D_w / N)$"。❸根据以上定义，就业弹性衡量的是有效需求变化一个百分点所引起的就业量的变化，它可以精确地计量就业量相对于有效需求的变化程度，反映一国产业结构的状况。其中，有效需求和就业量都是用工资单位衡量的。

如果说有效需求在不同行业中的分解方式可以在很大程度上影响就业量的变化，而有效需求又是由消费需求和投资需求构成的，那么，我们可以把有效需求的就业弹性分解为消费的就业弹性和投资的就业弹性。凯恩斯关于有效需求原理的上述思想，以及其提出的就业弹性的定义，同样

---

❶ 约翰·梅纳德·凯恩斯. 就业、利息和货币通论［M］. 重译本. 北京：商务印书馆，1999：298.

❷ 约翰·梅纳德·凯恩斯. 就业、利息和货币通论［M］. 重译本. 北京：商务印书馆，1999：299.

❸ 约翰·梅纳德·凯恩斯. 就业、利息和货币通论［M］. 重译本. 北京：商务印书馆，1999：293.

可以用于描述消费的就业弹性与投资的就业弹性。我们可以据此给出消费的就业弹性与投资的就业弹性的模型。运用投资的就业弹性这一分析工具，可以定量地描述就业量相对于投资量的变化程度。

凯恩斯提出的就业弹性的概念和模型，作为一种科学的分析方法，也是就业理论中一个不可或缺的部分。我们可以用就业弹性的分析工具精确地计量有效需求、消费量、投资量分别会对就业量产生多大的影响，以及这些影响的方向。

对于现代经济理论来说，储蓄与投资的关系可能是最值得探讨的主题之一。凯恩斯明确指出了"储蓄与投资的不等""投资超过储蓄的数量是决定就业量改变的动力"，并且给出了就业弹性的概念和模型。凯恩斯的这些思想是具有开创性的。我们认为，凯恩斯具有高度的经济学直觉，他一直不断地以规范的经济原理来解释实际经验，把二者有效地结合在一起，这充分体现了他的非凡智力。

第六节　一脉相承的就业理论体系

综合以上四章的论述，就业理论思想的发展脉络是非常清晰的：首先，就业理论的思想起源于威廉·配第、理查德·坎蒂隆等人所开创的英国古典政治经济学；其次，以弗兰西斯·哈奇森和大卫·休谟为代表的苏格兰启蒙学派和以弗朗西斯·魁奈为代表的法国重农学派对就业理论的思想做出了重要发展；在上述学派的思想基础上，亚当·斯密缔造了一个系统的就业理论体系；再次，马尔萨斯等学者完善并发展了亚当·斯密的学说；最后，由凯恩斯创建了一个统一的就业理论的分析框架。简而言之，政治经济学的思想起源和经济学的发展历程表明，就业理论的思想体系是一脉相承的经济学体系。对于目前的经济学来说，需要一个系统地研究"就业理论的思想体系"的纲要。

很明显，试图概括性地阐释就业理论这样一个庞大的思想体系并非易事。所幸的是，斯密在《序论》中清晰地阐述了《国富论》的主题，为我们提供了一条归纳和总结的线索；并且，凯恩斯在《通论》中总结的几个基本命题，为我们提供了一个简洁地思考就业理论的框架。依据这些思路，我们可以粗略地将就业理论的思想体系归纳为以下几点。

第一，古典学派以前的分配学说为就业理论奠定了道德哲学的基础。

一个社会应该公正地对待所有无依无靠和失去工作的人，把一部分财富分配给他们，这符合整个社会的最大利益。我们应该意识到，威廉·配第的上述逻辑是建立在道德哲学的基础上的。

首先，道德哲学是经济学的唯一牢固的基础。正如休谟所言，"关于人的科学是其他科学的唯一牢固的基础"，经济学也不例外，"都是在某种程度上依靠于人的科学"。经济科学的发展和进步依赖于人们对道德哲学的理解程度，"任何重要问题的解决关键，无不包括在关于人的科学中间；在我们没有熟悉这门科学之前，任何问题都不能得到确实的解决"。因此，要解决重要的经济理论问题，就需要经济学者对道德哲学进行深入的研究。

其次，对于经济学来说，首先需要回答的是，"一切经济活动的最终目的应该是什么"，以及"经济分析的最终目标应该是什么"。斯密的观点相当明确，"消费是一切生产的唯一目的"，一国国民的消费水平可以用消费者比例来衡量，而消费者比例的大小"总必取决于其国民每年从事有用劳动的人数，和不从事有用劳动的人数，究竟成什么比例"。更为重要的是，一国的消费者比例和就业率是与大多数人民的幸福联系在一起的。

最后，科学的分析方法是与道德哲学密切相关的。大多数人民的幸福建立在社会文明繁荣的基础上，社会文明繁荣不但与一切生活必需品和便利品的供给相联系，还与社会公正地分配财富和收入相联系。不仅如此，分配公正与否对于一国的就业、收入和消费的影响是不容忽视的，一国的消费者比例和就业率都取决于收入分配的比例。《国富论》的第一篇涵盖了斯密理论体系的核心内容。"劳动的生产物，按照什么顺序自然而然地分配给社会上各阶级？这就是本书第一篇的主题。"斯密的学说强调，一国每年就业量和劳动生产物的增加还是减少，"取决于这一国家的年产物每年是按照什么比例分配给这两个阶级的人民"。我们应该意识到，科学的分析方法

是与分配理论联系在一起的；就业理论的基本分析方法关键在于研究经济
总量的比例之间的关系。

第二，古典学派以前的劳动所有权学说为就业理论奠定了政治哲学的
基础。

古典政治经济学从诞生那天起就认识到，劳动供给与劳动需求通常存
在突出的内在矛盾，在一般情况下，市场会表现出显著的失业现象。因此，
国家"必须为所有其他贫民寻找一些固定的职业"，这是与他们"丰衣足食"
的消费联系在一起的。如何解决劳动者的就业问题是经济理论不可回避的
主题，配第上述学说背后的政治哲学，值得我们深入探讨。

首先，劳动所有权是人类所有重要权利的基础。就业问题之所以重要，
是因为它涉及劳动所有权。要维持社会的文明繁荣，就必须首先保证劳动
者勤奋工作的意愿和行为，这是劳动所有权理论的出发点。哈奇森断言：
"这就是我们对劳动成果拥有支配权和财产权的基础所在，没有这种权利，
我们几乎无法对任何劳作报以希望，也无法希望获得超越于未加工的自然
产品之外的任何东西。"劳动者勤奋工作的意愿取决于社会能有效地保证他
们的劳动成果；劳动所有权是人类社会各种权利的基础，是劳动者的勤劳
以及社会再生产的动力。

其次，一个国家绝大多数人的世袭财产就是他们的体力与技巧，他们
只能通过使用他们的体力与技能，用劳动换取社会他人生产的生活必需品。
"不让他以他认为正当的方式，在不侵犯他邻人的条件下，使用他们的体力
与技巧，那明显地是侵犯这最神圣的财产。"侵犯劳动者的劳动所有权，也
就是侵犯了他们生存的权利和追求幸福的权利。

最后，劳动所有权与社会稳定和经济发展密切相关。劳动所有权是其
他一切所有权的主要基础，其他所有权主要是指土地所有权和资本所有权。
凯恩斯告诫我们，大规模失业具有极大的社会危害性，"就业量的平均水
平……居于如此令人不能容忍的低微位置，以致会引起革命"。这就从根本
上动摇了自由市场制度的产权基础。在这一意义上，劳动所有权的学说为
就业理论奠定了不可动摇的政治哲学基础。

第三，斯密关于经济活动的基本规律的分析构成了经济学的基本原
理——供需均衡的一般理论；其中，有效需求学说概括了就业理论的核心

内容。

无论如何，斯密首先是一位道德哲学家。被尊为"经济学之父"的斯密是格拉斯哥大学的道德哲学教授，他的经济学说是作为其道德哲学研究的一个分支发展起来的。"日常生活的各准则，象在自然现象的研究一样，也按某种有组织的次序整理起来了，并且也用少数共同原理联结综合起来了。研究并说明这些起联结作用的原则的科学，称为道德哲学。"❶由《国富论》的主题可以看出，斯密旨在考察经济活动的基本规律：一国国民的劳动量、一切生活必需品和便利品的供给量与国民消费量之间的关系构成了经济活动的基本准则。

首先，总供给取决于就业量。一国的劳动是供给国民消费的一切生活必需品和便利品的源泉，总供给总必取决于该国劳动者的就业率。其次，消费需求决定劳动需求量。一国国民的消费本身又是财富的另一来源，这些消费支出也为他人提供了收入和就业机会。再次，就业量取决于资本的数量及资本的用途。斯密把这一思想概括为："劳动者人数与资本量的大小及资本用途成比例。"又次，斯密的有效需求理论可以简洁地表述为：一国每年上市的商品所使用的全部劳动量，会依照经济规律使自己适合于有效需求。最后，劳动供给和需求的学说与产品供给和需求的学说是一个统一的体系，劳动的供给和需求的均衡分析与劳动产品的供给和需求的均衡分析是不可分割的。

西斯蒙第和马尔萨斯等学者完善与发展了斯密的有效需求学说，有效需求不足的原理表明：如果社会的收入分配不公正，国民的消费需求不足，雇主生产的产品就会过剩，这将导致劳动者的大量失业甚至经济危机。

实际上，马歇尔早就明确提出，经济学的出发点是在"最一般的形态上考察正常需求和正常供给的均衡"；并且，它的注意力几乎应该全部集中在供需均衡这一经济科学普遍共有的一般关系上，也就是供需均衡的一般理论。我们将在下一篇详细地考察这一内容。

第四，在建立经济总量的衡量单位的基础上，凯恩斯采用就业理论的基本模型概括了一般就业理论的要旨，形成了一个科学的就业理论的分析

---

❶ 亚当·斯密. 国民财富的性质和原因的研究：下卷［M］. 北京：商务印书馆，1972：327-328.

框架。

《通论》的最后一章，即第二十四章的标题为"对《通论》可以引起的社会哲学的简要总结"，这说明《通论》的研究最终要步入社会哲学的范畴。在《通论》出版后，凯恩斯曾明确指出："我认为经济学在本质上是一门道德科学，而不是自然科学。这也就是说，它必须运用内省和价值判断。"●这是我们研究经济科学不可忽略的一点。

对于凯恩斯来说，充分就业和分配公正构成了就业理论的基本命题。社会如何实现充分就业，以及社会如何公正地分配财富和收入，这两个基本命题是一个统一的整体，对它们的研究构成了就业理论的思想体系的主体内容。

首先，对于一个经济总量的分析框架来说，先要确定哪一些是自变量，哪一个是因变量。凯恩斯明确提出，经济分析的最终目标是找出决定就业量的各种因素，这是构建一个就业理论的分析框架的出发点。凯恩斯确定了就业量与有效需求之间存在定量关系。"由于这就是就业通论的实质内容，我们的任务在于说明这一内容。"

其次，凯恩斯将经济总量的基本模型概括为下列几个命题：其一，在技术、资源和成本均为既定的情况下，一国总收入 Y 取决于就业量 N，即 $Y = f(N)$；其二，消费量与总收入的比例关系称为消费倾向 χ，消费量与就业量的关系为：$D_1 = \chi(N)$；其三，一国的就业量取决于所有企业家的劳动需求，而劳动需求取决于有效需求 D（等于消费需求与投资需求的数量 D_2 之和），即 $D = \chi(N) + D_2$；其四，当市场处于供需均衡时，均衡产量等于均衡收入，并且它们都是就业量的函数，$\Phi(N) - \chi(N) = D_2$。上述四个模型就构成了经济总量分析的基础。

再次，基于上述四个命题的模型，凯恩斯给出了命题五："均衡的就业量取决于，1）总供给函数，Φ，2）消费倾向，χ，和 3）投资量，D_2。这就是一般就业理论的要旨。"我们可以用一个基本模型概括一般就业理论的核心内容，即 $N = F(\Phi, \chi, D_2)$［式（2.5）］。

凯恩斯强调："这就是一般就业理论的要旨。"在短期内，假定总供给

● 丹尼尔·豪斯曼. 经济学的哲学［M］. 上海：上海人民出版社，2007：253.

条件不发生变化,"消费倾向和新投资的数量二者在一起决定就业量"。有效需求原理的关键之处在于:如果消费倾向和新投资量造成有效需求不足,那么现实中存在的就业量就会小于充分就业量。

最后,《就业、利息和货币通论》是研究货币数量和贷款利息率的改变如何影响就业量的一般性理论。凯恩斯的逻辑相当清晰,货币数量和贷款利息率的改变通过影响消费倾向、投资量以及投资的就业弹性的数值,进而引起就业量的变化;严格地说,货币数量和利息率的改变不仅会影响就业的数量,而且会影响就业的方向。

综上所述,与道德哲学相联系的分配学说以及与政治哲学相联系的劳动所有权学说,构成了就业理论的思想体系的哲学基础;斯密的供需均衡的一般理论构成了就业理论的思想体系的理论基础。凯恩斯基于上述思想,运用有效需求不足的原理、货币数量论和利息理论,正确地发展和运用了科学的研究方法,构建了一个系统的就业理论的分析框架。

第二篇

就业通论与图解方法

我把本书命名为"就业、利息和货币通论"，用以强调其中的"通"字。……说明古典学派的假设条件只适用于特殊情况，而不适用于一般通常的情况。古典学派所假设的情况是各种可能的均衡状态中的一个极端之点。

　　　　　　　　——约翰·梅纳德·凯恩斯《就业、利息和货币通论》

　　科学的目的是建立那些能决定物体和事件在时间和空间上相互关系的普遍规律。

　　　　　　　　——阿尔伯特·爱因斯坦《科学和宗教》

引　言

　　从 19 世纪末到 20 世纪中叶，以新古典学派的创始人马歇尔、当代宏观经济学的创立者凯恩斯为代表的英国剑桥学派经济学家，"致力于把这一学科（即经济学）建成一门独立的科学，使它拥有自己的基础，并且像物理学或生物学那样具有高度的科学精确性"。❶他们认为，经济科学的头等任务是正确地发展和运用科学的研究方法。那么，如何把经济学建成一门像自然科学那样具有高度精确性的学科？怎样构建经济科学的基础并正确地发展科学的研究方法？经济思想史告诉我们，发展更完整的、更具科学性的研究方法，涉及对以下几个基本问题的深入探讨。

　　首先，发展和运用科学的研究方法，应该建立在经济科学正确地解释亚当·斯密的理论体系的基础上。特别是，斯密的供需均衡的一般理论揭示了经济活动的基本规律。经济科学试图用科学的方法考察最一般形态的正常供给与正常需求的均衡，首先需要正确地解释其供需均衡的一般理论。就其本质而言，斯密的劳动供给和需求的学说与产品供给和需求的学说是不能分开的，它们是一个整体中相互联系的两个部分，这在某种程度上决定了供需均衡分析所使用的基本方法。

　　其次，科学追求的是概念最大的明晰性，那么，经济科学就需要一个衡量一切劳动价值和一切商品价值的真实尺度。我们知道，"社会所生产的物品与劳务是一个不同质的复合体，……这个复合体是不能加以衡量的"。❷因此，对于经济总量的分析框架来说，运用统一的真实的价值尺度，才能在不同质的劳动的价值与劳动产品的价值之间建立起有效的定量

---

❶ 约翰·梅纳德·凯恩斯. 精英的聚会 [M]. 南京：江苏人民出版社，1998：226.
　　❷ 约翰·梅纳德·凯恩斯. 就业、利息和货币通论 [M]. 重译本. 北京：商务印书馆，1999：44.

关系。否则，在一个含混不清的衡量单位的基础上，建立一门能衡量的精确的科学，显然是不现实的，必然会造成经济分析的混乱。总之，一个真实的价值尺度是经济理论研究必不可少的，一个统一的、精确的衡量单位是经济分析所必需的；无论如何，价值论是使经济科学成为一个统一体的核心。

再次，对于经济科学来说，"我们的出发点是：我们在它们最一般的形态上考察正常需求和正常供给的均衡"。❶其理论研究的出发点是构建一个供需均衡的一般模型。然而，经济学家对于供需均衡的一般原理的不同解释，就决定了他们可能采用不同的方式来描绘供需均衡的一般模型。概括地说，古典就业理论是基于劳动供给与需求在充分就业水平的均衡分析；凯恩斯认为古典学派的假设前提"缺乏明确性和一般性"❷，他采用劳动供需与劳动产品供需相互作用的均衡分析方法，构建了一个经济总量的分析框架，这一框架适用于最一般形态上的经济社会的属性。凯恩斯强调，经济科学的进步几乎全部体现在，我们所选择的模型能更符合经济体系的真实运作。

最后，时间因素是构建供需均衡的一般模型的主要困难之中心。马歇尔早就认识到："时间的因素——这差不多是每一经济问题的主要困难之中心——本身是绝对连续的。"❸他首先发展了几何图形的分析方法，并发现了一条连续不断的均衡线，使得供需均衡的一般理论连续适用于长短不同时期。凯恩斯认为，马歇尔的这些思想都是具有开拓意义的，是经济学家在进行清晰的思考时所不可或缺的。凯恩斯的模型框架正是遵循马歇尔的分析思路，试图运用一个代数模型来描述这条供需均衡点的连线。然而，关于不同时期的供需均衡点的连线的几何图形的研究，仍留下了许多工作有待后继者完成。

---

❶ 艾尔弗雷德·马歇尔. 经济学原理：下卷 [M]. 北京：商务印书馆，1965：33.

❷ 约翰·梅纳德·凯恩斯. 就业、利息和货币通论 [M]. 重译本. 北京：商务印书馆，1999：1.

❸艾尔弗雷德·马歇尔. 经济学原理：上卷 [M]. 北京：商务印书馆，1965：13.

　　本篇题为"就业通论与图解方法",我们试图在解释斯密的劳动价值论和供需均衡的一般理论,以及马歇尔的供需均衡的图解方法的基础上,运用凯恩斯的经济总量的分析框架,并且采用空间-时间的概念,构建一个供给与需求的四维模型。在其中,我们找到了一条连续的反映供给与需求的均衡状态的点的连线,它使得供需均衡的一般原理连续适用于长短不同时期,从而为经济科学的供需均衡的一般分析提供了统一的、科学的研究方法。

第五章 价值尺度与衡量单位

亚当·斯密发展了自由贸易论，并认为价值论是使经济科学成为一个统一体的核心。

—— 艾尔弗雷德·马歇尔《经济学原理》(第八版)

第一节 衡量价值的尺度与经济科学

经济学无论是作为研究人的科学，还是作为研究财富的科学，在经济学家思考土地和劳动年产物的价值时，不可避免地要涉及劳动的价值和劳动产品的价值或多或少的问题，这样，经济总量分析就需要一个标准的衡量价值的尺度。关于一个真实的价值尺度对于经济学的重要性，马尔萨斯说得非常清楚："由于政治经济学家经常要使用价值这个术语；同时由于如果没有某种价值尺度，我们在谈到价值的升降时就会不能前后一致，所以，采用一种最能接近正确的，完全能够根据实际上价值这一术语所最常使用的意义来衡量价值的尺度，当然是极其有用的。"❶对于一个科学的经济分析体系而言，首先需要确定衡量劳动的价值和劳动产品的价值的真实尺度；如果没有一种统一的真实价值尺度，经济学就无法发展出自身科学的研究方法。

在亚当·斯密以后，经济学家对经济学的一些核心内容的认识，特别是价值理论产生了重大分歧。"法国重农学派和亚当·斯密的著作把这门学问提高到科学的地位以后，这门新学科的学者们就在一些根本性的问题上

---

❶ 托马斯·罗伯特·马尔萨斯. 政治经济学原理 [M]. 北京：商务印书馆，1962：115.

（例如什么是财富？财富是从什么地方产生的？）产生了重大的分歧，这种分歧经历了很长的时期。"❶我们必须承认，在《国富论》出版以后的 200 多年来，主流经济学家逐渐抛弃了斯密的劳动价值论，从这一意义上来说，现代宏观经济学基本上是采用"货币价值尺度"来分析经济问题的。

现代货币理论通常认为，货币具有价值尺度的职能。事实上，威廉·配第早在 1662 年就指出："全世界都用黄金和白银来衡量各种物品，但主要是用白银。……衡量白银的重量和评定它的成色是有困难的；即使它的成色和重量不变，它的价格也会上涨和下落。"❷如果说，黄金和白银作为衡量财富的标准与尺度都靠不住，那么，采用信用货币（在消费价格相对"稳定"的约束条件下，各国中央银行可以发行的任何数量的货币）作为衡量劳动和财富的价值尺度，它显然不是一个衡量价值的"真实尺度"。配第明确提出："在这种情况下，我们就应该在不贬低黄金和白银的卓越效用的情况下，努力研究某些其他自然标准和尺度。"❸

斯密认为，"货币只是商品的名义价格"❹。因此，货币只能作为衡量价值的名义尺度，而不是真实尺度。古典学派以前的政治经济学重视真实价值尺度的研究，其价值论源于土地价值和劳动价值；其后，斯密将前人的土地和劳动价值论发展成为劳动价值论，马尔萨斯又进一步完善了斯密的"劳动是衡量一切商品交换价值的真实尺度"的思想。可以说，劳动价值论是使经济学成为一个统一的分析体系的核心。

凯恩斯深刻理解并认同古典学派以前的价值理论，他基于"每一件物品都由劳动生产出来"的思想，在《通论》中选择用劳动单位和工资单位来衡量经济总量，并以此为基础构建了一个经济总量的分析框架。

简而言之，对于一个理论体系而言，真实的价值尺度是与经济分析的科学性紧密联系在一起的。"衡量一切商品交换价值的真实尺度"的研究既

---

❶ 托马斯·罗伯特·马尔萨斯. 政治经济学原理［M］. 北京：商务印书馆，1962：8.

❷ 威廉·配第. 赋税论［M］//赋税论、献给英明人士、货币略论. 第 2 版. 北京：商务印书馆，1978：42.

❸ 威廉·配第. 赋税论［M］//赋税论、献给英明人士、货币略论. 第 2 版. 北京：商务印书馆，1978：42.

❹ 亚当·斯密. 国民财富的性质和原因的研究：上卷［M］. 北京：商务印书馆，1972：29.

是斯密理论体系的核心思想之一，也是凯恩斯构建经济总量分析框架的理论基石。

第二节　劳动是衡量价值的真实尺度

　　本节在介绍劳动价值理论的思想起源的基础上，试图解释亚当·斯密的劳动价值论，初步探讨劳动衡量价值的三种含义，并力图深入考察"劳动是衡量一切商品交换价值的真实尺度"的思想的真实含义。

一、劳动价值理论的思想起源

　　古典学派以前的政治经济学从诞生那天起，就把价值论作为其理论的核心内容。价值论最初形成于配第的土地和劳动价值的思想，之后，理查德·坎蒂隆发展并完善了威廉·配第的学说；此后，基于土地和劳动价值论，弗朗西斯·魁奈的劳动价值论更突出人本身的价值在财富创造中的作用；最终，在《国富论》中，亚当·斯密阐述了一个系统的劳动价值论。在本章的附录中，我们介绍了配第、坎蒂隆的土地和劳动价值论，以及魁奈的劳动价值论的基本思想。

二、亚当·斯密的劳动价值论

　　劳动价值论是斯密系统地建立其理论体系的基点。斯密明确指出，劳动创造了商品的真实价值，商品中凝结着劳动者为生产这些商品所付出的劳动，因此商品交易本质上是劳动的交换，商品交换价值体现的是人们所交换的劳动价值。斯密的劳动价值论的核心观点是：劳动是衡量一切商品交换价值的真实尺度，这一观点将劳动的价值与商品的交换价值联系了起来。

　　　　一个人是贫是富，……要看他能够支配多少劳动，换言之，
　　　要看他能够购买多少劳动。一个人占有某货物，但不愿自己消费，
　　　而愿用以交换他物，对他说来，这货物的价值，等于使他能购买
　　　或能支配的劳动量。因此，劳动是衡量一切商品交换价值的真实
　　　尺度。❶

　　通常人们所说的货币或货物具有价值，是因为它们具有一定劳动量的
价值。因此，用货币或货物交换我们所需的商品，可以使我们免除等量的
劳动。"此等货币或货物，使我们能够免除相当的劳动。它们含有一定劳动
量的价值，我们用以交换其他当时被认为有同量劳动价值的物品。劳动是
第一性价格，是最初用以购买一切货物的代价。"❷人们需要货币，并不是
为了它们本身，而是因为它们可以交换别人的劳动产品。以货币为媒介的
商品交换，实际上是商品的劳动价值的交换。因此，一切商品的真实价值
应该以该商品出售后所能购买或支配的劳动量来衡量。"世间一切财富，原
来都是用劳动购买而不是用金银购买的。所以，对于占有财富并愿用以交
换一些新产品的人来说，它的价值，恰恰等于它使他们能够购买或支配的
劳动量。"❸

　　无论在何时何地，对劳动者而言，他的等量劳动都具有同等的价值。
劳动具有某种永恒的价值，这一价值是劳动本身所固有的，是在劳动
创造的产品中体现出来的。"等量劳动，无论在什么时候和什么地方，
对于劳动者都可以说有同等的价值。"❹正因为劳动具有内在的不变价
值，它可以用来衡量和比较一切商品的价值，也就是说，劳动是衡量
商品交换价值的最后标准和真实尺度。衡量和比较各种商品的价值，
实际上是在衡量和比较这些商品可交换的劳动量。"所以，只有本身价

---

　　❶ 亚当·斯密. 国民财富的性质和原因的研究：上卷 [M]. 北京：商务印书馆，
1972：26.
　　❷ 亚当·斯密. 国民财富的性质和原因的研究：上卷 [M]. 北京：商务印书馆，
1972：26.
　　❸ 亚当·斯密. 国民财富的性质和原因的研究：上卷 [M]. 北京：商务印书馆，
1972：26.
　　❹ 亚当·斯密. 国民财富的性质和原因的研究：上卷 [M]. 北京：商务印书馆，
972：28-29.

值绝不变动的劳动，才是随时随地可用以估量和比较各种商品价值的最后和真实标准。劳动是商品的真实价格，货币只是商品的名义价格。"❶需要强调的是，虽然每种商品的交换价值或价格是由劳动工资、资本利润和土地地租三部分价值组成的，"这三个组成部分各自的真实价值，由各自所能购买或所能支配的劳动量来衡量。劳动不仅衡量价格中分解成为劳动的那一部分的价值，而且衡量价格中分解成为地租和利润的那些部分的价值"。❷可见，斯密的上述重要表述，旨在用劳动的交换价值，即商品所能购买或所能支配的劳动量，来解释经济社会商品交换的基本原则。

三、商品价值的三种含义

在《国富论》之后，政治经济学家纷纷力图解释和完善斯密的劳动价值论，其中，最具代表性的是马尔萨斯的工作。他对价值的定义、价值的尺度等一系列基本概念和观点做出缜密的考察与细致的解释，从而完成了劳动价值论的完整和准确的表述。马尔萨斯具体地阐述了价值的不同含义，"如果我们继续根据上述第一种涵义来应用价值这个术语，就会有三种不同的价值"。❸他区分了劳动价值论的三种不同的价值，即使用价值、名义的交换价值（简称"名义价值"或"价格"）和内在的交换价值（简称"真实价值"）。

（1）"使用价值，这可以界说为物品的内在效用。"❹劳动生产的商品具有使用价值的基本观点，斯密早已做过清晰的表述："一国国民每年的劳动，本来就是供给他们每年消费的一切生活必需品和便利品的源泉。"很明显，一种商品无论是作为生活必需品、便利品还是奢侈品，其价值首先体现在它的某种内在效用上，即商品具有的使用价值；而人们购买商品的目的，就是获得商品的使用价值。

---

❶ 亚当·斯密. 国民财富的性质和原因的研究：上卷 [M]. 北京：商务印书馆，1972：29.
❷ 亚当·斯密. 国民财富的性质和原因的研究：上卷 [M]. 北京：商务印书馆，1972：44-45.
❸ 托马斯·罗伯特·马尔萨斯. 政治经济学原理 [M]. 北京：商务印书馆，1962：55.
❹ 托马斯·罗伯特·马尔萨斯. 政治经济学原理 [M]. 北京：商务印书馆，1962：55.

（2）"名义的交换价值，或价格，除特别指明其他物品外，这可以界说为以贵金属来估量的商品的价值。"❶斯密对交换价值的定义为："由于占有某物而取得的对他种货物的购买力。"❷在实际生活中，"劳动虽是一切商品交换价值的真实尺度，但一切商品的价值，通常不是按劳动估定的。要确定两个不同的劳动量的比例，往往很困难"❸。因此，商品交易的达成不是通过比较不同商品可交换的劳动量，而是通过供求双方的讨价还价来议定商品的价格。"但在进行这种交换时，不是按任何准确尺度来作调整，而是通过市场上议价来作大体上两不相亏的调整。"❹这说明，虽然我们经常根据一种商品的价格进行交易，但价格仅是此种商品在当时的供求关系作用下交换价值的货币表现。

（3）"内在的交换价值，这可以界说为由内在原因所产生的购买力。在没有其他说明的时候，物品的价值总是指这种意义上的价值而言。"❺内在的交换价值反映的是根据商品交易的"内在"因素所做出的对商品的正常估价。所谓由"内在原因"所产生的购买力，是指在自由竞争的市场条件下，由供求双方的相互作用所决定的商品的正常价格，即商品的真实价值或自然价格。马尔萨斯断言："在任何时间和任何地点，商品的估价总是决定于需求和供给的相对状况，而且通常是决定于基本的生产成本。"❻

按照字面原意，《国富论》的内在的交换价值的含义可以表述如下。由于"工资、利润和地租是……一切可交换价值的三个根本源泉"❼，商品的真实价值是与它的生产成本联系在一起的。如果一种商品的价格等于生产它的自然成本和正常利润，这种商品就是按它的自然价格出售的。"一种商品价格，如果不多不少恰恰等于生产、制造这商品乃至运送这商品到市场所使用的按自然率支付的地租、工资和利润，这商品就可以说是按它的自

---

❶ 托马斯·罗伯特·马尔萨斯. 政治经济学原理［M］. 北京：商务印书馆，1962：55.
❷ 亚当·斯密. 国民财富的性质和原因的研究. 上卷［M］. 北京：商务印书馆，1972：25.
❸ 亚当·斯密. 国民财富的性质和原因的研究. 上卷［M］. 北京：商务印书馆，1972：27.
❹ 亚当·斯密. 国民财富的性质和原因的研究. 上卷［M］. 北京：商务印书馆，1972：27.
❺ 托马斯·罗伯特·马尔萨斯. 政治经济学原理［M］. 北京：商务印书馆，1962：55.
❻ 托马斯·罗伯特·马尔萨斯. 政治经济学原理［M］. 北京：商务印书馆，1962：55.
❼ 亚当·斯密. 国民财富的性质和原因的研究. 上卷［M］. 北京：商务印书馆，1972：47.

然价格的价格出售的。"❶显而易见的是，"任何一个商品的市价虽能长期高于其自然价格，但不能长期低于其自然价格"。❷因为，商品价格中任何一个组成部分要是低于其自然率，那些利益受到影响的人会立刻感觉到这种损失，他们就会撤回一部分土地、劳动或资本。如此一来，该商品的供给将减少，市价不久便将升到自然价格的水平。可见，生产成本是商品的内在因素的表现。

然而，生产成本并不等同于商品交换价值。马尔萨斯进一步指出，虽然说生产成本通常会影响商品交换价值或价格，然而这种影响是通过对供求关系而发生作用的，归根结底，还是供求关系对交换价值或价格产生最直接和主要的影响。"供求关系就是决定市场价格和自然价格的最主要的因素，而生产费用只能处于从属地位，也就是仅仅在影响供求的通常关系的场合，才能对价格发生影响。"❸马尔萨斯认为，对生产成本与商品价格的关系的正确理解是把生产成本看作商品供给所需满足的必要条件，当供给条件发生变化时，价格自然会随之变动。"然而，从以上讨论中绝对不能得出一种结论，认为生产费用对价格没有一种极为有力的影响。正确的办法是把生产费用看作是取得所需物品的供给的必要条件。"❹

四、劳动是衡量价值的真实尺度

马尔萨斯经过审慎的研究，认同了斯密所提出的用劳动作为商品交换价值的"真实"尺度，货币则不能充当"一般"或"真实"的价值尺度。也就是说，"只有用劳动作标准，才能在一切时代和一切地方比较各种商品的价值"。斯密把劳动看作衡量商品交换价值的真实尺度，由于这一表述存在多种含义，不可避免地造成了对斯密的劳动价值论理解的困难。"要把亚当·斯密的笼统而凌乱的价值学说作一个综合叙述不是一件容易的事。后

❶ 亚当·斯密. 国民财富的性质和原因的研究. 上卷[M]. 北京：商务印书馆，1972：49.
❷ 亚当·斯密. 国民财富的性质和原因的研究. 上卷[M]. 北京：商务印书馆，1972：56.
❸ 托马斯·罗伯特·马尔萨斯. 政治经济学原理[M]. 北京：商务印书馆，1962：64.
❹ 托马斯·罗伯特·马尔萨斯. 政治经济学原理[M]. 北京：商务印书馆，1962：65-66.

继的经济学家们发现了斯密未能把两三种不同的思路清楚地分开。"❶不可否认，斯密在研究以劳动作为衡量价值的尺度时，采用了不同的方法，不可避免地给自己的解释带来了一些混乱。马尔萨斯曾经指出，"亚当·斯密在论商品的真实价格和名义价格一章中，认为劳动是价值的普遍而准确的尺度。由于他没有严格地遵循自己所提出的以劳动作为尺度的同一方法，因而给自己的研究带来了一些混乱"❷。具体地讲，不同的方法指的是商品的价值究竟以劳动的生产价值来衡量，还是以劳动的交换价值来衡量。"他谈到商品价值时，有时是用生产商品所费的劳动量为尺度，有时又用商品所能交换的劳动量为尺度。"❸

马尔萨斯指出，斯密把劳动作为价值尺度的最常用的含义是：占有一种商品用于交换所能购买或支配的劳动量，是衡量这种商品的交换价值的真实尺度。"当我们根据亚当·斯密所最常使用的意义，把劳动看作是价值尺度时，也就是说，当一种物品的价值是以它所能换取的一定种类的劳动量来计算时，劳动就显得是和其他一切尺度在实质上不同的一种尺度，而且能够按照问题性质所能允许的程度，最接近于一种相对交换价值和内在交换价值的标准尺度。"❹这是因为，商品的交换价值是由它可以交换多少劳动量来体现的，而不是生产该商品使用了多少劳动；事实上，一切商品的真实价值都是在劳动价值的交换中得以实现的。于是，马尔萨斯在解释关于劳动作为价值尺度的表述时，明确并强调了斯密用在此处的劳动指的是"使他能购买或能支配的劳动量"，这是把劳动看作交换价值的真实尺度的具体含义。

总之，斯密把劳动看作价值尺度的真实含义是：将一种商品用于交换从而能购买或支配的劳动量，作为衡量这种商品的交换价值的真实尺度。马尔萨斯的解释使得斯密的表述更为明朗化，最终把劳动价值论的这一核心观点清楚地表达出来。

---

❶ 埃里克·罗尔. 经济思想史 [M]. 北京：商务印书馆，1981：155.
❷ 托马斯·罗伯特·马尔萨斯. 政治经济学原理 [M]. 北京：商务印书馆，1962：74.
❸ 托马斯·罗伯特·马尔萨斯. 政治经济学原理 [M]. 北京：商务印书馆，1962：74.
❹ 托马斯·罗伯特·马尔萨斯. 政治经济学原理[M]. 北京：商务印书馆，1962：81-82.

第三节 凯恩斯对于衡量单位的选择

我们应该认识到，亚当·斯密在《国富论》中煞费苦心地建立其劳动价值学说，不仅是出于学术上的考虑，更重要的是，他的理论体系需要一个统一分析的真实价值尺度。在撰写《通论》时，凯恩斯不可避免地会遇到同样的困难，他的分析框架需要统一的衡量经济总量的基本单位，因此凯恩斯用专门的章节对价值单位的问题作了探讨。这是因为，一个科学的分析框架要建立在统一的真实价值尺度之上。

一、构建统一分析体系的难点

在《通论》中，在构建经济总量的分析框架时，凯恩斯首先遇到的难题就是需要选择一个统一的衡量经济总量的价值单位。"在撰写本书时，三个最大的疑难之处阻碍了工作的进展；直到问题得以解决以前，我无法恰当地表达自己的想法。这三个疑难之处是：第一，选择一个衡量单位；而该单位适合于牵涉到经济制度整体问题的数量研究……"❶《通论》第四章的标题为"单位的选择"，凯恩斯专门对价值的衡量单位的问题进行了深入讨论。显而易见，定量地研究整体经济问题，首先需要选择一个衡量经济总量的价值尺度。

对于经济学家通常使用的若干衡量单位，凯恩斯认为它们都不能令人满意。首先，国民收入能否准确定义取决于经济总量的衡量单位，而新古典学派定义的国民收入或产量不能作为经济总量的衡量单位。"马歇尔和庇古教授所定义的国民所得只衡量现期的产量或实际收入，而并不衡量产量的价值或货币收入。"❷凯恩斯特别指出了新古典理论的一个严重的不妥之处，就是社会所生产的产品与服务是一个不同质的复合体，这个复合体中

---

❶ 约翰·梅纳德·凯恩斯. 就业、利息和货币通论［M］. 重译本. 北京：商务印书馆，1999：43.

❷ 约翰·梅纳德·凯恩斯. 就业、利息和货币通论［M］. 重译本. 北京：商务印书馆，1999：44.

不同产品的产量与服务的量是无法予以加总的，因此无法衡量这一复合体的总量。"在这个基础上，人们企图建立一门能衡量的科学。关于为此目的而形成的上述定义，一个严重的不妥之处为：社会所生产的物品与劳务是一个不同质的复合体，而严格说来，除了某些例外情况，例如，所有产品都以同一比例增加时，这个复合体是不能加以衡量的。"❶

其次，一般价格水平也不能作为经济总量的衡量单位，因为这一概念并不具有精准的定义和不变的统计标准。"一般价格水平这一概念所固有的含混不清的性质是众所周知的，也是不可避免的。含混不清的性质使得这一概念非常不适合于应该精确无误的因果分析。"❷在一个含混不清的衡量单位的基础上，经济学家企图建立一门统一衡量的经济科学，精确地进行因果分析，显然难以实现。凯恩斯的结论是："我们的定量分析必须以不用上述含混不清的概念的方式来加以表达。"❸对于衡量单位的选择，凯恩斯是极为慎重的，体现了他的严谨和科学的态度。统一的、精确的衡量单位是进行供需均衡分析的必要条件；经济体系整体问题的数量研究，必须找出社会劳动量的价值与劳动所生产的商品价值共同的衡量单位。

二、经济总量衡量单位的选择

作为一个富有实践经验的经济理论家，凯恩斯在选择衡量单位时，不仅基于他对劳动价值论的理解，还基于他对实际经济如何运作的深入研究。

首先，在市场经济的任何场合中，都是由企业家做出产量和劳动需求量的决策。他们决策的依据是：如果总需求上升，企业家会决定扩大生产，因此会增加他所拥有的各种资本设备的使用规模，同时雇用更多的劳动者，总产量将随之增加。"应该记住，在任何场合，企业家都在作出决策以便决定以何种规模来使用既定数量的资本设备。当我们说，对需求增加的预期，即总需求函数的上升，会导致总产量的增加时，我们实际的意思是：拥有

---

❶ 约翰·梅纳德·凯恩斯. 就业、利息和货币通论［M］. 重译本. 北京：商务印书馆，1999：44.

❷ 约翰·梅纳德·凯恩斯. 就业、利息和货币通论［M］. 重译本. 北京：商务印书馆，1999：45.

❸ 约翰·梅纳德·凯恩斯. 就业、利息和货币通论［M］. 重译本. 北京：商务印书馆，1999：45.

该资本设备的厂商会因之而雇用较大数量的劳动者。"**❶**可见，凯恩斯选择经济总量的衡量单位，是建立在产品市场与劳动市场相关联的基础上的。

其次，进行经济整体问题的数量研究，需要把所有厂商使用的就业量与他们的产量联系在一起。"当我们把所有厂商的产量加在一起时，除了使用在既定资本设备下的就业量以外，我们无法准确地表示总产量。"**❷**并且，"在使用就业量时，总产量及其价格水平都成为不必要的概念，因为，我们并不需要现行的总产量的绝对数值……"**❸**因此，为了精确地考察整个经济体系的数量关系，凯恩斯考虑以就业量作为衡量产量的价值尺度，用总就业量表示所有厂商的总产量，作为其经济分析的基础。

最后，确定了两个衡量经济总量的基本数量单位：货币价值的量与就业量。需要指出的是，凯恩斯在计量劳动者的就业量时，不仅考虑到就业人口的总数，还考虑到就业人口的素质。因为，对一国的就业人数简单相加而得到的就业量，并不能真实反映一国总的就业状况及经济运行的整体情况。在计量一国总的就业量时，要考虑不同的劳动者所具有的技能的差别，这体现在不同职业和劳动熟练程度的劳动者的工资收入的差异。"在论述就业理论时，我所使用的基本数量单位仅有两个，即货币价值的量和就业量。二者之中的前者的单位是完全相同的；后者的单位可以人为地使之完全相同。其原因在于：由于不同级别和种类的劳动者以及领薪金的办事人员在报酬上具有相对的稳定性；如果我们把一小时普通劳动者的工资作为我们的单位，而根据特殊劳动者的报酬来换算它的劳动时间，例如，两倍于普通劳动者的报酬的劳动时间被计算为普通劳动时间的两倍，那末，就我们的目的而言，就业量就会有足够确切的含义。"**❹**在选择衡量就业量的单位时，凯恩斯将不同劳动者的劳动量折算成统一的劳动单位加以衡量。例如，把一个普通劳动者一年的劳动量作为劳动单位，其一年的工资收入作为工资单位。那么每一个劳

---

❶ 约翰·梅纳德·凯恩斯. 就业、利息和货币通论［M］. 重译本. 北京：商务印书馆，1999：46.
❷ 约翰·梅纳德·凯恩斯. 就业、利息和货币通论［M］. 重译本. 北京：商务印书馆，1999：46.
❸ 约翰·梅纳德·凯恩斯. 就业、利息和货币通论［M］. 重译本. 北京：商务印书馆，1999：46-47.
❹ 约翰·梅纳德·凯恩斯. 就业、利息和货币通论［M］. 重译本. 北京：商务印书馆，1999：47.

动者的工资相当于多少个工资单位，这个劳动者的就业量就可以折算成多少
个劳动单位。通过这种计算方式得出社会总的就业量。

　　我们把衡量就业量的单位称之为劳动单位，而每一劳动单位
所得到的工资为工资单位。这样，如果 E 代表工资（和薪金）总
额，W 代表工资单位，而 N 代表就业量，那末，$E = N \cdot W$。❶

　　按照凯恩斯的衡量方法，用就业量 N 与工资单位 W 相乘，就可以得到
就业总人口获得的劳动工资总额，或者按照凯恩斯的习惯表述，称为一国
用工资单位衡量的就业量，可以用 E 来表示，即

用工资单位衡量的就业量：

$$E = N \cdot W \qquad (5.1)$$

　　综上所述，凯恩斯选择了两个基本的衡量单位，即一个名义单位——货
币数量或工资单位；一个实际单位——就业量或劳动单位。凯恩斯坚信，采
用货币量和就业量作为衡量经济总量的基本单位，可以避免经济分析中大部
分的困难。"当我们论述整个经济制度的运行时，我相信：只要把我们自己严
格地限制于货币和劳动这两个单位，很大部分的繁难之处便会得以避免。"❷

三、用工资单位衡量的就业量

　　根据凯恩斯定义的劳动单位与工资单位，以及用工资单位衡量的就业量的
计量方法，如果用 N^w 表示用实际工资单位衡量的就业量，用 $\overline{W}$ 表示实际平均
工资，可以定义用实际工资单位衡量的就业量 N^w 等于实际工资总额，即

用实际工资单位衡量的就业量：

$$N^w = N \cdot \overline{W} \qquad (5.2)$$

　　凯恩斯选择的经济总量的衡量单位，包括工资单位、劳动单位和用工

　　❶ 约翰·梅纳德·凯恩斯. 就业、利息和货币通论［M］. 重译本. 北京：商务印书馆，
1999：47.
　　❷ 约翰·梅纳德·凯恩斯. 就业、利息和货币通论［M］. 重译本. 北京：商务印书馆，
1999：49.

资单位衡量的就业量，作为衡量一国就业量的指标具有以下含义：

（1）工资单位：用 W 代表平均名义工资（名义工资单位），P 代表消费价格指数，$\overline{W}$ 代表平均实际工资（实际工资单位），则 $\overline{W}=W/P$。

（2）劳动单位：把衡量就业量的单位称为劳动单位，当一个劳动者一年获得的工资为 W，意味着该劳动者提供了相当于一个劳动单位的就业量。社会总的就业量 N 等于社会全体劳动者的劳动单位之和。

（3）用实际工资单位衡量的就业量：可以用工资总额 E 衡量一国总的就业量，即用工资单位衡量的就业量。用名义工资单位衡量的就业量 $E=N\cdot W$，用实际工资单位衡量的就业量 $N^w=N\cdot\overline{W}$。

总之，构建一个统一的经济分析体系，需要一个真实的价值尺度。凯恩斯以就业量作为真实的价值尺度，选择了两个基本单位来衡量经济总量，即货币量（或工资单位）和就业量（或劳动单位），把用工资单位衡量的就业量作为经济分析的目标变量，这就为构建统一的总量分析框架奠定了基础。

第四节 用工资单位衡量的经济变量

在经济活动中，商品的交换价值反映了在商品的供给与需求的一般状况下所产生的购买力，通常用货币价值来表示。然而，构建一个劳动市场与产品市场统一的供给与需求相互作用的分析体系，其基本前提是需要一个真实的价值尺度，从而将劳动的价值与商品的价值联系起来。凯恩斯选择以就业量作为衡量经济总量的真实单位，把用工资单位衡量的就业量作为模型的因变量，模型中的其他经济总量指标也均用工资单位来衡量。我们接下来需要探讨凯恩斯用工资单位衡量各种经济变量的含义。

一、就业量与总产量之间的关系

在论述就业理论时，凯恩斯通常假设就业量与总产量在短期为正相关的关系，即二者共同增加或共同减少。一般来说，在既定的技术和资本条件下，总产量是由已知水平的就业量所决定的；总产量与就业量之间的关系是相对稳定的，并且表现出同样的变化方向。"当我们论及总产量的增加时，我们所必须依赖的假设条件是：在一既定量的资本设备下的就业量是一个合适的指标来表示由此而造成的总产量——就业量和总产量被假设为共同增加或减少，虽然二者的增加或减少并不是同比例的。"[1]以就业量作为衡量总产量的指标，总产量表示为就业量的函数，这样就建立了就业量与在既定条件下这一就业量所生产的总产量之间的定量关系。"我们将使用在现有资本设备的条件下的就业人数……来衡量现行产量的变化，而就业人数中的熟练劳动者则按照他们的报酬加以折合。"[2]

凯恩斯试图在共同的价值尺度基础上建立一个分析所有厂商雇用的劳动量（就业量）与总产量之间关系的模型，从而形成一门以精确的衡量单位为基础的统一的经济分析的科学。在《通论》中，第一个经济总量指标是用工资单位衡量的就业量；另一个重要的总量指标是总产量的货币价值，或用工资单位衡量的总产量。由于就业量与总产量是不同质的，凯恩斯用工资单位将就业量与总产量转换成可以统一计量和比较的变量，从而建立二者之间的定量关系。

二、用工资单位衡量的经济总量

凯恩斯指出，就业理论研究的主题与一系列经济总量有关，衡量这些经济总量不需要引入任何在数量上不精确的单位。实际上，《通论》中所有的经济总量均采用工资单位衡量。在论述消费倾向时，凯恩斯给出了用工资单位衡量的消费量和用工资单位衡量的总收入。"把以工资单位衡量的消费（C_w）和以工资单位衡量的相当于一定就业量水平的收入（Y_w）联系在一起的函数。"[3]同样，在讨论就业量与有效需求之间的关系时，给出了用工资单位衡量的有效需求。"如果一家厂商或一个行业所面临的以工资单位

---

[1] 约翰·梅纳德·凯恩斯. 就业、利息和货币通论［M］. 重译本. 北京：商务印书馆，1999：47.

[2] 约翰·梅纳德·凯恩斯. 就业、利息和货币通论［M］. 重译本. 北京：商务印书馆，1999：50.

[3] 约翰·梅纳德·凯恩斯. 就业、利息和货币通论［M］. 重译本. 北京：商务印书馆，1999：96.

来衡量的有效需求为 D_{wr}……" ❶由于总有效需求等于消费需求与投资需求之和，从而，凯恩斯很自然地给出了用工资单位衡量的消费量 C_w 和用工资单位衡量的投资量 I_w 这两个重要的经济总量。"在这些假设条件下，相应于以工资单位来衡量的每一有效需求的水平，就会存在着一个总就业量，而这种有效需求可以按已知的比例被分解为消费和投资。" ❷

综上所述，凯恩斯给出了用工资单位衡量的各种经济总量，包括用工资单位衡量的总产量或总收入 Y_w、用工资单位衡量的总有效需求 D_w、用工资单位衡量的消费量 C_w、用工资单位衡量的投资量 I_w 和用工资单位衡量的总就业量的概念。总之，在《通论》所构建的就业理论的分析框架中，各经济总量都是采用工资单位衡量的。

三、用工资单位衡量变量的含义

在论述就业理论时，凯恩斯采用工资单位作为衡量经济总量的单位，第一类总量指标是用工资单位衡量的就业量；第二类总量指标是总产量的货币价值，或用工资单位衡量的总收入与总产量；第三类总量指标是总有效需求的货币价值，或用工资单位衡量的总有效需求，包括用工资单位衡量的消费量和用工资单位衡量的投资量。用工资单位衡量的经济变量具有以下含义。

（1）就业理论的经济变量的基本单位有两个：工资单位（或货币单位）和劳动单位。劳动单位是衡量就业量的单位，每一劳动单位所得到的名义工资为平均名义工资（名义工资单位），而每一劳动单位所得到的实际工资为平均实际工资（实际工资单位）。当一个劳动者一年获得的名义工资等于平均名义工资，则该劳动者的就业量就等于一个劳动单位。

（2）选择用一国的工资总额衡量其总的就业量。一国的工资总额等于就业量与工资单位的乘积，用实际工资单位衡量的就业量 $N^w = N \cdot \overline{W}$。

（3）就业理论的经济变量的名义单位为货币单位。在国民经济统计中，

❶ 约翰·梅纳德·凯恩斯. 就业、利息和货币通论［M］. 重译本. 北京：商务印书馆，1999：291.
❷ 约翰·梅纳德·凯恩斯. 就业、利息和货币通论［M］. 重译本. 北京：商务印书馆，1999：292-293.

有效需求（总产量与总收入）、消费量、储蓄量、投资量全部用货币单位计量。

（4）衡量经济总量可以把就业量作为统一的价值尺度来反映实际量之间的关系。例如，用实际工资单位衡量的总产量与就业量之间的关系，反映出一国的总收入可以用于购买或支配多少劳动量。

总之，《通论》选择用工资单位衡量经济变量，从而确定了就业量与各种经济总量之间的共同的价值尺度，为构建市场供需均衡的统一的分析体系提供了必要的条件。

第五节　名义和实际单位与时间单位

基于"劳动是衡量价值的真实尺度"的思想，凯恩斯选择了经济总量的衡量单位，即确定了实际单位、名义单位与时间单位作为经济分析的基本单位。

一、变量的衡量单位与劳动价值尺度

在《通论》中，凯恩斯解释了除了货币单位和时间单位以外，他只把劳动当作经济分析的唯一物质单位的理由。"我欣赏古典学派以前的理论；该理论认为，每一件物品都由劳动生产出来，……这可以部分地解释，在货币单位和时间单位以外，为什么我们可以只把劳动当作经济制度的唯一物质单位。"❶凯恩斯依据的是古典学派以前的价值理论。概括地说，古典经济学以前的价值论主要包括威廉·配第、理查德·坎蒂隆的土地和劳动价值论，以及弗朗西斯·魁奈和亚当·斯密的劳动价值论。这些价值理论认为，劳动是价值的源泉。据此，凯恩斯把就业量当作经济分析的唯一真实价值尺度，选择用劳动单位和货币单位作为衡量经济变量的基本单位。

---

❶ 约翰·梅纳德·凯恩斯. 就业、利息和货币通论［M］. 重译本. 北京：商务印书馆，1999：220-221.

凯恩斯选择用工资单位衡量的就业量来衡量一个国家的总就业量，就其实质而言，是斯密的工资基金理论在经济分析中的运用。与劳动价值论一样，劳动需求理论和工资基金理论也是斯密理论体系的核心内容，其基本思想是：一国雇主雇用劳动者的工资基金决定着该国的劳动需求量，雇主对劳动者的需求必然随着工资基金的增加而成比例地增加。由于就业量的增加取决于工资基金的增加，从而一国劳动年产物的价值和收入的增长也取决于工资基金的增加。"由于雇用生产性劳动的基金减少了，所雇用的能增加物品价值的劳动量亦减少了，因而，全国的土地和劳动的年生产物价值减少了，全国居民的真实财富和收入亦减少了。"❶以上分析体现了斯密独特的概括能力，他将工资基金与劳动年产物的价值联系在一起，为定量地分析就业量与总产量之间的关系奠定了理论基础。对凯恩斯而言，用工资单位衡量一个国家总的就业量，以及用工资单位衡量总产量，建立二者之间的定量关系，与斯密的工资基金理论的思想是一致的。凯恩斯采用工资单位衡量就业量，显然与斯密提出的工资基金描述了相同的经济概念；这是因为，在某一时期，一个国家的工资基金在数量上可以近似地等于工资总额。

二、劳动单位、货币单位与时间单位

货币的价值在整个时间序列内是变化的，因此，货币作为价值尺度的缺点显而易见。斯密区分了商品的真实价值和名义价值，指出，"劳动是商品的真实价格，货币只是商品的名义价格""对于一切货物所支付的代价，归根到底不外乎劳动"，因此，"只有本身价值绝不变动的劳动，才是随时随地可用以估量和比较各种商品价值的最后和真实的标准"。简而言之，劳动是衡量一切商品交换价值的真实尺度，劳动的价值不随时间发生变化。这就产生了实际单位、名义单位与时间单位的计量问题。

马尔萨斯完善并发展了劳动价值论，指出由于劳动具有的特殊性质，一种商品的交换价值可以用它所能换取的劳动量来衡量，并且与"日劳动

---

❶ 亚当·斯密. 国民财富的性质和原因的研究：上卷［M］. 北京：商务印书馆，1972：311.

量"成比例，因此，在实际生活中，可购买等量同质劳动量的两种商品的交换是被人们所接受的。"在同一地点和同一时间，商品所能换取的日劳动量显然是恰好同它的相对交换价值成比例；如果两种商品能够购买同量的同类劳动，它们就会对等交换。"❶某种商品所能换取的劳动量是衡量该种商品价值的精确尺度，从而将劳动的价值和商品的价值有机地联系了起来，形成了统一的真实的价值尺度。在既定的时间和地点，劳动价值尺度与商品的货币价格是一致的，因为此时此地商品的价格相当于多少"日劳动量"是唯一确定的。"不论在那种场合和那种条件下，商品所能换取的劳动量——或者说，人们为了换取商品而付出的劳动实值的量——都是商品的相对交换价值的一种精确的尺度。总之，在同一时间和同一地点，这种尺度和商品的货币价格是完全一致的。"❷

　　马尔萨斯进一步解释道，劳动完全有别于一切劳动产品的特殊之处，体现在标准劳动的价值不随空间和时间的不同而发生改变，因此，标准劳动的数量是影响劳动价值的唯一因素。也就是说，一个国家实际雇用的标准劳动是唯一的真实价值尺度。因此，根据交换双方对商品的占有欲望和获得难易的关系来估算商品的价值时，劳动是最为适合的真实价值尺度。"劳动完全有别于一切的劳动产品，因此在商品被估价的地方，把劳动选作衡量获得商品难易的尺度，似乎是理所当然，而不能视为专断。"❸我们应该意识到，马尔萨斯的上述表述不但区分了名义单位和实际单位的概念，而且涉及空间-时间的思想，为经济学发展科学的思维方法奠定了理论基础。

　　经过马尔萨斯的不懈努力，劳动价值论对主要经济概念的表达和主要经济观点的阐述都更加清晰并富有逻辑性，从而作为一种成熟的价值理论为经济分析奠定了基础。《通论》把劳动单位当作唯一的物质单位，在某种程度上，是基于马尔萨斯的"标准劳动"是唯一的真实价值尺度的分析方法。凯恩斯选择劳动单位作为价值尺度，采用工资单位作为衡量经济总量的单位，将劳动单位、工资单位与时间单位联系起来，为构建统一的经济

❶ 托马斯·罗伯特·马尔萨斯. 政治经济学原理［M］. 北京：商务印书馆，1962：82.
❷ 托马斯·罗伯特·马尔萨斯. 政治经济学原理［M］. 北京：商务印书馆，1962：82.
❸ 托马斯·罗伯特·马尔萨斯. 政治经济学原理［M］. 北京：商务印书馆，1962：115.

分析框架奠定了坚实的基础。由此可见，凯恩斯的选择是理所当然的，不能视为武断。

根据斯密的劳动价值论，马尔萨斯的"标准劳动"作为真实的交换尺度，以及凯恩斯的劳动单位、工资单位与时间单位的分析方法，可以把货币量作为名义价值尺度，把就业量作为真实价值尺度；货币量的价值会随着时间持续发生变化。

在 t 时点，可以定义用实际工资单位衡量的就业量 N_t^w 等于就业量 N_t 与实际平均工资 $\overline{W_t}$ 的乘积，即

t 时点用实际工资单位衡量的就业量：

$$N_t^w = N_t \cdot \overline{W_t} \tag{5.3}$$

其中，N_t 代表就业量；$\overline{W_t}$ 代表实际平均工资。

综上所述，劳动价值尺度是凯恩斯构建总量分析框架的理论基石，他选择就业量和货币量作为衡量价值的基本单位，其中就业量是唯一的真实价值尺度。凯恩斯不仅用工资单位衡量就业量，而且用工资单位衡量所有其他的经济总量，统一的衡量单位奠定了构建就业理论的分析框架的基础。

三、价值论使经济学成为统一体的核心

实际上，马歇尔早就意识到，斯密的价值论是使经济科学成为一个统一体的核心。在其《经济学原理》中，有一节专门讨论了经济科学的发展，概括性地指出斯密的主要功绩在于对价值论的研究。"他的主要功绩在于他把当时英法学者和他的前辈关于价值的研究加以综合和发展。"[1]可以说，马歇尔在将经济学发展为一门独立的学科的过程中，已经清楚地认识到劳动价值论在经济科学中的核心地位，指出，"亚当·斯密……认为价值论是使经济科学成为一个统一体的核心"。[2]严格地说，斯密继承了配第等人的土地和劳动价值论，将他以前的思想加以综合和发展提出了他的劳动价值论，正是劳动价值论将诸多经济理论联系起来成为统一的经济思想体系。

---

[1] 艾尔弗雷德·马歇尔. 经济学原理：下卷 [M]. 北京：商务印书馆，1965：404.
[2] 艾尔弗雷德·马歇尔. 经济学原理：下卷 [M]. 北京：商务印书馆，1965：401.

其关键性在于，如果没有某种统一的价值尺度，我们就不能衡量和比较不同时间与不同地点的不同商品的价值；或者说，真实价值尺度是构建一个统一的经济分析体系的基础。劳动价值论作为系统而完整的价值理论是由斯密完成的，从这一意义上讲，斯密的劳动价值论是使经济科学成为一个统一体的核心。

凯恩斯作为马歇尔的弟子，显然了解构建经济分析体系的这一关键性问题。"两组不能加以比较的各种事物本身不能被当作为定量分析的对象……"❶我们知道,凯恩斯试图采用微积分的数学分析方法建立理论模型，然而，两组不能加以比较的事物"却不适合于微积分的数学分析。如果我们试图把这种在部分上含混不清和非定量的概念用作定量分析的基础，那末，我们的精确性便是虚有其表的"❷。为了准确地进行"经济制度整体问题的数量研究",凯恩斯明确提出经济分析中使用的基本单位既要有经济理论上的精确含义，又要便于计量。用工资单位统一衡量经济总量，可以使各变量在数量上具有确切的含义，这是一种对劳动价值论应用的非凡实践，奠定了《通论》定量研究的基础。

鉴于所有这些理由，我们应该认识到，凯恩斯是基于斯密的劳动价值论的基本思想，即"劳动是衡量一切商品交换价值的真实尺度"，以及遵循马歇尔关于"价值论是使经济科学成为一个统一体的核心"的观点，选择就业量和货币量的价值作为《通论》衡量经济总量的基本单位，从而将劳动市场与产品市场的供需均衡分析联结成为一个统一的分析体系。

第六节　附：土地和劳动价值论

古典学派以前的政治经济学从诞生那天起，就把价值论作为其理论体系的核心内容进行研究。具有代表性的土地和劳动价值论起源于威廉·配第的思想，理查德·坎蒂隆发展并完善了配第的价值理论。

---

❶ 约翰·梅纳德·凯恩斯. 就业、利息和货币通论［M］. 重译本. 北京：商务印书馆，1999：45.

❷ 约翰·梅纳德·凯恩斯. 就业、利息和货币通论［M］. 重译本. 北京：商务印书馆，1999：46.

一、威廉·配第的土地和劳动价值论

价值理论的早期研究源于 17 世纪中叶威廉·配第的土地和劳动价值论。在 1662 年出版的《赋税论》中，配第首先提出了关于财富价值的基本见解。"土地为财富之母，而劳动则为财富之父和能动的要素……"●他认为土地和劳动是人类创造财富的源泉，是财富价值的两种基本要素。

一般来说，以黄金和白银作为计量单位可以对各种物品的价值做出比较，"这是各种价值相等和权衡比较的基础"。●但是，在经济生活的实践中，以黄金和白银来衡量比较各种物品的真实价值，存在显著的困难。作为统一的价值尺度的物品，需要有稳定的内在价值和价格，而黄金和白银的价格也会上涨和下落。"我从最老练的专门家们所作的各种报告中得知，衡量白银的重量和评定它的成色是有困难的；即使它的成色和重量不变，它的价格也会上涨和下落。……在这种情况下，我们就应该在不贬低黄金和白银的卓越效用的情况下，努力研究某些其他自然标准和尺度。"●配第非常清楚价值尺度的实质，黄金和白银作为衡量财富的价值尺度，如果其本身的价值难以准确地计量，并且其价格也在不断波动，显然是不准确的价值尺度。为此，配第提出应该"努力研究某些其他自然标准和尺度"。

那么，某些其他自然标准和尺度是由什么构成的？配第特别提出了两种自然单位：土地和劳动。"所有物品都是由两种自然单位——即土地和劳动——来评定价值，换句话说，我们应该说一艘船或一件上衣值若干面积的土地和若干数量的劳动。理由是，船和上衣都是土地和投在土地上的人

● 威廉·配第. 赋税论 [M] //赋税论、献给英明人士、货币略论：第 2 版. 北京：商务印书馆，1978：66.
● 威廉·配第. 赋税论 [M] //赋税论、献给英明人士、货币略论：第 2 版. 北京：商务印书馆，1978：42.
● 威廉·配第. 赋税论 [M] //赋税论、献给英明人士、货币略论：第 2 版. 北京：商务印书馆，1978：42.

类劳动所创造的。"❶由于一切物品都是由人类劳动作用于土地创造出来的，因此，土地和劳动是评定物品价值的两种自然单位。

在此基础上，需要进一步探讨单一价值尺度的可能性，即找出土地价值与劳动价值之间的内在联系，从而能够准确地仅用土地或者仅用劳动作为衡量财富的价值尺度。"所以如果能够在土地与劳动之间发现一种自然的等价关系，……我们就能够和同时用土地和劳动这两种东西一样妥当地甚或更加妥当地单用土地或单用劳动来表现价值；同时，也能够象把便士还原为镑那样容易而正确地，将这一单位还原为另一单位。"❷显然，配第已经认识到，需要采用单一的土地价值尺度或劳动价值尺度，作为各种价值衡量和比较的基础，才能更为妥当地解决价值标准的问题。

关于劳动价值与土地价值之间等价关系的研究，坎蒂隆追溯到 1685年配第写的一篇简短手稿。"威廉·配第爵士在 1685 年写的一篇简短的手稿中，把这个平价、或劳动和土地之间的等式看作政治算术中的最重要因素。"❸配第的价值理论，特别是解决劳动价值与土地价值之间的自然的等价关系，是经济分析的重要基础。配第的土地和劳动价值论启发了之后的学者，坎蒂隆对这一价值理论进行了更深入的探索。

二、理查德·坎蒂隆的土地和劳动价值论

何谓财富，财富是如何产生的，又该如何衡量财富的价值，显然是经济理论的一个基本课题。理查德·坎蒂隆在《商业性质概论》的一开始，就明确提出了他的真实财富的思想，并发展了土地和劳动价值论。

首先，坎蒂隆的财富概念是与土地和劳动联系在一起的。土地不但生长各种植物，还提供各类矿藏，然而，是人的劳动使土地孕育的自然资源变成了适合于人类消费的财富。"土地产生草本植物、块根植物、谷物、亚

---

❶ 威廉·配第. 赋税论 [M] //赋税论、献给英明人士、货币略论：第 2 版. 北京：商务印书馆，1978：42.

❷ 威廉·配第. 赋税论 [M] //赋税论、献给英明人士、货币略论：第 2 版. 北京：商务印书馆，1978：42.

❸ 理查德·坎蒂隆. 商业性质概论 [M]. 北京：商务印书馆，1986：21.

麻、棉花、大麻、灌木以及有形形色色果实、树皮和树叶的各种树木，如养蚕的桑树之类，它还提供矿藏和矿物。而人的劳动给这一切赋予了财富的形式。"❶值得注意的是，坎蒂隆认为，财富只是维持生活和方便生活的资料，可见财富的概念是与消费紧密联系的。"土地是所有财富由以产生的源泉或质料。人的劳动是生产它的形式：财富自身不是别的，只是维持生活，方便生活和使生活富裕的资料。"❷

在给出财富定义的基础上，坎蒂隆试图计算财富的价值。他指出，土地产品的数量、劳动的数量和质量是形成财富的方式，因而，"土地产品的数量、劳动的数量和质量必将成为价格的组成部分"。❸他在《商业性质概论》的附录中展示了商品价格的计算方法，"正如在附录中通过对不同生产过程的计算所显示的，把一磅亚麻制成精美的布鲁塞尔花边需要十四个人劳动一年或一个人劳动十四年。从附录中也可以看到，这种花边的价格足以支付供一个人生活十四年的费用，并为所有有关业主和商人提供利润"❹。坎蒂隆将一个人的劳动量与其生产的商品数量联系在一起，并且把商品出售的价格与供一个人生活的费用联系起来，这种商品的价格包含了使用这一数量的劳动所支付的费用、使用这一数量的土地费用及利润。

通过一些实际生活的例子和归纳，坎蒂隆提出了"内在价值"的概念。"物品的价格或内在价值，在考虑到土地的丰度或产物以及劳动的质量的情况下，是衡量生产该物品所使用的土地和劳动的数量的尺度。"❺坎蒂隆的意思是，在一定的土地和劳动的条件下，商品的内在价值等于生产这一商品所使用的土地和劳动的数量，是衡量商品价值的真实尺度。

坎蒂隆进一步考察了商品的市场价格。他区分了劳动产品的内在价值与市场价格，指出，"但也经常发生这样的事情，即许多物品虽然确实具有内在价值，但却不能按这个价值在市场上出售。这时，这些物品的售价将

---

❶ 理查德·坎蒂隆. 商业性质概论 [M]. 北京：商务印书馆，1986：3.
❷ 理查德·坎蒂隆. 商业性质概论 [M]. 北京：商务印书馆，1986：3.
❸ 理查德·坎蒂隆. 商业性质概论 [M]. 北京：商务印书馆，1986：14.
❹ 理查德·坎蒂隆. 商业性质概论 [M]. 北京：商务印书馆，1986：14.
❺ 理查德·坎蒂隆. 商业性质概论 [M]. 北京：商务印书馆，1986：15.

取决于人们的兴致和想象，取决于它们的消费量"。❶商品的交易并不一定
按照它的内在价值进行，商品的价格一方面取决于其内在价值；一方面取
决于商品需求相对于商品供给的变化。"如果某国农民所种植的谷物比以往
多，大大超过了该年消费的需要量，虽然谷物的真实价值等于生产这些谷
物所使用的土地和劳动，但由于谷物过于充裕，卖者多于买者，谷物的市
场价格必将跌到内在价格或价值以下。"❷由于商品需求的不断变化，商品
的市场价格会不停地上下波动。然而，通过市场的有效运作，商品的市场
价格不会过于偏离它的内在价值。"虽然内在价值永远不会变动，但要想使
一国的商品和产品同它们的消费量保持一定比例是不可能的，这就造成了
市场价格的逐日变动和永不休止的上下波动。然而，在组织完善的社会中，
物品的消费是相当稳定一律的。因而，它们的市场价格不会过于偏离内在
价值。"❸

坎蒂隆试图找到劳动的价值与商品的价值之间的数量关系。劳动需要
借助于土地才能从事生产，而且正是土地上的产出物供给劳动者以生活所
需，由于劳动的价值体现在将劳动作用于土地而得到的商品的价值上，说
明劳动的价值与商品的价值之间存在某种关系。"土地是一切产品和商品的
质料，劳动是它们的形式。因为劳动者必须依靠土地产品维持生活，在劳
动的价值和土地产品的价值之间，似乎能找到某种关系。"❹坎蒂隆强调，
一个劳动者的劳动价值应该等于维持他生活所需的全部产品数量的两
倍。"我的结论是：一个最下等的奴隶的日常劳动，在价值上，等于维
持他的生活所需要的土地产品的两倍，而不论庄园主是给他土地，以维
持他和他的家庭的生活，还是在自己家里向他和他的家庭提供生活必需
品。"❺当然，"一个自由劳动者的劳动在价值上也应等于他维持生活所
需的土地产品的两倍"❻。这样，劳动报酬可以用分配给劳动者的产品
的数量来表示。

总结坎蒂隆的价值理论，劳动的价值可以用劳动交换到的产品的数量

❶ 理查德·坎蒂隆. 商业性质概论 [M]. 北京：商务印书馆，1986：15.
❷ 理查德·坎蒂隆. 商业性质概论 [M]. 北京：商务印书馆，1986：15.
❸ 理查德·坎蒂隆. 商业性质概论 [M]. 北京：商务印书馆，1986：15-16.
❹ 理查德·坎蒂隆. 商业性质概论 [M]. 北京：商务印书馆，1986：16.
❺ 理查德·坎蒂隆. 商业性质概论 [M]. 北京：商务印书馆，1986：18.
❻ 理查德·坎蒂隆. 商业性质概论 [M]. 北京：商务印书馆，1986：18.

来衡量；任何商品的内在价值都取决于生产中所使用的土地的数量及劳动的数量。"一天的劳动的价值同土地的产品有关；任何东西的内在价值都可以用在它的生产中所使用的土地的数量以及劳动的数量来度量；换言之，它的内在价值可以用其产品将被分配给耕种它的人的土地的数量来度量。"❶

此外，坎蒂隆也提到了在交易中逐渐形成的用货币衡量各种商品的价值及交换比例。"在交换过程中，人们不得不寻找一种共同尺度，以衡量他们所希望交换的产品和商品的比例与价值。"❷用货币表示的商品价值，实际上衡量的是同它所交换的商品的土地与劳动的价值。"货币或共同的价值尺度，从土地与劳动的角度看，必须在事实上和现实中同它所交换的物品相等。否则它就只有想象的价值。"❸坎蒂隆的表述已经隐含了商品的交换价值的概念。衡量商品价值的尺度，从表面看是货币，而货币交易背后则反映的是土地与劳动的价值的交换。

坎蒂隆对于经济生活的本质具有深刻的洞察力，价值理论经过他的发展，已经形成了比较系统的表述。坎蒂隆的思想直接影响了后来的重农学派和亚当·斯密，他的这些学说奠定了劳动价值论的理论基础。可以看到，他的这些观点已经非常接近我们所介绍的斯密的劳动价值论。

三、弗朗西斯·魁奈的劳动价值论

在斯密之前的经济学家中，弗朗西斯·魁奈所代表的重农学派与斯密的关系非常密切，重农主义学说促进了亚当·斯密研究思路的拓展和思想体系的形成，是《国富论》的一个重要的思想源泉和写作动机。

在写于 1775 年的《谷物论》中，魁奈阐述了他的价值理论。魁奈的思想更突出人本身的价值在财富创造中的作用。他认为土地和劳动是收入的来源，真实财富是土地和劳动的生产物，并且是劳动创造了价值。"收入是土地和人力所取得的生产物。如果没有人类的劳动，土地就不会有什么

❶ 理查德·坎蒂隆. 商业性质概论 [M]. 北京：商务印书馆，1986：21.
❷ 理查德·坎蒂隆. 商业性质概论 [M]. 北京：商务印书馆，1986：51.
❸ 理查德·坎蒂隆. 商业性质概论 [M]. 北京：商务印书馆，1986：53.

价值。"❶魁奈认为土地生产物本身还不是财富，土地生产物只有在进行交易时，用于满足人类生活的需求才能形成财富。"总之必须承认，土地生产物本身还不是财富，只有当它为人所必需和买卖时才是财富。因此，土地生产物只有在它能满足人的一定需要，和有一定数量的人口的情况之下，才作为财富而具有高的价值。"❷也就是说，可以称作财富的物品要具备双重属性：一是满足人类需求的土地和劳动产品；二是在人们的交换中通过满足彼此的需求以实现价值。

尽管魁奈没有形成完整的劳动价值理论，他的以上思想都在斯密的劳动价值论中有所体现。

综上所述，本节介绍了配第、坎蒂隆的土地和劳动价值论，以及魁奈和斯密的劳动价值论的基本思想。古典学派以前的政治经济学从诞生那天起，就把价值论作为其理论的核心内容。价值论最初形成于配第的土地和劳动价值的思想，之后，坎蒂隆发展并完善了配第的学说；此后，基于土地和劳动价值论，魁奈的劳动价值论更突出人本身的价值在财富创造中的作用；最终，在《国富论》中，斯密阐述了一个系统的劳动价值论。

❶ 弗朗西斯·魁奈. 谷物论［M］//魁奈经济著作选集. 北京：商务印书馆，1979：70.
❷ 弗朗西斯·魁奈. 谷物论［M］//魁奈经济著作选集. 北京：商务印书馆，1979：96-97.

第六章　供需均衡的分析方法

　　人类努力和牺牲的供给和需求虽然各有特征，而与有形货物的供求不同，但是，毕竟这种货物本身通常是人类努力和牺牲的结果。

　　　　　　　——艾尔弗雷德·马歇尔《经济学原理》(原著第一版序言)

第一节　概　　述

　　在一定意义上，经济科学的发展是从马歇尔的《经济学原理》开始的。客观地说，至少在 1890 年马歇尔写作《经济学原理》第一版时，他就清楚地提出了发展经济学科的几个基本原则。

　　首先，劳动价值理论和劳动产品价值理论是一个统一的整体。虽然人类的劳动与劳动的产品是不同质的，然而不能否认，劳动产品本身就是人类劳动的成果，二者是密不可分的。"人类努力和牺牲的供给和需求虽然各有特征，而与有形货物的供求不同，但是，毕竟这种货物本身通常是人类努力和牺牲的结果。"[1]进一步说，"劳动价值理论和劳动产品价值理论是不能分开的：它们是一个大的整体中的两个部分；即使在细节问题上两者之间存在差别，但经研究后可以知道，大部分是程度上的差别，而不是种类上的差别"[2]。由此可以得出结论：正如劳动价值理论与劳动产品价值理论不能分开一样，劳动供给和需求的模型与劳动产品供给和需求的模型也是不能分开的，它们是统一的供需均衡的分析框架中的两个重要组成部分。

---

[1] 艾尔弗雷德·马歇尔. 经济学原理：上卷 [M]. 北京：商务印书馆，1965：13.
[2] 艾尔弗雷德·马歇尔. 经济学原理：上卷 [M]. 北京：商务印书馆，1965：13-14.

其次，经济科学的头等任务是正确地发展和运用科学方法，研究最一般形态上的正常需求和正常供给的均衡。经济科学旨在揭示经济活动的基本规律，马歇尔指出，"我们的出发点是：我们在它们最一般的形态上考察正常需求和正常供给的均衡"❶。马歇尔所说的最一般形态的模型是建立在产品的正常需求和正常供给稳定均衡分析的基础上的。"当供求均衡时，一个单位时间内所生产的商品量可以叫做均衡产量，它的售价可以叫做均衡价格。"❷需要强调的是，对于马歇尔来说，产品供需的稳定均衡是与劳动供需均衡相联系的。就经济科学而言，最一般形态上的正常需求和正常供给的稳定均衡，建立在"劳动供需理论与劳动产品供需理论是不能分开的，它们是一个大的整体中的两个部分"的原则的基础上。也就是说，供需均衡的分析方法要建立在对劳动供需和劳动产品供需统一分析的基础之上。

再次，经济科学的发展源于亚当·斯密对价值论的研究。马歇尔很早就意识到，"价值论是使经济科学成为一个统一体的核心"。毋庸置疑，是斯密的劳动价值论使劳动价值理论与劳动产品价值理论构成了一个统一的整体。在第五章曾经讨论过这一主题，这里不予赘述。

最后，凯恩斯继承并发展了马歇尔的分析方法。凯恩斯说得很清楚，"我们这些在马歇尔及其著作的哺育中长大的一代人"❸，对于马歇尔的上述思想，特别是供需均衡的分析方法是非常熟悉的，"我们目前所使用的工具，在很大程度上是马歇尔的创造"❹。事实上，凯恩斯的就业理论的分析框架，是在劳动价值理论和劳动产品价值理论是一个统一整体的基础上，形成的一个劳动供给和需求与产品供给和需求的统一的分析体系。

对于现代经济分析来说，无论如何，劳动价值理论和劳动产品价值理论是不能分开的。我们必须承认，无论是斯密的理论体系，还是古典学派的就业理论，以及马歇尔的新古典学说，它们都建立在供需均衡的一般理论的基础上。在很大程度上，供需均衡的一般理论已经决定了供需均衡分

❶ 艾尔弗雷德·马歇尔. 经济学原理：下卷 [M]. 北京：商务印书馆，1965：33。
❷ 艾尔弗雷德·马歇尔. 经济学原理：下卷 [M]. 北京：商务印书馆，1965：37。
❸ 约翰·梅纳德·凯恩斯. 精英的聚会 [M]. 南京：江苏人民出版社，1998：211.
❹ 约翰·梅纳德·凯恩斯. 精英的聚会 [M]. 南京：江苏人民出版社，1998：206.

析所采用的基本方法。

　　本章准备探讨供需均衡的分析方法。首先，介绍斯密的供需均衡的一般理论，以及古典就业理论的供需均衡模型；其次，讨论凯恩斯的劳动供需模型，阐述他的总供给和总需求模型与就业量的关系；再次，探讨劳动供需模型与产品供需模型相互作用的分析方法；最后，总结供需均衡的学说与分析方法。

第二节　亚当·斯密的供需均衡的一般理论

　　在第二章讨论就业理论的基本原理时，我们已经考察了亚当·斯密的供需均衡的一般理论的核心内容，这里不再复述。本节试图在概述斯密学说的基本原理的基础上，着重考察其供需均衡的分析方法。

　　（1）劳动产品的价值和劳动工资的定义。根据斯密的说法，真实财富是"社会的土地和劳动的年产物"，即一国每年劳动产品的总产量。一般来说，劳动产品主要是由生活必需品和便利品构成的。劳动产品的价值可以区分为真实价格与名义价格，劳动是衡量一切商品交换价值的真实尺度，货币是衡量商品价值的名义尺度。

　　劳动也具有真实价格和名义价格，即通常所说的实际工资和名义工资。劳动的实际价格是用一定数量的生活必需品和便利品表示的劳动的真实报酬；劳动的名义价格是用一定数量的货币表示的名义工资，这也是通常意义的劳动工资。"劳动也象商品一样可以说有真实价格与名义价格。所谓真实价格，就是报酬劳动的一定数量的生活必需品和便利品。所谓名义价格，就是报酬劳动的一定数量的货币。"❶简而言之，劳动产品与劳动工资的定义说明了劳动工资与劳动产品的价值必然存在某种定量关系。

　　（2）劳动供给与劳动需求的相互作用不但决定了劳动者的实际工资，并且决定了劳动者的就业量。首先，在自由市场条件下，劳动工资是由雇

---

　　❶ 亚当·斯密. 国民财富的性质和原因的研究：上卷［M］. 北京：商务印书馆，1972：29.

主和劳动者共同决定的。"劳动者的普通工资,到处都取决于劳资两方所订的契约。这两方的利害关系绝不一致。劳动者盼望多得,雇主盼望少给。"❶然而,通常情况下,在劳动者与雇主之间的博弈过程中,雇主总比劳动者占有优势。"雇主总比劳动者较能持久。地主、农业家、制造者或商人,纵使不雇用一个劳动者,亦往往能靠既经蓄得的资本维持一两年生活;失业劳动者,能支持一星期生活的已不多见,能支持一月的更少,能支持一年的简直没有。"❷一般来说,雇主在劳动市场中占有主导地位,劳动工资往往取决于雇主劳动需求的大小。

其次,劳动供给与劳动需求的均衡决定了劳动者的就业量。当劳动市场的供需发生变化时,雇主和劳动者的关系也随之发生变化。当雇主对劳动者的需求不断提高,劳动力变得稀缺时,他们会纷纷抬高工资以争取到合适的劳动者,劳动者自然就能获得更多的就业机会。"如果每年提供的就业机会都比前一年多,劳动者就没有为着提高工资而结合的必要。劳动者不够,自会导致雇主间的竞争;雇主们竞相出高价雇用劳动者……"❸如果在一定时期,劳动供给的增加超过雇主的劳动需求,则会造成劳动者之间为了得到工作而竞争,那么工资自然会降低。"在另一方面,劳动者的增加却自然会超过需要雇用的人数。就业机会常感不足,于是劳动者为要获得工作,不得不互相竞争。"❹特别是在存在失业的情况下,雇主的劳动需求就成为决定就业量和劳动工资的关键所在。可见,供需均衡的一般理论首先建立在劳动供给与劳动需求相互作用的基础上,它是围绕着劳动供需的均衡分析展开对就业量和工资水平的研究。

(3)劳动产品供给与劳动产品需求的均衡决定了一国的就业量,进而决定了该国的总产量。一国国民劳动是供给他们每年消费的一切生活必需品和便利品的源泉,这一思想为斯密的总供给学说奠定了理论基础;一国

---

❶ 亚当·斯密. 国民财富的性质和原因的研究:上卷 [M]. 北京:商务印书馆,1972:60.

❷ 亚当·斯密. 国民财富的性质和原因的研究:上卷 [M]. 北京:商务印书馆,1972:60.

❸ 亚当·斯密. 国民财富的性质和原因的研究:上卷 [M]. 北京:商务印书馆,1972:62.

❹ 亚当·斯密. 国民财富的性质和原因的研究:上卷 [M]. 北京:商务印书馆,1972:65.

国民对于生活必需品的消费需求是真实财富的另一个来源，它决定着该国未来的收入和就业水平，这一思想为斯密的总需求学说奠定了理论基础；在上述研究的基础上，斯密发展了有效需求学说，他认为，"为使一种商品上市每年所使用的全部劳动量，自然会依着这个方式使自己适合于有效需求"❶。概括地说，斯密的有效需求学说表明，就业量依着总供给与总需求的相互作用而决定于有效需求。上述研究构成了供需均衡的一般理论的实质内容。

（4）劳动供需与劳动产品的供需是相互作用的，它们是一个统一的分析整体。斯密的供需均衡的一般理论不仅体现在劳动供需均衡决定就业量和工资水平的分析，不仅体现在劳动产品供需均衡决定总产量和产品价格的分析，更重要的是，还体现在劳动供需与劳动产品供需之间相互作用的研究。一国所有雇主的劳动需求量，必然随着该国总收入和资本而成比例地变化。"对工资劳动者的需求，必随一国收入和资本的增加而增加。收入和资本没有增加，对工资劳动者的需求绝不会增加。"❷也就是说，劳动需求量的变化首先取决于总收入的变化，必随一国收入的增加而增加；其次，劳动需求量必定随着投资量而成比例地变化。严格地说，总收入的增加被用于投资，并且形成工资基金，才能促进就业量的增加。总之，劳动供需理论和产品供需理论是斯密理论体系中不可分割的两个部分，劳动供需与劳动产品供需的均衡分析是联系在一起的。

（5）产品的价格影响实际工资，进而影响国民的消费。在通常情况下，雇主用一定数量的货币支付给劳动者作为报酬，而劳动者的消费水平则取决于实际工资，它与产品价格之间存在紧密的联系。"但我们不可因此认为，食品价格对于劳动价格没有影响。劳动的货币价格，必然受两种情况的支配：其一，是对劳动的需求；其二，是生活必需品和便利品的价格。"❸前面已经阐述了第一点，而生活必需品和便利品的价格对名义工资的影响体现在：在消费品价格持续上涨的情况下，虽然消费品价格的上涨会使得名

---

❶ 亚当·斯密. 国民财富的性质和原因的研究：上卷［M］. 北京：商务印书馆，1972：52.

❷ 亚当·斯密. 国民财富的性质和原因的研究：上卷［M］. 北京：商务印书馆，1972：63.

❸ 亚当·斯密. 国民财富的性质和原因的研究：上卷［M］. 北京：商务印书馆，1972：79.

义工资有所上升，但消费需求的下降会使得雇主的劳动需求减少，名义工资又会有所下降。因此，一个国家的产品价格上升可能会通过降低劳动者的实际工资，从而降低该国国民的消费水平。

（6）一国劳动工资的价值与劳动产品价值之间比例关系的研究，是供需均衡的一般理论的核心内容。首先，"劳动生产物构成劳动的自然报酬或自然工资"❶。劳动是第一位的生产要素，劳动生产和消费的自然过程体现了劳动报酬与劳动产品价值之间的关系，这是人类经济活动最基本的关系。其次，劳动者得到的生活必需品和便利品的真实数量——实际工资至少应该足够其维持生活。"需要靠劳动过活的人，其工资至少须足够维持其生活。在大多数场合，工资还得稍稍超过足够维持生活的程度，否则劳动者就不能赡养家室而传宗接代了。"❷劳动的真实工资不能低于劳动者对其生活必需品和便利品的基本需求，斯密称其为"符合一般人道标准的最低工资"❸。即便从雇主利益的角度考虑，过低的工资将使劳动者无法提供有质量的劳动，因而对雇主也会产生不利的结果。再次，一国每年的经济是增长还是下降，取决于该国工资总额与总收入之间的比例关系。"一国年产物的普通或平均价值是逐年增加，是逐年减少，还是不增不减，要取决于这一国家的年产物每年是按照什么比例分配给这两个阶级的人民。"❹最后，一国的劳动报酬是否优厚体现了该国经济的整体状况和发展趋势。"所以劳动报酬优厚，是国民财富增进的必然结果，同时又是国民财富增进的自然征候。反之，贫穷劳动者生活维持费不足，是社会停滞不进的征候，而劳动者处于饥饿状态，乃是社会急速退步的征候。"❺很明显，对于《国富论》来说，供需均衡的一般理论是与分配学说联系在一起的。劳动价值与劳动产品价值之间的比例关系，将决定一国的供需均衡究竟处于何种状态。

---

❶ 亚当·斯密. 国民财富的性质和原因的研究：上卷 [M]. 北京：商务印书馆，1972：58.

❷ 亚当·斯密. 国民财富的性质和原因的研究：上卷 [M]. 北京：商务印书馆，1972：62.

❸ 亚当·斯密. 国民财富的性质和原因的研究：上卷 [M]. 北京：商务印书馆，1972：62.

❹ 亚当·斯密. 国民财富的性质和原因的研究：上卷 [M]. 北京：商务印书馆，1972：49.

❺ 亚当·斯密. 国民财富的性质和原因的研究：上卷 [M]. 北京：商务印书馆，1972：67.

综上所述，斯密的劳动价值理论与产品价值理论是联系在一起的，劳动供需与产品供需不可分割，它们之间相互作用的逻辑关系是非常清晰的；供需均衡的一般理论建立在劳动供需与产品供需之间相互作用的统一分析的基础上。一方面，劳动是供给国民每年消费的一切生活必需品和便利品的源泉，总供给是与就业量联系在一起的；另一方面，劳动需求取决于有效需求，即取决于消费需求和投资需求，一国的就业量与其资本量的大小及用途成比例。因此，劳动供给与需求的均衡、劳动产品供给与需求的均衡，以及劳动供需均衡与总供需均衡之间关系的研究，构成了供需均衡分析方法的基础。此外，雇主支付给劳动者以工资，货币只是工资的表象，劳动者的真实工资是劳动生产物的一部分，这就在劳动价值与劳动产品价值之间建立了联系；同时，货币工资要受产品价格的影响，这就需要考虑货币工资与产品价格之间的关系。说到底，就业量和产量的变化要取决于工资总额与总收入比例的变化。

根据斯密的上述思想，我们不难得出以下结论：建立在分配学说基础上的供需均衡的一般理论，在很大程度上，决定了供需均衡的分析方法。换句话说，斯密的分配理论决定了经济总量分析的基本方法。

第三节　古典就业理论与供需均衡模型

在《国富论》以后，古典学派的学说作为亚当·斯密经济思想的传播者，被学术界公认为正统的学术思想，大多数经济学家正是在这种传统思想下成长起来的。"正如它在过去一百年中所做的那样，不论在实践上还是在理论上，古典学派的理论支配着我这一代的统治阶级和学术界的经济思想，而我自己也是被这种传统思想哺育出来的。"[1]根据凯恩斯的考证，"'古典经济学者'是马克思所首创的名词，用以泛指李嘉图和詹姆斯·穆勒以及他们的前辈们。这就是说，泛指集大成于李嘉图经济学的古典理论的那

---

[1] 约翰·梅纳德·凯恩斯. 就业、利息和货币通论 [M]. 重译本. 北京：商务印书馆，1999：7.

些创始人。"❶在《通论》中，凯恩斯谈论的古典学派还包括了新古典学派。本节试图在讨论古典就业理论假设前提的基础上，考察其供需均衡的分析方法。

在《通论》的第二章，凯恩斯探讨了古典学派的就业理论的实质内容。"自从萨伊和李嘉图时期以来，古典经济学者们都在讲授供给创造自己的需求的学说……，但对该学说，他们并没有很清楚地加以说明。"❷凯恩斯首先阐述了古典就业理论的假设前提，概括地说，"古典学派的就业理论——被认为是简单和明显的——奠基于两个基本假设前提之上"❸。我们首先需要了解古典就业理论这两个基本的假设前提。第一个假设前提是"工资等于劳动的边际产品"❹；第二个假设前提是 "当就业数量为既定时，工资的效用等于该就业数量时的边际负效用"❺。基于上述两个基本假设，古典就业理论建立起劳动供给与劳动需求的模型，劳动供给曲线与劳动需求曲线的交点决定了就业量和实际工资，该模型为古典学派的供需均衡分析奠定了基础。"就业的资源数量系由这两个假设前提所决定。第一个前提提供就业的需求曲线；第二个提供就业的供给曲线；而就业的数量则决定于边际产品所带来的效用等于边际就业所带来的负效用之点。"❻不可否认，上述两个假设前提的学术味道很浓，不知道古典学派的追随者中有多少人真正理解了它们的真实含义。为此，凯恩斯采用相对通俗的经济学语言解释了这两个基本假设前提的含义。

第一，关于"工资等于劳动的边际产品"的含义。古典就业理论的劳动需求函数表明，在完全竞争的条件下，劳动者所得到的工资等于减少一个人就业所损失的产值或增加一个人就业所提高的产值。"就是说，一个就

❶ 约翰·梅纳德·凯恩斯. 就业、利息和货币通论［M］. 重译本. 北京：商务印书馆，1999：7.

❷ 约翰·梅纳德·凯恩斯. 就业、利息和货币通论［M］. 重译本. 北京：商务印书馆，1999：23.

❸ 约翰·梅纳德·凯恩斯. 就业、利息和货币通论［M］. 重译本. 北京：商务印书馆，1999：9.

❹ 约翰·梅纳德·凯恩斯. 就业、利息和货币通论［M］. 重译本. 北京：商务印书馆，1999：10.

❺ 约翰·梅纳德·凯恩斯. 就业、利息和货币通论［M］. 重译本. 北京：商务印书馆，1999：10.

❻ 约翰·梅纳德·凯恩斯. 就业、利息和货币通论［M］. 重译本. 北京：商务印书馆，1999：11.

业的人所得到的工资等于就业量减少一人所损失的产值（减去由于产值的下降而免去的开支之后）；然而，二者的相等是有限制条件的，因为，根据有关的原理，当竞争和市场具有不完全性时，二者的相等会受到破坏。"❶从劳动需求来说，劳动者的工资应该等于劳动的边际产品的价值。然而，不能否认，当市场存在不完全竞争，即雇主处于某种垄断地位时，为了实现利益最大化，他们会生产较少的产品和雇用较少的劳动者，使得工资低于劳动的边际产品。

第二，关于"工资的效用等于该就业数量时的边际负效用"的含义。古典就业理论的劳动供给函数表明，在完全竞争的条件下，实际工资正好可以弥补劳动者的边际负效用，使他们愿意提供原有的就业数量。一般来说，劳动者通常要考虑提供劳动所带来的负效用，他们宁愿失业也不愿接受低于某一最低限度的工资（等于劳动的负效用）。"就是说，每一个就业者的实际工资正好足以（按照就业者自己的估计）诱使实际就业的人继续维持原有的就业数量；类似于第一个假设前提的竞争不完全性的限制条件，第二个假设前提中所说的相等会由于劳动者联合成为工会组织而遭受破坏。在这里，负效用必须被理解为由于种种原因，一个人或一群人宁愿失业而不愿接受被他们认为其效用低于某一最低限度的工资。"❷当存在工会组织时，劳动者会要求更高的工资，雇主现有的实际工资无法满足劳动者提高工资的要求，而这样的工资水平会超过他们劳动的边际负效用。

总之，古典就业理论的假设前提表明，它的供需均衡模型是一个在完全竞争条件下的劳动供需模型。古典就业理论研究的是，在假设市场完全竞争的条件下，就业量和工资水平是如何决定的。"简言之，传统的理论认为：劳资双方的工资协议决定了实际工资；从而，假设在雇主之间存在着自由竞争，而在劳动者之间又没有限制性的工会组织，那末，如果后者愿意，后者可以使他们的实际工资等于在同一工资下雇主们提供的就业人数的边际

---

❶ 约翰·梅纳德·凯恩斯. 就业、利息和货币通论［M］. 重译本. 北京：商务印书馆，1999：10.
❷ 约翰·梅纳德·凯恩斯. 就业、利息和货币通论［M］. 重译本. 北京：商务印书馆，1999：10.

负效用。"●我们可以用图形方法来描述古典经济学家建立的劳动供需模型。

　　如图 6-1 所示，古典就业理论的劳动供需模型表明，在完全竞争条件下，劳动供给曲线与劳动需求曲线的交点决定了就业量和工资水平。在通常情况下，劳动市场的实际就业量 N_t 等于充分就业量 N^*。古典就业理论认为供给创造自己的需求，当就业量偏离均衡位置时，市场本身有能力调整供给和需求，使其恢复充分就业。"只要劳动者整体同意降低货币工资，更多的人就会得以就业。"●其理由是：当存在失业时，劳动者愿意接受更低的货币工资，那么实际工资也会降低，雇主自然会雇用更多的劳动者，则就业量就可以恢复到充分就业水平，劳动市场就能够出清。完全竞争的劳动供需模型是经济学家比较熟悉的，在此不予赘述。

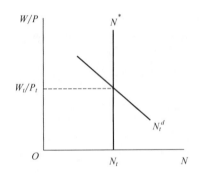

图 6-1　古典学派的完全竞争条件下的劳动供需模型

　　我们应该认识到，劳动供需模型构成了古典就业理论的核心内容。凯恩斯基于古典就业理论的假设前提的研究，深入地探讨了古典就业理论的供需均衡模型的实质，为发展就业理论的供需均衡的分析方法奠定了基础。

　　首先，针对构成失业的全部范畴的不同看法。市场自发调整可以实现充分就业，是基于市场只存在两种失业的假设。"'摩擦'失业和'自愿'失业已经构成失业的全部范畴。古典学派的假设前提不容许第三类失业范

　　● 约翰·梅纳德·凯恩斯. 就业、利息和货币通论［M］. 重译本. 北京：商务印书馆，1999：16.
　　● 约翰·梅纳德·凯恩斯. 就业、利息和货币通论［M］. 重译本. 北京：商务印书馆，1999：12.

畴的存在，这个第三类范围将在以下被我定义为'非自愿'失业。"❶凯恩斯质疑的是，"古典学派的两种失业范畴能概括全部失业现象吗？事实是：总有一些人愿意接受现行工资而工作，但却无工可做。大家承认，按照现行的货币工资，只要存在着需求，一定会有更多的人就业。"❷凯恩斯与古典学派的根本分歧在于，他认为劳动市场还存在非自愿失业，即按照现行的货币工资水平，存在一些劳动者想要就业却找不到工作。换句话说，他认为，摩擦失业、自愿失业和非自愿失业构成了失业的全部范畴。

　　其次，针对古典就业理论的劳动供给函数的假设条件提出质疑。"实际的情况可能是：在一定的范围内，劳动者所要求的是一个最低限度的货币工资而不是一个最低限度的实际工资。……如果劳动的供给函数不把实际工资作为它的唯一的自变量，那末，古典学派的论点就会完全崩溃，从而使实际的就业量不能得以确定。"❸古典学派的就业理论认为，实际工资是衡量劳动者的边际负效用的尺度。也就是说，失业的原因是劳动者不愿接受较低的实际工资，因而"自愿"退出劳动市场。然而，这并不符合劳动者的一般心理状态。在现实生活中，劳动者往往更关注其货币工资；只要价格的提高保持在一定的范围内，劳动者不会因为实际工资有所下降而自愿失业。在此情况下，当价格在一定范围内变动时，即使实际工资发生了变化，劳动供给曲线也不会随之移动。"他们似乎没有理解到，除非劳动的供给仅仅是实际工资的函数，他们的劳动供给曲线会随着每一次价格的变动而改变。这样，他们的方法与其非常特殊假设条件是分不开的，从而不能被用来处理更加一般的情况。"❹因此，将社会广泛存在的失业归咎于劳动者总是要求过高的实际工资，并不符合经济的真实运作。一个显而易见的经济事实是，劳资双方的工资协议决定的是货币工资而不是实际工资。当存在失业时，劳动者即使愿意降低货币工资，他也没有办法降低实际工

---

❶ 约翰·梅纳德·凯恩斯. 就业、利息和货币通论［M］. 重译本. 北京：商务印书馆，1999：11.

❷ 约翰·梅纳德·凯恩斯. 就业、利息和货币通论［M］. 重译本. 北京：商务印书馆，1999：12.

❸ 约翰·梅纳德·凯恩斯. 就业、利息和货币通论［M］. 重译本. 北京：商务印书馆，1999：13.

❹ 约翰·梅纳德·凯恩斯. 就业、利息和货币通论［M］. 重译本. 北京：商务印书馆，1999：13.

资。这是因为，当货币工资在一定程度内降低时，往往伴随着商品价格的降低，从而不能保证实际工资与货币工资同比例变化。因此，经济中普遍存在的失业现象并非由于劳动者不愿降低工资造成的。

最后，针对古典劳动供给函数的形状提出质疑。"这是由于在短期内，下降的货币工资和上升的实际工资各自出于独立存在的原因而很可能与就业量的减少有关；劳动者在就业量减少时较易于接受工资的削减，而在同一的就业量减少的情况下，实际工资不可避免地要上升，其原因在于：当产量减少时，劳动者在同一数量的资本设备下的边际生产率会增加。"❶可以这样理解凯恩斯的含义，在短期内，当产品需求下降时，劳动需求和就业量也随之下降。一方面，雇主的劳动需求下降，劳动者的货币工资也有所下降；另一方面，由于产量下降使得劳动的边际生产率上升，实际工资会上升。出于以上原因，在劳动者的货币工资下降的同时，往往伴随着实际工资的上升。可见，失业的原因并非过高的工资，而是就业量的下降很可能决定了实际工资的上升。

虽然凯恩斯指出了古典就业理论的若干缺陷，不可否认的是，古典就业理论建立在劳动供给与劳动需求均衡分析的基础上；"工资等于劳动的边际产品"以及"工资的效用等于劳动的边际负效用"的表述意味着，无论是劳动需求还是劳动供给，都是与劳动产品的价值相联系的。

第四节   凯恩斯的《通论》与劳动供需模型

在《通论》的第一章，凯恩斯直截了当地提出，首先，古典就业理论不适用于解释一般经济状态，只适用于解释各种可能的均衡状态中的一个极端状态。"我将要进行争辩，说明古典学派的假设条件只适用于特殊情况，而不适用于一般通常的情况。古典学派所假设的情况是各种可能的均衡状

---

❶ 约翰·梅纳德·凯恩斯. 就业、利息和货币通论 [M]. 重译本. 北京：商务印书馆，1999：15.

态中的一个极端之点。"❶其次，古典学派的结论是严格建立在完全竞争的充分就业条件下的，而真实的经济情况却经常偏离这样的前提。"古典理论所假设的特殊情况的属性恰恰不能代表我们实际生活中的经济社会所含有的属性。结果，如果我们企图把古典理论应用于来自经验中的事实的话，它的教言会把人们引入歧途，而且会导致出灾难性的后果。"❷古典学说对于通常的经济事实视而不见，运用古典就业理论无法解决经济中广泛存在的失业这一难题，甚至会导致灾难性的后果——经济危机。

一、凯恩斯的劳动供给与劳动需求模型

从本质上讲，凯恩斯在揭示古典就业理论假设前提的真实含义的基础上，试图构建一个符合其就业通论的劳动供需的基本模型，从而为建立经济总量的分析框架奠定基础。通过对古典就业理论的供需均衡模型的讨论，在某种程度上，凯恩斯已经概括地阐述了他的劳动供给和劳动需求学说。

首先，劳动供给是实际工资的函数，并且劳动供给曲线在短期内是相对稳定的。"日常的经验也毋庸置疑地告诉我们：劳动者要求得到的（在一定限度内）是一定量货币工资而不是实际工资的情况远不是一种可能性，而是正常的事例。虽然劳动者通常会抵抗货币工资的削减，但当工资品的价格上升时，他们并不拒绝工作。"❸只要在一定限度的通货膨胀内，并不会引起劳动供给曲线的移动；经验证据显示，劳动者更关心的是货币工资的改变。因此，在短期内，实际工资是劳动供给的唯一自变量，就业量和实际工资取决于劳动需求。

其次，劳动需求曲线是把就业量与不同的工资水平联系起来的曲线，劳动需求也是实际工资的函数。"也存在着一条整个工商业对劳动的需求曲线，而该曲线把就业量和不同的工资水平联系起来。究竟曲线所指的工资是货币工资还是实际工资被认为在论证上是无关重要的。如果所指的是货

---

❶ 约翰·梅纳德·凯恩斯. 就业、利息和货币通论［M］. 重译本. 北京：商务印书馆，1999：7.

❷ 约翰·梅纳德·凯恩斯. 就业、利息和货币通论［M］. 重译本. 北京：商务印书馆，1999：7.

❸ 约翰·梅纳德·凯恩斯. 就业、利息和货币通论［M］. 重译本. 北京：商务印书馆，1999：13-14.

币工资，那末，我们必须对货币价值的改变加以矫正，但这不足以对论证所得到的有倾向性的结果产生影响，因为，价格的改变肯定不会和货币工资的改变保持正好相同的比例。"●

相对于古典学说的就业理论，凯恩斯的假定条件更符合经济现实。我们可以归纳其假定条件的基本特征：①劳动供需模型建立在边际分析的基础上，旨在解释劳动供需关系在短期内的变化；②由于各国人口和劳动供给的状况不同，劳动供给曲线的上端，既可以呈水平状，也可以呈垂直状，劳动供给曲线的下端，通常呈水平状；③产品需求和价格水平的变化只影响劳动需求曲线的移动，劳动供给曲线在短期内是稳定的；④在短期内，就业量和实际工资的变化取决于劳动需求曲线的移动。

我们可以采用图形的方法来描述凯恩斯的劳动供给与劳动需求的模型。在图 6-2 中，纵轴为实际工资 W/P，横轴为就业量 N。劳动供给曲线和劳动需求曲线分别为 N^s 和 N^d，它们都是实际工资的函数。根据凯恩斯的假定条件，劳动供给曲线下端呈水平状。

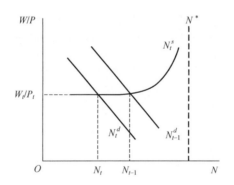

图 6-2　凯恩斯的劳动供需模型

如图 6-2 所示，一般来说，劳动市场往往存在非自愿失业，这意味着，劳动需求曲线通常在充分就业垂直线 N^* 的左侧。当均衡就业量达到充分就业水平时，我们称为充分就业均衡；如果均衡就业量小于充分就业量，即 $N_t < N^*$，可以称市场处于中性的均衡状态。在通常情况下，市场并非处于充分就业均衡，实际就业量低于充分就业量是经济的常态。在经济

● 约翰·梅纳德·凯恩斯. 就业、利息和货币通论［M］. 重译本. 北京：商务印书馆，1999：267.

存在失业的情况下，劳动需求的进一步减少，即劳动需求曲线从 N_{t-1}^d 向左移动到 N_t^d，使得就业量从 N_{t-1} 减少到 N_t，而实际工资 W_t / P_t 却不随着货币工资的下降而下降。若不采取扩大劳动需求的政策措施，失业水平将很可能持续扩大。

通过以上对古典就业理论的假设条件的研究，以及凯恩斯的劳动供需模型的分析，可以看出，凯恩斯更注重经济概念和模型能否很好地解释现实，他认为经济模型的价值在于能对实际经济做出合理的解释。现实生活的通常状况是经济存在非自愿失业，而古典学派的两种失业范畴被包含在凯恩斯的充分就业的概念中。"我们把这种没有'非自愿'失业的情况称之为'充分'就业。在这样的定义之下，'摩擦'和'自愿'失业并不与'充分'就业发生矛盾。我们将会发现：这与古典理论的其他特征也是吻合的，而古典理论最好应被称为充分就业条件下的分配理论。"❶因此，古典学派的就业理论和模型可以作为一个特例，包含在凯恩斯的就业通论中。

凯恩斯还关心货币工资和实际工资的变动与价格变动之间的关系。他认为，在经济实际运行中，由于价格水平的变化，名义工资与实际工资往往呈现出截然不同的变化趋势。"以整个的工资水平的变动情况而言，我设想统计考察会发现：货币工资的变动和其相对应的实际工资的变动通常远不具有相同的方向，而几乎总是方向相反的。就是说，可以发现：当货币工资上升时，实际工资下降；而当货币工资下降时，实际工资上升。"❷很明显，古典学派的模型无法解释更为一般情况的经济现象。

综上所述，对于供需均衡分析的基本方法来说，《通论》同样建立在劳动供给与劳动需求的均衡分析的基础上。凯恩斯通过观察经济体系的真实运作，以深刻的经济学直觉与规范的供需均衡的思想来解释实际经验，把二者有效地结合起来，体现了他非凡的能力。在短期分析的假设条件下，凯恩斯建立了一个更符合经济常态的就业理论的劳动供需模型。

---

❶ 约翰·梅纳德·凯恩斯. 就业、利息和货币通论 [M]. 重译本. 北京：商务印书馆，1999：20.

❷ 约翰·梅纳德·凯恩斯. 就业、利息和货币通论 [M]. 重译本. 北京：商务印书馆，1999：14.

二、用工资单位衡量的劳动供需模型

遵循亚当·斯密的劳动价值论的基本思想，劳动是衡量一切商品交换价值的真实尺度；根据凯恩斯选择的基本衡量单位，劳动单位、货币单位与时间单位；在凯恩斯的劳动供给与劳动需求模型的基础上，我们可以构建一个用实际工资单位衡量的劳动供需均衡的模型。

在图 6-3 中，纵轴为实际工资指数 W^i / P（W^i 代表名义工资指数），横轴为用实际工资单位衡量的就业量 N^w，$N_t^w = N_t \cdot \overline{W}_t$［式（5.3）］。用实际工资单位衡量的劳动供给曲线和劳动需求曲线分别为 NS 和 ND，它们都是实际工资指数的函数。根据凯恩斯的假定条件，劳动供给曲线在短期不变，并且劳动供给曲线的下端呈水平状，价格水平的变化只影响劳动需求曲线的移动。

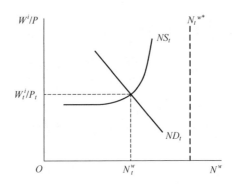

图 6-3　用实际工资单位衡量的劳动供给-劳动需求模型

图 6-3 与图 6-2 的一个主要区别在于，其横坐标是用实际工资单位衡量的就业量 N^w，而不是就业量 N。在 t 时点，当劳动供需均衡时，由劳动供给曲线 NS_t 与劳动需求曲线 ND_t 的交点，可以确定均衡的就业量 N_t^w 和实际工资水平 W_t^i / P_t。我们将描述用实际工资单位衡量的就业量 N^w 与实际工资指数 W^i / P 之间的关系的劳动供给-劳动需求模型称为 NS-ND 模型。

以上我们根据凯恩斯所选择的衡量单位及他的劳动供需模型，建立了一个用工资单位衡量的劳动供需模型。从本质上来讲，NS-ND 模型正是斯密的劳动价值论和工资基金理论在供需均衡分析中的实际运用，体现出与工资水平相联系的就业量的变化取决于雇主预定用来支付的工资基金的变化的原理。在 $NS-ND$ 模型中，假定 NS 曲线在短期内是给定的，即就业量的改变取决于劳动需求的变化；ND 曲线是与工资基金相联系的，即雇主的劳动需求的变化取决于工资基金的变化。由于 $NS-ND$ 模型与凯恩斯的劳动供给-劳动需求模型的分析方法基本上是一致的，这里不再重复。

第五节 总供给-总需求模型与就业量

经济学界通常认为，是凯恩斯将供需均衡分析的思想发展成为一种宏观意义上的总供给函数和总需求函数的表述，并建立了总供给-总需求模型，他将宏观经济思想整合到一起，形成了一个经济总量的供需均衡的分析框架。

我们首先需要理解总供给和总需求的含义，在《通论》的第三章，凯恩斯给出了总供给函数和总需求函数的定义。

> 令 Z 为雇用 N 个人时的产品的总供给价格，则 Z 和 N 之间的关系可以被写作为 $Z = \Phi(N)$；该式可以被称为总供给函数。同样，令 D 为企业家雇用 N 个人时所预期的卖价，则 D 和 N 之间的关系可以被写作为 $D = f(N)$，该式可以被称为总需求函数。❶

上述定义清楚地表明，总供给和总需求都是就业量的函数，研究劳动产品的供需均衡离不开对劳动市场供需均衡的考察。

在定义总供给函数和总需求函数的基础上，凯恩斯讨论了总供给与总需求的相互作用如何影响就业量，建立了劳动产品的总供给与总需求模型。

> 在 N 的数值为既定的条件下，如果预期卖价大于总供给价格，即如果 D 大于 Z，那末，企业家就会有积极性把就业量增加到大

---

❶ 约翰·梅纳德·凯恩斯. 就业、利息和货币通论［M］. 重译本. 北京：商务印书馆，1999：30.

于 N, 而且, 如有必要, 企业家还会在相互之间进行竞争来购买生产要素从而提高成本, 一直到 N 的数值使 Z 和 D 相等时为止。这样, 就业量被决定于总需求函数和总供给函数的交点, 因为, 在这一点, 企业家的预期利润会达到最大化。❶

我们已经知道, 凯恩斯建立了总供给与总需求的短期模型。接下来, 我们需要理解他的模型的假设前提, 并解释总供给曲线与总需求曲线相交的含义。

首先, 凯恩斯的假设前提为: ①"在 N 的数值为既定的条件下", 可以理解为, 在短期内, 与总供给相联系的劳动供给是不变的; ②"在技术、资源和成本均为既定的情况下"❷, 可以理解为, 总供给函数在短期内是不变的。在上述假定条件下, 可以通过对总需求函数施加影响, 进而影响就业量的变化。

其次, 总供给和总需求被定义为就业量的函数。这意味着, 劳动供需理论和劳动产品的供需理论是不能分开的统一整体。根据总供给函数和总需求函数的表达式, 就业量取决于总需求函数与总供给函数的交点。

再次, 在总供给-总需求模型中, 隐含着总供给函数与产品价格之间的关系。凯恩斯的总供给函数反映的是一国的全部厂商雇用一定量劳动者生产产品, 所能实现的最低预期收益与所需雇用的劳动量之间的关系。"可以相当容易地说明: 类似通常以供给曲线所表示的供给方面的情况以及表明产量和价格之间的关系的供给弹性都可以在使用我们所选择的两个单位的条件下通过总供给函数来加以处理, 而不需要使用产量数值。"❸在凯恩斯的总供给函数的表达式中, 总供给既是就业量的函数, 也是价格的函数。

最后, 在总供给-总需求模型中, 隐含着总需求函数与产品价格之间的关系。"总需求函数说明任何既定的就业量与该就业量预期能实现的'卖

---

❶ 约翰·梅纳德·凯恩斯. 就业、利息和货币通论 [M]. 重译本. 北京: 商务印书馆, 1999: 30.

❷ 约翰·梅纳德·凯恩斯. 就业、利息和货币通论 [M]. 重译本. 北京: 商务印书馆, 1999: 34.

❸ 约翰·梅纳德·凯恩斯. 就业、利息和货币通论 [M]. 重译本. 北京: 商务印书馆, 1999: 50.

价'之间的关系。"●总需求函数旨在说明这些被雇用的劳动者人数与他们从事生产所能实现的厂商预期收益之间的关系。在凯恩斯的总需求函数的表达式中，总需求既是就业量的函数，也是产品价格的函数。

凯恩斯的经济总量是用工资单位来衡量的。如前一章所述，他给出了用工资单位衡量的各种经济总量，包括总产量、总收入和有效需求。因此，总供给曲线和总需求曲线都应该使用凯恩斯选择的衡量单位来表示。

根据凯恩斯定义的总供给函数和总需求函数，可以建立就业理论的总供给-总需求模型。图 6-4 中，纵轴为价格 P，横轴为总产量 Y（或总收入），总供给和总需求分别为 $AS = \Phi(N)$ 和 $AD = f(N)$，它们都是就业量 N 的函数。在 t 时点，产品市场处于均衡状态时，总供给 AS_t 等于总需求 AD_t，此时的总产量为 Y_t，价格水平为 P_t，对应的就业量为 N_t。这里的总供给、总需求和有效需求都是用工资单位来衡量的。

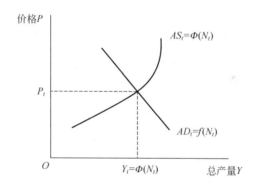

图 6-4　凯恩斯总供给-总需求模型

图 6-4 描绘了凯恩斯的总供给-总需求模型，简称为 AS - AD 模型。运用 AS - AD 模型可以定量地考察一个国家的就业量与有效需求之间的关系，以及劳动工资与劳动产品价值之间的关系。

对于就业理论来说，经济分析的起点和目标都是就业量，而总产量仅是模型的一个中间变量。总供给和总需求不单纯是价格的函数，更重要的是，它们是就业量的函数，总产量要受就业量的支配；总产量的评价标准

● 约翰·梅纳德·凯恩斯. 就业、利息和货币通论［M］. 重译本. 北京：商务印书馆，1999：95.

是一国生产一定数量和价值的产品所能实现的就业量以及由之决定的消费量。因此，当我们在谈论总产量的价值时，必须伴随着对就业量的讨论；如果单纯地讨论总供给与总需求，而忽视了它们与就业量的联系，不仅违背了凯恩斯的总供给与总需求分析的实质内容，也违反了亚当·斯密的供需均衡的一般理论。

关于凯恩斯的总供给函数和总需求函数的定义，米尔顿·弗里德曼曾指出："凯恩斯用就业来定义总需求和总供给，以符合他所发展的'就业理论'的观点。但是，凯恩斯及其追随者又都倾向于用产量来代替就业，用公众需求的产值和企业供给的产值来表示总需求和总供给。"[1]正是基于这种对凯恩斯的总供给和总需求定义的不同理解，许多经济学家可能忽视了与总供给和总需求相联系的就业量这一关键因素。无论如何，总产量刻画的是，一国国民通过劳动生产出来的并可以用来进行劳动交换的所有商品的货币价值的总和。

现代宏观经济学的总供给和总需求与凯恩斯的表达式有所不同，它们仅是价格的函数。[2]尽管如此，采用现行的国民收入核算方法，可以近似地替代凯恩斯所论述的用工资单位衡量的总产量与用工资单位衡量的就业量之间的定量关系。可以建立实际 GDP 与用实际工资单位衡量的就业量之间的函数关系，来反映有效需求（国民收入）与就业量之间的关系。

从模型分析的角度，AS–AD 模型与当前宏观经济学的总供给–总需求模型的分析方法基本上是一致的，这里不再赘述。

---

[1] 米尔顿·弗里德曼. 约翰·梅纳德·凯恩斯［M］//弗里德曼文萃：下册. 北京：首都经济贸易大学出版社，2001：698.
[2] 需要指出的是，当前国民收入的核算方法是在凯恩斯的《通论》出版之后设计出来的。"国民收入核算为宏观经济理论模型提供了一个正式的结构。我们以两种方式区分产出。在生产方面，产出是以工资形式与利息、股息形式分别支付给劳动与资本的。在需求方面，产出被消费掉，或者为未来进行投资。将产出区分为生产方面对要素的支付（工资等），为我们研究增长与总供给提供了框架。将需求方面的收入区分为消费、投资等，为我们提供了研究总需求的框架。投入与产出或需求与生产的核算在均衡状态下必然是相等的。"在这种核算方法下的经济总量指标——国内生产总值 GDP，"是在既定时期内，一国生产的所有最终产品和服务的价值。"（鲁迪格·多恩布什，斯坦利·费希尔，理查德·斯塔兹. 宏观经济学：第 8 版［M］. 北京：中国财政经济出版社，2003：20）很明显，这一指标并不完全等同于凯恩斯的总量指标——用工资单位衡量的总产量或总产量的货币价值。

第六节　劳动供需模型与产品供需模型

本节将介绍劳动供需模型与产品供需模型之间的关系，讨论凯恩斯学说与古典就业理论的分歧，并探讨劳动供需与产品供需相互作用的分析方法。

一、*NS-ND* 模型与 *AS-AD* 模型之间的关系

根据以上所述，当我们讨论 *NS-ND* 模型时，它与总产量和价格存在某种联系；当我们讨论 *AS-AD* 模型时，它与就业量存在某种联系。依据供需均衡的分析方法，建立 *NS-ND* 模型与 *AS-AD* 模型之间的关系，需要强调几个不应忽视的要点。

（1）凯恩斯在论述就业理论时，选择以就业量作为衡量真实价值的基本单位，不仅用工资单位衡量总的就业量，还用工资单位衡量所有的经济总量。统一的衡量单位为构建供需均衡的一般模型奠定了基础。

（2）就业理论是以劳动市场的供需均衡分析为基础的。凯恩斯描绘了短期的劳动供给曲线和劳动需求曲线，构建了符合经济现实的劳动供给-劳动需求模型，该模型与产品市场的供给和需求存在紧密的联系。

（3）凯恩斯将总供给和总需求分别定义为就业量的函数，在此基础上，建立了总供给-总需求模型。这一模型告诉我们，总供给曲线与总需求曲线相交时的有效需求的数值不但决定了总产量和价格水平，而且影响了劳动市场的就业量及工资水平。

（4）经济科学所使用的基本方法是：劳动供需和产品供需相互作用的均衡分析与劳动价值论相结合的分析方法。在《通论》的序中，凯恩斯明确指出了他所使用的分析方法。

> 在分析这样一个制度的经济行为时，我们所使用的方法仍然是供给和需求之间的相互作用；从而，通过这种方法，我们的方法和基本的价值论就能结合在一起。❶

---

❶ 约翰·梅纳德·凯恩斯. 就业、利息和货币通论 [M]. 重译本. 北京：商务印书馆，1999：3.

劳动供需与产品供需是统一分析的整体，它们是一个大的整体中的两个部分。劳动的供给和需求与产品的供给和需求是联系在一起的，它们之间的相互影响决定了产量、价格、就业量和工资的均衡水平。

（5）凯恩斯将经济分析的最终目标确定为：找出决定就业量的因素是什么。"我们的分析的最终目标是找出：决定就业量的是什么。到目前为止，我们已经得到初步的结论，即：就业量取决于总供给函数和总需求函数的交点。"[1]通过劳动供需与产品供需的统一均衡分析，就业量被决定于总供给函数和总需求函数的交点——有效需求。总之，凯恩斯对就业理论的研究就是围绕着"就业量取决于有效需求"这一基本命题展开的。

根据凯恩斯的分析方法，我们可以将 $AS-AD$ 模型与 $NS-ND$ 模型联系起来，试图用一个统一的图形来描述劳动供需与产品供需同时处于均衡的状态。

图 6-5 描述了 $AS-AD$ 模型与 $NS-ND$ 模型之间的关系。当劳动市场处于均衡状态时，对应的产品市场也处于均衡状态。就业理论分析的目的是，基于劳动供给-劳动需求模型与总供给-需求模型相互作用的统一分析，构建一个供需均衡的一般模型，从而找到劳动供需的均衡点 E_t^l 与产品供需的均衡点 E_t^y 之间的关系，即均衡就业量与有效需求（均衡产量）之间的关系。

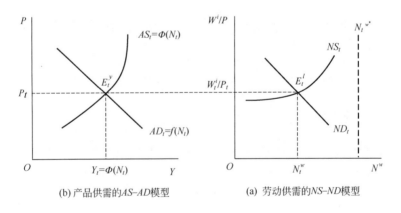

(b) 产品供需的AS-AD模型　　(a) 劳动供需的NS-ND模型

图 6-5　$AS-AD$ 模型与 $NS-ND$ 模型之间的关系

---

[1] 约翰·梅纳德·凯恩斯. 就业、利息和货币通论 [M]. 重译本. 北京：商务印书馆，1999：95.

　　我们需要分析，当总需求曲线的移动使得名义工资水平与价格水平的比例关系发生变化时，劳动需求曲线是如何移动的。在短期内，当总需求曲线向右移动时：①名义工资水平与价格水平同比例变化，即实际工资不变时，劳动需求曲线随着总需求曲线按相同比例向右移动；②名义工资水平的增加大于价格水平的增加，即实际工资上升时，劳动需求曲线随着总需求曲线向右移动的比例扩大；③名义工资水平的增加小于价格水平的增加，即实际工资下降时，劳动需求曲线随着总需求曲线向右移动的比例降低。

　　综上所述，供需均衡的一般模型建立在劳动供给-劳动需求模型与总供给-总需求模型相互作用的基础上；正是用工资单位衡量的劳动供给和劳动需求模型与总供给和总需求模型之间的均衡关系，构成了供需均衡分析的目标和基础。供需均衡分析的基本方法，关键在于考察劳动供需的均衡点——均衡就业量与总供需的均衡点——有效需求的相对变化；工资水平与价格水平的比例发生变化，就业量与有效需求之间的关系也会发生变化。无论如何，经济科学是基于劳动供需均衡与产品供需均衡的统一分析发展起来的，经济科学的发展必须建立在对供需均衡的一般模型的不断改进的基础上。

二、劳动供需与产品供需相互作用的分析方法

　　对于 *AS - AD* 模型与 *NS - ND* 模型之间的关系，凯恩斯强调，"实际工资和产出数量（从而和就业量）是唯一相关的……"[1]因此，我们把产品供需所决定的总产量与劳动供需所决定的工资总量（与就业量相联系的）联系在一起，供需均衡分析的关键是考察劳动工资的总价值与劳动产品的总价值之间存在的某种比例关系。

　　在解释供需均衡的一般模型上，凯恩斯的就业通论与古典就业理论存在明显的分歧。通过劳动供给-劳动需求模型与总供给-总需求模型相互作用的分析方法，我们可以更清晰地了解经济发展的各种可能的均衡状态。

---

[1] 约翰·梅纳德·凯恩斯. 就业、利息和货币通论［M］. 重译本. 北京：商务印书馆，1999：22.

（1）经济的特殊状态：充分就业状态。古典就业理论认为，"供给创造自己的需求"会使得经济最终处于充分就业状态。"因为，'供给创造自己的需求'必然指 $f(N)$ 和 $\Phi(N)$ 在所有的 N 的数值都相等，也就是说，在产量和就业的任何水平都相等。这句话也指：当 Z（$=\Phi(N)$）由于 N 的增加而作出相应的增加时，D（$=f(N)$）必然与 Z 一样作出相同的增加。"❶因此，古典就业理论通常假设充分就业总是存在，"严格意义上的非自愿失业并不存在"。"所需要的假设条件又是古典学派的通常的假设，即：总是存在着充分就业，从而，如果以产品来表示的劳动的供给曲线没有变动，那末，只存在着一个符合长期均衡的可能的就业水平。"❷不可否认，古典就业理论采用的是劳动供需与产品供需相联系的均衡模型。然而，古典学派的假设条件只适用于特殊情况，而不适用于通常的情况，它是各种可能的均衡状态中的一个极端之点。

（2）经济的一般状态：就业量随产量增加的状态。总需求曲线向右移动，会引起产量、价格、就业量与工资的一系列变化。一般来说，经济体系中存在失业，可以通过扩大有效需求的方式来解决。随着有效需求的持续增加，劳动需求也会不断增加，这将逐步导致充分就业。"企业家之间的竞争总是会导致就业量的扩大，一直到整个产量的供给不再具有弹性时为止，即：有效需求数值的进一步增加不再会导致产量的任何增加。这一状态显然同充分就业是相同的事情。"❸显而易见，凯恩斯将劳动供需模型与产品供需模型联系在一起，主要是解释供需均衡的一般状态。

凯恩斯的供需均衡的分析方法通常是以经济政策影响总需求的变化为起点，考察当总需求曲线向右移动时，就业量和产量的变化。在短期内，通常假定劳动供给曲线和总供给曲线不变，当总需求曲线向右移动时，有效需求的增加提高了雇主的预期收益，使得雇主积极扩大投资，以满足更高的有效需求水平，因此劳动需求曲线也会向右移动，直到增加的就业量使得总供给与总需求重新相等，这就扩大了产量的水平。此时，雇主不会

❶ 约翰·梅纳德·凯恩斯. 就业、利息和货币通论［M］. 重译本. 北京：商务印书馆，1999：31.
❷ 约翰·梅纳德·凯恩斯. 就业、利息和货币通论［M］. 重译本. 北京：商务印书馆，1999：196.
❸ 约翰·梅纳德·凯恩斯. 就业、利息和货币通论［M］. 重译本. 北京：商务印书馆，1999：31-32.

再雇用更多的劳动者来提高产量，产品供需和劳动供需实现了新的均衡。

（3）经济的极端状态：就业量随产量下降的状态。总需求曲线向左移动，对产量、价格、就业量与工资会产生怎样的影响，是凯恩斯理论与古典学派的一个重要分歧。"这里所争论的问题恰恰是，减少货币工资能够、还是不能够改变以货币来衡量的总有效需求的数值。"❶古典就业理论的假设表明，货币工资的减少不会对一国的产品需求产生影响。"从古典理论的这种最粗略的方式来看，这就无异于作出假设，即假设在货币工资的减少的同时，对产品的需求保持不变。"❷其背后的逻辑是，"其他条件相等，货币工资的减少会通过制成品价格的降低刺激需求，从而，会增加产量和就业，一直到如此之处……"❸不难看出，古典就业理论对于事物发展的真实情况置若罔闻。

凯恩斯指出，货币工资的减少必然会引起劳动者对产品的需求的减少。"但我设想，比较普遍同意的观点是，货币工资的减少，通过它造成的一部分劳动者购买力的减少，可以对总需求具有一些影响……"❹减少货币工资能否改变总有效需求的数值，就决定了经济是否可能陷入危机。需要强调的是，凯恩斯认为供需均衡的一般模型要基于经济总量分析的方法。"但如果不能容许古典学派把具体行业的结论以类推的方式扩大到整个经济，那末，该理论就无法回答减少货币工资对就业有何影响的问题。因为，它不具备解决这一问题的分析方法。"❺

无论如何，产品供需模型与劳动供需模型之间的联系是不能忽略的，在这种联系中起作用的正是劳动价值论。在建立劳动供需模型与产品供需模型的基础上，分析劳动供需与产品供需的相互作用，可以更清晰地解释凯恩斯的就业通论与古典就业理论的分歧，并且可以探讨总需求曲线与劳

---

❶ 约翰·梅纳德·凯恩斯. 就业、利息和货币通论 [M]. 重译本. 北京：商务印书馆，1999：267.
❷ 约翰·梅纳德·凯恩斯. 就业、利息和货币通论 [M]. 重译本. 北京：商务印书馆，1999：265.
❸ 约翰·梅纳德·凯恩斯. 就业、利息和货币通论 [M]. 重译本. 北京：商务印书馆，1999：265.
❹ 约翰·梅纳德·凯恩斯. 就业、利息和货币通论 [M]. 重译本. 北京：商务印书馆，1999：266.
❺ 约翰·梅纳德·凯恩斯. 就业、利息和货币通论 [M]. 重译本. 北京：商务印书馆，1999：267-268.

动需求曲线的相对变化，是如何影响总产量、价格水平、就业量和工资水平的。

第七节　就业理论与供需均衡的分析方法

本章通过探讨亚当·斯密的供需均衡的一般理论和分析方法，对比古典就业理论的基本假设前提，深入地考察了凯恩斯的劳动供给和劳动需求的模型以及总供给和总需求模型。概括地说，对于就业理论来说，供需均衡的分析方法是建立在劳动供需模型与劳动产品供需模型相互作用的基础上的。

第一，对于斯密的理论体系来说，劳动供需学说与产品供需学说是一个统一的整体。

斯密的理论体系是围绕供需均衡的一般理论的研究展开的。首先，一国国民的劳动是他们每年消费一切的产品总供给的源泉，经济分析的出发点是考察最一般形态的劳动供给与劳动需求的均衡；其次，一国每年生产商品所使用的全部劳动量，自然会按着供需均衡的经济规律适合于产品的有效需求，因此，劳动的供给和需求分析与劳动产品的供给和需求分析是一个统一的整体；最后，劳动生产物构成"劳动的自然工资"，一国的工资价值与劳动产品的价值之间存在定量关系。问题的实质在于，一国的劳动工资价值与劳动产品价值之间比例关系的变化，将决定一国供需均衡的整体状况。毋庸置疑，斯密的供需均衡的一般理论是与分配学说联系在一起的。

通过考察斯密的供需均衡的一般理论，可能不难发现，劳动供需学说与产品供需学说是一个统一的理论体系；在很大程度上，供需均衡学说的一般原理已经决定了经济分析所使用的基本方法。

第二，古典就业理论基于对劳动供给与劳动需求的均衡研究，建立了与劳动产品的价值相联系的供需均衡的分析方法。

古典就业理论的一个假设前提是，"工资等于劳动的边际产品"，这表明古典理论的劳动需求曲线是用劳动产品的价值来表述的。同样，古典理论假设，"以产品来表示的劳动的供给曲线"是给定的。可见，对于古典就业理论而言，无论是劳动需求还是劳动供给，都是与劳动产品的价值相联系的。正如凯恩斯所说："不论在实践上还是在理论上，古典学派的理论支配着我这一代的统治阶级和学术界的经济思想。"不能否认，古典就业理论的供需均衡分析同样建立在劳动市场与产品市场的相互作用上。

第三，新古典学说旨在用更科学的方法揭示经济活动的基本规律；经济科学的出发点是：在最一般的形态上考察正常需求和正常供给的均衡。

我们知道，新古典学说倾向于用产量来代替就业量，以一国所有企业供给的产值来替代劳动的供给，以国民需求量的价值来替代劳动的需求，创建了产品的正常需求与正常供给的一般均衡模型。实际上，产品的正常需求与正常供给的一般均衡模型是与劳动的供给和需求相联系的。对于马歇尔来说，"劳动价值理论和劳动产品价值理论是不能分开的：它们是一个大的整体中的两个部分"。对于上述思想，特别是新古典的产品供需的一般均衡模型，现代经济学家应该是非常熟悉的。"我们目前所使用的工具，在很大程度上是马歇尔的创造。"

第四，凯恩斯的就业理论：经济分析所使用的方法是劳动供需模型与总供需模型之间的相互作用，并将这一方法与劳动价值论结合在一起。

需要强调的是，凯恩斯"欣赏古典学派以前的理论"，斯密的供需均衡的一般理论不可能被他所忽略；凯恩斯深入研究了古典就业理论以及它的假设前提，他深刻地理解古典就业理论的劳动供需均衡的分析方法；作为马歇尔的得意弟子，凯恩斯对于新古典的正常需求和正常供给的一般均衡模型，可能再熟悉不过了。

事实上，凯恩斯是在上述思想和分析方法的基础上，创建了一个符合其就业理论的经济总量的分析框架。首先，就基本原理而言，凯恩斯的劳动供给和需求模型与总供给和总需求模型，不但建立在斯密的劳动价值论的基础上，而且建立在斯密的供需均衡的一般理论的基础上。其次，对于分析方法来说，凯恩斯是基于古典就业理论的劳动供给和需求的模型与新古典的产品的正常供给和正常需求的稳定均衡模型，发展了供需均衡的分析方法。最后，就其实质而言，凯恩斯构建的经济总量的供需均衡模型，产品的总供给和总需求模型是与劳动的供给和需求模型相互联系而彼此影响的。这样，就形成了一个劳动的供给和需求与产品的供给和需求的统一的分析体系。

　　凯恩斯试图考察总需求和劳动需求的变化对于就业量和工资单位的影响，并且关注工资总额与总收入之间的比例关系的变化对就业量的影响。

　　综上所述，对于经济科学来说，无论是古典就业理论的劳动供需均衡的分析方法、新古典的产品供需均衡的一般模型，还是凯恩斯的劳动供给和需求模型与总供给和总需求模型相联系的分析框架，都是建立在斯密的供需均衡的一般理论的基础上。这些原理和分析方法表明，劳动供需学说与产品供需学说是不能分开的，这就决定了供给与需求的一般均衡分析应该在劳动市场和产品市场统一分析的基础上，建立一个科学的就业理论的图解分析方法。

第七章　供给与需求的四维模型

空间（位置）和时间在应用时总是一道出现的。世界上发生的每一事件都是由空间坐标 x，y，z 和时间坐标 t 来确定。

——阿尔伯特·爱因斯坦《空间-时间》

第一节　现代图解经济学的起源

在现代经济分析中，供需均衡分析的图解方法已经成为经济学家用来解释市场供给与需求的标准工具。凯恩斯将图解分析方法归功于马歇尔，他在 1924 年曾指出："马歇尔的研究顺序可以表述如下：1867 年，他开始发展图解方法，……到 1871 年，他沿着这条线索已经大大前进了一步。他把这些新思想以及他的图解经济学的切实基础详详细细地讲授给学生们。"[1]可见，经济分析的科学方法是从发展图解方法开始的，供给与需求关系的图形表述是马歇尔在分析方法上的一大贡献。

在《经济学原理》第一版序言中，马歇尔明确指出："使用图表并不需要特殊知识，而且图表比数学符号往往更能正确地和容易地表明经济生活的情况。……经验似乎表明：借助于它们，我们对许多重要的原理就能得到更为明确的理解；而且对于许多属于纯理论的问题，如果我们一旦知道应用图表的方法，就不愿再用其他方法去解决了。"[2]马歇尔将图解方法和边际分析方法作为标准的分析工具，使经济学成为一门独立的学科，并且创办了剑桥经济系。凯恩斯认为图解方法是经济理论

---

[1] 约翰·梅纳德·凯恩斯. 精英的聚会 [M]. 南京：江苏人民出版社，1998：192-193.
[2] 艾尔弗雷德·马歇尔. 经济学原理：上卷 [M]. 北京：商务印书馆，1965：15.

研究的一种"精致的分析工具"，他称马歇尔是"现代图解经济学的奠基人"。"马歇尔在经济理论中对数学和图解方法的运用娴熟、陈述全面而且科学严谨，这远远超出了前辈们的那些'思想火花'，我们由此可以堂堂正正地说，马歇尔是现代图解经济学的奠基人。图解方法这一精致的分析工具对那些聪明的初学者来说是引人入胜的。我们开始接触到它时都深受启发，它还可以用来验证我们的直觉，充当速记的手段，而当我们在这一学科上登堂入室时，它就成为我们研究的背景。"❶因为，运用图解方法可以使抽象的理论问题直观化，使原本复杂的经济问题变得一目了然。100多年来的理论研究经验可以证明，图解分析方法对我们理解许多重要的经济原理产生了很大的帮助，是经济理论研究的必要工具。

耐人寻味的是，马歇尔从未将图解方法在其《经济学原理》的正文中予以描述。凯恩斯对他的这一写作习惯也感到困惑。"马歇尔在写作时有一个独特的习惯，就是喜欢把那些最新颖、最重要的内容放在脚注里。"❷然而，不可思议的是，凯恩斯更加吝啬于图解方法的使用，不用说在《通论》的正文中（《通论》正文中仅用过一张图形），即便在书的脚注中也很难见到图解分析的方法。不过，凯恩斯凭借其独特的写作功力，在《通论》的第二章中，生动地描绘了劳动市场的供给曲线与需求曲线的形象；在《通论》的第三章中，他描述的与就业量相联系的总供给函数与总需求函数，也给人留下了深刻的图解形象。后来的学者就是运用这些形象的描述来阐述他的总供给与总需求的图形。尽管如此，《通论》出版以来80多年的"经验证据"表明，许多经济学家仍然感到，"《通论》一书比较晦涩难懂，……因此书中的某些论点出现了逻辑上的混乱，不是很明晰；有些观点甚至无法前后连续"。❸对于许多学者来说，理解凯恩斯独特的供给与需求的图解表达方式显然存在一定的难度。

本章从供给与需求的图解分析方法入手，描绘了凯恩斯的劳动供给与劳动需求图形，以及与就业量相联系的总供给与总需求图形，并在此基础

❶ 约翰·梅纳德·凯恩斯. 精英的聚会 [M]. 南京：江苏人民出版社，1998：195.
❷ 约翰·梅纳德·凯恩斯. 精英的聚会 [M]. 南京：江苏人民出版社，1998：202.
❸ 罗伯特·H. 弗兰德，本·S. 伯南克. 宏观经济学原理：第 3 版 [M]. 北京：清华大学出版社，2007：318.

上发展出劳动供需模型与产品供需模型相互联系的供给与需求的四维图解方法，试图为就业理论的分析框架提供一个市场供给与需求的统一的分析工具。

　　四维图解方法是基于就业理论的基本原理，以劳动价值论作为经济分析的理论基石，运用马歇尔的图解技术及凯恩斯的市场供给与需求的基本分析方法，构建出的反映劳动的供给与需求和产品的总供给与总需求之间的相互作用，并且与变量的时间相联系的四维模型分析工具，这一工具直观地反映出均衡就业量（劳动量）与有效需求（商品的交换价值）之间的定量关系。

第二节　供给与需求的四维模型

　　根据第六章的论述，劳动供需模型与产品供需模型是一个整体中的两个部分，供需均衡的分析方法是基于这两个市场的供给与需求的均衡分析。为了使劳动供需模型与产品供需模型成为一个统一体，需要发展统一的图解分析方法。本节将在劳动供需与产品供需的组合图形的基础上，构建一个供给与需求的四维模型，试图为就业理论提供一个供需均衡的一般模型。

一、劳动供需与产品供需的组合图形

　　我们已经介绍了刻画劳动供需的 $NS\text{-}ND$ 模型与刻画产品供需的 $AS\text{-}AD$ 模型，以及这两个模型之间的关系。为了构建劳动供需与产品供需的统一的图解分析方法，我们需要对这两个模型的组合图形作一个简单的调整。在 $NS\text{-}ND$ 模型与 $AS\text{-}AD$ 模型的关系图（图6-5）中，可以将 $AS\text{-}AD$ 模型水平翻转，并与 $NS\text{-}ND$ 模型共用一个纵轴，就得到了 $NS\text{-}ND$ 模型与 $AS\text{-}AD$ 模型的组合图形（图7-1）。

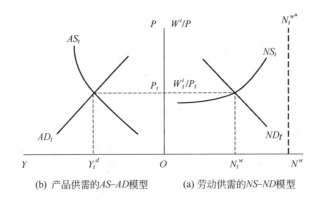

图 7-1 *NS - ND* 模型与 *AS - AD* 模型的组合图形

在图 7-1 描绘的 *NS - ND* 模型与 *AS - AD* 模型的组合平面图中，劳动供需的 *NS - ND* 模型的纵轴为实际工资水平 W^i/P，横轴（原点的右边）为用实际工资衡量的就业量 N^w；产品供需的 *AS - AD* 模型的纵轴为价格 P，横轴（原点的左边）为实际总产量 Y（或实际总收入）。

经济变量的相互影响同时作用于产品市场与劳动市场，因此，劳动供需与产品供需的均衡是同时决定的。如图 7-1 所示，在 t 时点，当劳动供需与产品供需同时均衡时，就业量、有效需求、名义工资水平和价格水平分别为 N_t^w、Y_t^d、W_t^i、P_t。当供需均衡达到充分就业水平 N_t^* 时，用实际工资单位衡量的就业量为 N_t^{w*}，对应的实际总产量为充分就业的产量水平 $Y_t^* = \Phi(N_t^*)$。

我们知道，《通论》构建的经济总量的供需模型是用工资单位衡量的，其中包括用工资单位衡量的总产量（或总收入），以及用工资单位衡量的总有效需求。为了把当前的国民收入核算方法与凯恩斯的衡量单位联系起来，暂且可以用实际国内生产总值替代凯恩斯的用工资单位衡量的总产量，以建立实际经济变量之间的模型关系。

二、三维空间与时间形成的四维模型

在劳动供需模型与产品供需模型的组合图形（图 7-1）中，可以将产品供需图形围绕纵轴（P 坐标）向前方旋转 90°，就形成了一个由三个坐标轴组成的三维空间图形。其中，图形的 x 坐标为用实际工资单位衡量的就业量 N^w，y 坐标为实际总产量（或实际总收入）Y，z 坐标为名义工资/价格（W^i/P）；三维空间图形的每个坐标变量都由时间坐标 t 来确定，从而构成了一个四维的供给与需求的模型。我们把这个以就业量（N^w）为 x 轴、总产量（Y）为 y 轴、工资/价格（W^i/P）为 z 轴的三维空间与时间（t）组成的图形称为供给与需求的四维模型，或 N^w-Y-W^i/P 四维模型（图 7-2）。

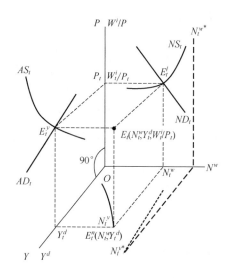

图 7-2 供给与需求的四维模型

图 7-2 描绘了以就业量、总产量、工资/价格为坐标轴的三维空间与时间 t 组成的供给与需求的四维模型。在图中，$E_t(N_t^w, Y_t^d, W_t^i/P_t)$ 点反映了一个经济体在 t 时点的供需均衡状态。E_t 点是劳动供需的均衡点与产品供需的均衡点在三维空间构成的点；它表示在 t 时点，劳动供需与产品供需达到均衡时，用实际工资单位衡量的就业量、有效需求（总产量或总收入）的实际值、名义工资指数和价格指数分别为 N_t^w、Y_t^d、W_t^i、P_t。这一由就业量、总产量、名义工资/价格所构成的点，反映了一国供需均衡的整体状况。

这样，劳动的供需与产品的总供需在 t 时点的均衡状态，可以用供给与需求的四维模型来描述，我们就能定量地分析均衡就业量与有效需求之间的关系，这正是《通论》所要讨论的核心内容。凯恩斯在考察劳动供需均衡与产品供需均衡的基础上，给出了有效需求的概念，即总供给函数与总需求函数相交时产品的卖价。对于有效需求如何决定就业量,《通论》做出了科学的解释,凯恩斯强调这就是就业通论的实质内容。

> 就业量被决定于总需求函数和总供给函数的交点,因为,在这一点,企业家的预期利润会达到最大化。总需求函数与总供给函数相交时的 D 的数值被称为有效需求。由于这就是就业通论的实质内容,我们的任务在于说明这一内容。❶

我们在第六章介绍了凯恩斯的总供给函数和总需求函数。令 Z 为雇用 N 个人时的产品的总供给价格,可以将总供给函数写作 $Z = \Phi(N)$;令 D 为企业家雇用 N 个人时所预期的卖价,可以将总需求函数写作 $D = f(N)$。当总供给与总需求均衡时,就业量就被确定下来;或者说,就业量取决于有效需求。在这里,凯恩斯描绘了劳动供给曲线与劳动需求曲线相交时的劳动需求的数值——均衡就业量,与产品市场的总供给曲线与总需求曲线相交时的总需求的数值——有效需求的三维空间图像。凯恩斯把劳动供需与产品供需作为一个供需均衡分析的整体,就业通论的任务在于说明就业量与有效需求之间的定量关系。

《通论》特别强调,经济分析的最终目标是找出决定就业量的因素是什么,凯恩斯的经济总量的分析框架旨在建立有效需求如何决定就业量的科学分析方法。他认为总产量只有使用就业量来衡量,才具有精确的意义,这样就需要建立总产量与就业量之间精确的定量关系。也就是说,凯恩斯关心的是就业量的变化,而不是总产量的数值,特别是有效需求如何影响就业量的大小与变化方向。"当我们把所有厂商的产量加在一起时,除了使用在既定资本设备下的就业量以外,我们无法准确地表示总产量。在使用就业量时,总产量及其价格水平都成为不必要的概念,因为,我们并不需要现行的总产量的绝对数值……"❷可见,在凯恩斯的模型中,真正的目标变量是就业量,总产量及价格水平都可以作为中间变量。

---

❶ 约翰·梅纳德·凯恩斯. 就业、利息和货币通论 [M]. 重译本. 北京:商务印书馆,1999:30-31.

❷ 约翰·梅纳德·凯恩斯. 就业、利息和货币通论 [M]. 重译本. 北京:商务印书馆,1999:46-47.

简而言之，为建立一个统一的供给与需求的一般均衡的分析体系，我们需要采用四维图解方法，运用供给与需求的四维模型的就业量 N^w 为 x 轴、总产量 Y 为 y 轴、工资/价格（W^i/P）为 z 轴的三维空间与时间 t 坐标的四维模型，来描述不同时点的就业量、总产量、工资和价格之间的关系；由此可见，四维模型的分析方法为研究就业理论的实质内容提供了一个科学的分析工具。

第三节　三个相互联系的供需模型

为了进一步考察供给与需求的四维模型这一分析工具，我们可以将三维空间图形展开成为三个相互联系的平面图形，即劳动供需的 $NS\text{-}ND$ 模型、产品供需的 $AS\text{-}AD$ 模型，以及均衡就业量与有效需求的模型，以分别讨论每一个模型要表达的含义，以及三个模型之间的相互联系。通过解释这三个模型的基本特征，我们可以更深入地理解四维模型在供需均衡分析中的作用。

三维空间图形的平面展开图由它的三个面组成，分别为三维空间图形的正面（$N^w\text{-}W^i/P$ 图形），即劳动供给与需求模型（$NS\text{-}ND$ 模型）；侧面（$Y\text{-}P$ 图形），即产品的总供给与总需求的模型（$AS\text{-}AD$ 模型）；以及底面（$N^w\text{-}Y^d$ 图形），它描述的是反映供需均衡的一般关系的均衡就业量与有效需求模型（$N^w\text{-}Y^d$ 模型）。

图 7-3～图 7-5 分别呈现了三维空间图形的三个平面展开图。名义工资指数、价格指数、有效需求及就业量这四个经济变量是相互作用的，最终会使劳动市场的供给与需求和产品市场的供给与需求达到一个共同的均衡状态。一般来说，有效需求和价格水平的预期的变化通过影响劳动需求而引起就业量的改变；而劳动需求和名义工资的调整使得总需求曲线与总供给曲线相交于有效需求点。最终，就业量被唯一确定下来，并决定了均衡的总产量、价格水平及名义工资水平。下面分别介绍就业理论的四维模型中的三个相互联系的基本模型。

一、*NS-ND* 模型与产品供需

　　根据《通论》所选择的用工资单位和就业量作为模型的基本单位，在凯恩斯的劳动供需模型的基础上，我们构建了劳动供给与劳动需求的 *NS - ND* 模型。

　　三维空间图形的正面（$N^w - W^i/P$ 图形）是劳动供给与劳动需求图形，它的纵轴为实际工资指数 W^i/P，横轴为用实际工资单位衡量的就业量 N^w，劳动供给曲线 *NS* 与劳动需求曲线 *ND* 都是用实际工资单位衡量的。*NS - ND* 模型的基本特征为：在短期内，假定劳动供给曲线不变，并且劳动供给曲线的下端呈水平状，有效需求的变化只影响劳动需求曲线的移动。如图 7-3 所示，在 t 时点，当劳动供需均衡时，劳动供给曲线与劳动需求曲线相交于 E_t^l 点，可以确定均衡的实际就业量 N_t^w 和实际工资水平 W_t^i/P_t。当供需均衡达到充分就业时，实际就业量 N_t^w 等于充分就业量 N_t^{w*}。

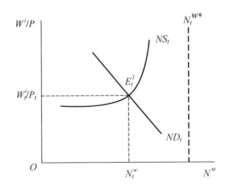

图 7-3　劳动供需的 *NS-ND* 模型

　　然而，*NS-ND* 模型不是一个孤立的图形，它是与产品供需的 *AS-AD* 模型联系在一起的，劳动需求取决于产品的总供给与总需求的相互作用，劳动市场的均衡就业量取决于产品市场的总供给与总需求的均衡——有效需求。

　　我们在第六章介绍过，凯恩斯采用工资单位衡量一国总的就业量，实质上遵循的是亚当·斯密的工资基金理论。我们可以用 *NS-ND* 模型来解释工资基金理论，由于劳动供给曲线 *NS* 在短期内是给定的，就业量的变化取决于劳动需求曲线的移动；劳动需求曲线 *ND* 的位置受雇主预定支付给劳动者的工资基金数量的支配，或者说雇主的劳动需求的变化取决于工资基金的变化。因此，就业量最终取决于工资基金的数量。

二、*AS-AD* 模型与劳动供需

根据凯恩斯的总供给函数和总需求函数的定义，总供给函数 $AS = \Phi(N)$ 和总需求函数 $AD = f(N)$ 都是就业量 N 的函数，可以建立就业理论的总供给与总需求模型。

三维空间图形的侧面（Y-P 图形）是产品市场的总供给与总需求图形，它的纵轴为价格 P，横轴为实际总产量 Y（或实际总收入）。AS-AD 模型的基本特征为：在短期内，通常假定总供给曲线不变，政府的经济政策主要影响总需求。如图 7-4 所示，在 t 时点，当产品市场的供需均衡时，总供给曲线 AS 与总需求曲线 AD 相交于 E_t^y 点，可以确定均衡的总产量 Y_t 与价格水平 P_t。由于总产量是就业量的函数，即 $Y_t = \Phi(N_t)$；当供需均衡达到充分就业水平时，用实际工资单位衡量的充分就业量为 N_t^{w*}，其对应的实际总产量为 $Y_t^* = \Phi(N_t^*)$。

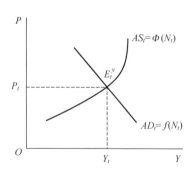

图 7-4　产品总供需的 *AS-AD* 模型

可见，*AS-AD* 模型同样不是一个孤立的图形，它是与劳动供需的 *NS-ND* 模型相联系的。劳动供给和劳动需求与产品的总供给和总需求是相互作用的，产品市场的总收入取决于劳动市场的就业量。

将劳动供需与产品供需联系起来可以分析宏观经济政策会如何对就

业和产量产生影响。比如，政府采取扩张性经济政策，使得总需求曲线向右移动，由于追求利润最大化的雇主的预期收益提高，他们会积极扩大投资并雇用更多的劳动者，这样就推动了劳动需求曲线也向右移动，就业量会一直增加，直到总供给与总需求重新恢复了均衡。因此，在经济存在失业的条件下，扩张性政策的结果可能是更高的就业量和产量水平。此时，如果名义工资与价格水平同比例上升，即实际工资不变，劳动需求曲线与总需求曲线会以相同的比例向右移动。诚然，也可以进一步分析，如果名义工资与价格水平之间的关系发生变化，总需求曲线的移动如何影响劳动需求曲线的移动。

三、供需均衡的 N^w-Y^d 模型

　　三维空间图形的底面为供需均衡的 N^w-Y^d 模型，它描绘的是均衡就业量与有效需求构成的点的连线，以及充分就业曲线。为了观察方便，我们可以将三维空间图形的底面围绕横轴（即 N^w 坐标）向上旋转 90°，在得到的 N^w-Y^d 模型中，横轴为用实际工资单位衡量的就业量 N^w，纵轴为有效需求的实际值 Y^d。该模型描绘了在各时点的供需均衡状态下，用实际工资单位衡量的就业量与有效需求之间的关系，以及经济的最优状态——充分就业曲线（图 7-5）。

　　我们已经介绍过，四维模型在空间呈现出一条不同时期的均衡就业量与有效需求构成的点的连线，N^w-Y^d 模型刻画的是这条供需均衡点的连线在三维空间图形底面的投影。

　　供需均衡的 N^w-Y^d 模型的基本特征表现为，它是由两条连续的供需均衡曲线构成的。代表不同时间点的均衡就业量与有效需求构成的点的轨迹形成了一条连续的供需均衡曲线；另一条连续的供需均衡曲线为充分就业曲线，它是 NS-ND 模型的充分就业曲线在 N^w-Y^d 模型上的投影。可以由 NS-ND 模型在不同时点的充分就业水平的位置，得到一条对应于 N^w-Y^d 模型的连续的充分就业曲线。

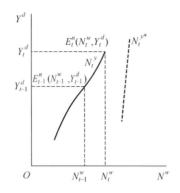

图 7-5　供需均衡的 N^w-Y^d 模型

在 t 时点，当产品市场的总需求曲线从 AD_{t-1} 向右移动到 AD_t 时，相应地，有效需求从 Y^d_{t-1} 增加到 Y^d_t；同时，劳动需求曲线从 ND_{t-1} 向右移动到 ND_t，相应地，用实际工资单位衡量的就业量从 N^w_{t-1} 增加到 N^w_t。这些变化反映在图 7-5 所示的供需均衡的 N^w-Y^d 模型中，表现为由均衡就业量 N^w 与对应的有效需求 $Y^d = \Phi(N)$ 构成的点，从 $E^n_{t-1}(N^w_{t-1}, Y^d_{t-1})$ 移动到 $E^n_t(N^w_t, Y^d_t)$。将所有这些供需均衡点连接起来，就形成了一条连续的供需均衡曲线，该曲线反映了劳动市场与产品市场的供需均衡点（即均衡就业量与有效需求构成的点）随时间的变化。

总之，三维空间图形的底面（N^w-Y^d 模型）描述的是劳动市场的均衡就业量与产品市场的有效需求之间的关系。供给与需求的四维图解法试图用空间图形与时间构成四维模型，描述劳动供需与产品供需的相互作用，其中的目的之一是得到一个供需均衡的 N^w-Y^d 模型。供给与需求的四维模型的核心内容是 N^w-Y^d 模型，关于这一模型的重要含义，我们将在第八章做具体介绍。

综上所述，供给与需求的四维模型是由三个空间坐标轴和一个时间坐标 t 来确定的。三维空间图形的三个面分别是：正面的 NS-ND 模型、侧面的 AS-AD 模型以及底面的 N^w-Y^d 模型。供给与需求的四维图解法分析了劳动市场的供给与需求以及产品市场的供给与需求的相互作用，其目的是描述均衡就业量与有效需求之间的定量关系。供需均衡的 N^w-Y^d 模型是四维图解法的简化模型，运用这一模型可以对经济总量之间的关系作精确的研究，并且这一工具适用于不同经济体在长短不同时期的经济总量的分析。

第四节 经济学与空间-时间的概念

对于经济科学来说，它的首要任务就是发展科学的研究方法来解释供需均衡的一般规律。何谓科学的研究方法？概括地说，几何学在逻辑上要先于经济学，并且科学思维是与空间-时间的概念相联系的。在这一意义上说，经济科学应该建立在空间-时间概念的基础上。

一、经济学的首要任务与研究方法

1885 年，马歇尔出任剑桥大学的经济学教授，致力于将经济学建设成一门具有高度精确性的独立的科学。正如凯恩斯所说："他毕生致力于把这一学科建成一门独立的科学，使它拥有自己的基础，并且像物理学或生物学那样具有高度的科学精确性。"[1]谈论经济学这一学科的科学性，不可避免地要涉及经济学的任务和经济分析的基本方法。对此，马歇尔 1885 年在剑桥的就职演说《经济学现状》[2]中阐明了他的立场，此后，凯恩斯在 1924年做出了更为明确的解释。

首先，就性质而言，经济科学本身并不是实际的真理，它只是探索实际真理的工具。"马歇尔很早的时候就已认识到，纯粹的经济学理论本身并无多大价值，对于做出切实可行的结论也无多大帮助。"[3]这是因为，经济学的全部价值在于它对当前经济生活的解释力。对于经济学作为一门科学的性质，马歇尔具有深刻的洞察力，他断言：经济学"本身并不是实际的真理，而只是探索实际真理的工具"[4]。如果说，经济分析的目的是揭示经济生活中的基本规律，分析并解决当前经济生活的实际问题，那么，经济科学的研究首先需要找到"探索实际真理的工具"。

❶ 约翰·梅纳德·凯恩斯. 精英的聚会 [M]. 南京：江苏人民出版社，1998：226.
❷ 约翰·梅纳德·凯恩斯. 精英的聚会 [M]. 南京：江苏人民出版社，1998：203.
❸ 约翰·梅纳德·凯恩斯. 精英的聚会 [M]. 南京：江苏人民出版社，1998：203.
❹ 约翰·梅纳德·凯恩斯. 精英的聚会 [M]. 南京：江苏人民出版社，1998：206.

其次，就首要任务来说，经济理论的首要任务就是要正确地发展和运用科学的研究方法来解释经济现实。经济科学要正确地解释经济现实，首先需要采用科学的分析方法。在凯恩斯时代，经济学统一的教科书是马歇尔的《经济学原理》，理论研究也主要是依靠马歇尔的思路和创建的分析方法。"我们目前所使用的工具，在很大程度上是马歇尔的创造。……这一工具的建立是马歇尔那独特天赋的最主要的成就。"❶马歇尔认为，经济科学解决实际经济问题，存在的困难是缺乏分析经济问题的科学方法和手段。"现在缺乏的是，对事实更广泛、更具科学性的知识，也就是一种更有力、更完整的研究方法，它将有助于更好地分析解决当代的经济问题。正确地发展和运用这种研究方法是我们的头等任务……"❷可见，经济学缺乏分析事实的更广泛、更具科学性的知识，换句话说，它缺乏一种更科学、更完整的研究方法。因此，经济学的当务之急是发展一套系统的、科学的研究方法。

最后，就基本方法来说，作为一门独立学科的经济学需要发展它自己的研究方法，拥有自己的基础。供需均衡的一般理论的起源和发展表明，经济理论需要不断地发展科学的方法来探讨供需均衡的一般规律。无论古典就业理论、新古典均衡理论，还是凯恩斯的就业通论，它们都试图采用科学的方法来解释亚当·斯密的供需均衡的一般理论。①古典就业理论建立了与劳动产品相联系的劳动供需均衡的分析方法，试图采用科学的方法来考察劳动供需均衡的一般规律；②新古典经济学构建的一般形态的正常供给和正常需求的稳定均衡模型，建立了与劳动供需相联系的产品供需均衡的分析方法，试图采用更科学的方法来考察产品供需均衡的一般规律；③凯恩斯基于古典就业理论的劳动供需模型与新古典经济学的产品供需模型，试图发展符合其就业通论的更具科学性的经济总量的分析框架。总之，这些供需分析的基本方法构成了经济科学的理论基石。在某种程度上，经济科学的首要任务就是采用更加科学的手段发展供需均衡的研究方法。

❶ 约翰·梅纳德·凯恩斯. 精英的聚会 [M]. 南京：江苏人民出版社，1998：206.
❷ 约翰·梅纳德·凯恩斯. 精英的聚会 [M]. 南京：江苏人民出版社，1998：225.

二、几何学在逻辑上先于经济学

如果说经济学作为一门独立的科学，需要发展一种更完整、更科学的研究方法，那么，它应该如何发展这种更加科学的方法呢？

作为 20 世纪世界著名的科学家，爱因斯坦的科学方法论是举世公认的。由他来解释科学的共同语言、科学思维及科学的方法，应该是非常恰当的；并且，对于我们正确地发展和运用科学的研究方法可能具有重要启示。"科学语言同我们通常所了解的语言有什么不同呢？科学的语言怎么会是国际性的呢？就概念的相互关系以及概念同感觉材料的对应关系来说，科学所追求的是概念的最大的敏锐性和明晰性。让我们举欧几里得几何和代数的语言为例来说明这一点。它们使用少数独立引进的概念及其符号，比如整数、直线、点，同时也使用一些表示基本运算的符号，这种运算就是那些基本概念之间的关系。"❶由此可见，欧几里得几何语言和代数分析的方法是形成或者说定义其他一切概念和陈述的基础。经济科学的语言与传统经济学的语言的不同之处，就经济概念间的相互关系——供需均衡的一般关系来说，在于经济科学所追求的是概念的最大的敏锐性和明晰性。

首先，几何学在逻辑上先于一切经验和一切经验科学。爱因斯坦明确指出："因而几何学也应当被看作是这样的一门科学，它在逻辑上先于一切经验和一切经验科学。……不仅对于数学家和哲学家，而且对于物理学家来说，欧几里得几何的基础也似乎是绝对不可动摇的，其原因就在这里。"❷由此不难做出这样的解释，几何学不但在逻辑上先于一切实际经济的经验，而且在逻辑上先于经济科学。如果没有几何学的帮助，许多经济科学的规律就无法准确地表示，因此，几何学应当走在经济科学的前面。不仅对于道德哲学家，而且对于作为科学家的经济学家来说，欧几里得几何学的基础地位也是绝对不可动摇的。其原因就在于，几何学在逻辑上先于经济科学，几何学的方法是经济分析的基础。

---

❶ 阿尔伯特·爱因斯坦. 科学的共同语言 [M] // 爱因斯坦文集：第一卷. 北京：商务印书馆，1976：396.

❷ 阿尔伯特·爱因斯坦. 非欧几里得几何和物理学 [M] // 爱因斯坦文集：第一卷. 北京：商务印书馆，1976：205.

　　靠数学起家的马歇尔应该相当清楚这一点。现代图解经济学的起源告诉我们，马歇尔的经济理论研究是由发展几何图形的方法开始的，他沿着这条线索使经济科学大大前进了一步。很明显，他是将几何图形的方法作为分析工具，运用到供需均衡的分析方法中，从而使经济学成为一门独立的科学。目前，几何语言已经成为经济分析的标准工具。

　　其次，几何学在逻辑上先于经济学，意味着经济学首先思考的应该是经济总量之间的几何比例关系。我们有理由认为，要用科学的方法来描述经济学的基本原理，考察各种经济总量之间的比例关系要优先于考察经济总量的增长率之间的关系。

　　经济学的基本原理也表明，经济总量之间的关系是几何比例关系。如第三章所述，社会公正在于收入分配合乎比例。亚里士多德一语切中科学方法的实质："这种比例数学家们称为几何比例。因为在几何比例中，整体同整体之比与部分同相应部分之比相等。"[1]进一步说，经济增长依赖于收入分配合乎比例。一国每年就业量和产量的增加，首先取决于工资总额与总收入成何种比例。因此，对于经济科学而言，我们完全有理由首先考察各种经济总量之间的比例关系的基本规律。我们不仅需要正确地理解社会公正与收入分配之间关系的思想，更需要考察经济总量之间存在的比例关系的几何分析方法。

三、科学思维与空间-时间的概念

　　如前所述，将经济学建设成一门具有高度精确性、独立性的科学，使它拥有自己的基础，需要发展一种更有力、更完整的科学分析方法，因此，经济学的头等任务就是正确地发展和运用供需均衡的科学分析方法。

　　关于科学思维的真理性，爱因斯坦曾经指出，尽管在我们这个时代的科学思想已经发生了深刻的变化，然而，一般来说还是保留了某些不变的东西。"要指出从伽利略时代保存下来的科学思想的某些重要特点是不困难的。第一，思维本身始终不会得到关于外界客体的知识。感性知觉是一切

---

[1] 亚里士多德. 尼各马可伦理学 [M]. 北京：商务印书馆，2003：136.

研究的出发点。只有考虑到理论思维同感觉经验材料的全部总和的关系，才能达到理论思维的真理性。第二，所有基本概念都可以归结为空间-时间的概念。只有这些概念才作为'自然规律'出现；在这个意义上，所有科学思维都是'几何的'。……第三，空间-时间规律是完备的。这意味着，没有一条自然规律不能归结为某种用空间-时间概念的语言来表述的规律。"❶

　　如果要深入探讨经济科学的思维方法，我们可以借助爱因斯坦概括的科学思想的三个重要特点来解释经济科学与科学思维之间的联系。

　　第一，思维本身始终不会得到关于实际经济生活的知识。对于经济现象的感性知觉是一切经济理论研究的出发点，这就需要我们对农业、工业、商业的实际状况进行深入的了解。只有将理论思维运用到反映整体经济状况的全部经济资料的解释中，才能达到经济理论思维的真理性。

　　第二，经济理论的所有基本概念都可以归结为空间-时间的概念，科学思维是与空间-时间的概念相联系的。只有这些用空间-时间方法表述的经济规律，才是科学的思维方法；在这一意义上，所有经济科学的思维都是"几何的"。

　　第三，就经济总量分析而言，空间-时间规律是完备的。这意味着，对于受自然规律支配的人类社会的经济活动规律来说，没有一条经济规律不能用空间-时间概念的语言来表述。

　　爱因斯坦在为《英国百科全书》所写的《空间-时间》条目中，更深入地阐释了空间-时间与自然规律的关系。"就概念彼此相互关系及其同经验的关系所涉及的方式而论，科学的概念体系同日常生活的概念体系之间并没有原则的区别。科学概念体系来自日常生活的概念体系，并且根据这门科学的目的和要求，作了修改而得以完成。"❷就经济学而言，科学的概念体系与描述日常生活的经济学的概念体系并没有原则性的区别。在很大程度上，科学的概念体系具有一致性。只要根据经济科学的目的和要求作某种程度修改，供给与需求的概念体系就能得以完成。爱因斯坦得出的结

---

　　❶ 阿尔伯特·爱因斯坦. 物理学、哲学和科学进步[M]//爱因斯坦文集：第一卷. 北京：商务印书馆，1976：523.
　　❷ 阿尔伯特·爱因斯坦. 空间-时间[M]//爱因斯坦文集：第一卷. 北京：商务印书馆，1976：245.

论是任何科学的概念体系，"如果不用坐标系（惯性系）来作参照基准，要断言空间中不同点上的事件是同时发生的，那就毫无意义。由此得出的结果是，空间和时间融合成为一个均匀的四维连续区。"❶因此，我们有理由认为，研究人类社会经济规律的供给与需求的概念体系，如果不用坐标系来作参照基准，要断言空间中不同点上的经济事件是同时发生的，毫无意义。可见，供需均衡的分析框架应该采用空间-时间的四维连续区来表述。

　　综上所述，如果经济学的头等任务是发展一种更科学、更完整的分析方法，那么，爱因斯坦总结的科学思维的三个重要特征，对于研究经济科学的思维方法，使它建立自己的科学分析的基础，其借鉴意义是显而易见的。我们应该认识到，经济科学的思维应该是"空间-时间概念的语言"。作为一门科学的经济学需要在空间-时间概念的基础上，发展一种更加完整的供需均衡的分析框架，从而将供需均衡的一般模型与空间-时间的概念联系起来。基于以上思想，我们将劳动市场和劳动产品市场作为不可分割的一个整体，在劳动供需与劳动产品供需统一分析的基础之上，发展了供给与需求的四维图解法，建立了供需均衡的四维模型。供给与需求的四维模型基于空间-时间的概念，将就业量、产量、工资/价格随时间变动的关系由空间坐标 x、y、z 和时间坐标 t 来描述，形成了一个刻画经济总量的各种供需均衡状况的科学的分析框架。在这一意义上，可以说供给与需求的四维模型是一个科学的空间-时间的概念体系。

第五节　四维图解法的理论依据

　　通过深入研究亚当·斯密的供需均衡的一般理论，考察古典学派以来的供需均衡的分析方法，在凯恩斯的劳动供给-劳动需求模型和总供给-总需求模型的基础上，采用空间-时间的概念，我们构建了供给与需求的四维模型。很明显，想要进一步发展这一科学的研究方法，需要对四维图解法的理论依据给予更加清晰的解释。在此，我们归纳了思考这一方法的理论依据。

---

　　❶ 阿尔伯特·爱因斯坦. 空间-时间［M］//爱因斯坦文集：第一卷. 北京：商务印书馆，1976：256.

第一，斯密的供需均衡的一般理论为经济科学研究供需均衡的分析方法奠定了理论基石。

如第六章所述，斯密的供需均衡的一般理论的基本思想可以如此表述：首先，"劳动是衡量一切商品交换价值的真实尺度"，"劳动价值论是使经济学成为一个统一体的核心"。其次，供需均衡的一般理论建立在劳动供给与劳动需求分析的基础上，劳动供需的均衡决定了就业量和劳动的真实报酬。再次，劳动本来就是供给一国国民每年消费的一切生活必需品和便利品的源泉；一国每年生产商品所使用的全部劳动量，自然会按着经济规律使自己适合于有效需求。因此，产品的总供给与总需求的均衡水平不但决定了总产量和产品的价格，而且影响了劳动需求量和工资水平。最后，劳动生产物构成"劳动的自然工资"，一国劳动的价值与劳动产品的价值之间存在某种定量关系；就其实质而言，供需均衡的一般关系在于揭示：一国每年的经济是增长还是下降，劳动者的就业量是逐年增加还是减少，要取决于劳动生产物构成的劳动者的真实工资与劳动产品的实际价值之间的比例关系。总之，斯密的供需均衡的一般理论不但是与他的分配学说相联系的，而且是与科学的分析方法联系在一起的。

在斯密的理论体系中，劳动供给与劳动需求的学说和劳动产品的供给与需求的学说是一个统一的整体，他的供需均衡的一般理论构成了经济分析的理论基石。从本质来讲，该理论的核心内容是由有效需求理论和劳动需求理论构成的，经济学需要更完整、更系统地解释斯密的有效需求学说和劳动需求学说。在第二卷的第三篇和第三卷的第六篇，我们将依次考察有效需求原理与劳动需求原理。

第二，马尔萨斯的供需均衡学说是与空间-时间的概念联系在一起的。

实际上，一些经济学家早就注意到供需均衡原理与空间-时间概念的联系。如前所述，马尔萨斯指出，一种商品的交换价值等于它所能换取的"日劳动量"的数量，或者说，标准劳动的单位价值是衡量一切商品价值的真实尺度。"在同一地点和同一时间，商品所能换取的日劳动量显然恰好同它的相对交换价值成比例"；也就是说，在既定的空间和时间条件下，人们往往根据商品的货币价格进行交换，这是因为，"在同一时间和同一地点，这种尺度和商品的货币价格是完全一致的"。

之所以劳动能够作为唯一的真实的价值尺度，是因为"标准劳动"的价值不随空间和时间而发生改变。"在空间和时间极大差异的情况下，不论是在不同的国家里，或是在同一国家的不同时期里，一个国家所实际雇佣的标准劳动，以及有实际需求的地区里的标准劳动，是唯一的一种物品，这种物品的价值是与它自身的数量相称的。"❶总之，马尔萨斯是在空间-时间的体系中论述他的劳动价值论。对于马尔萨斯来说，无论是劳动的供给和需求的分析，还是劳动产品的供给和需求的分析，都是在一定的时间和地点条件下的讨论。由此可见，马尔萨斯的供需均衡的分析方法是与空间-时间的概念相联系的。

第三，古典就业理论是建立在劳动供给与劳动需求的均衡分析的基础上的，并且，劳动供给和劳动需求所决定的工资是与劳动产品的价值相联系的。

我们在着重指出凯恩斯的就业理论与古典就业理论的分歧时，不应忽视就业理论的几个重要的共同之处：其一，尽管在一些重要的问题上，李嘉图与马尔萨斯的学说存在明显分歧，然而，它们都是基于对斯密理论体系的解释，都建立在研究劳动价值与劳动产品价值之间关系的基础上。其二，尽管凯恩斯对古典学说的假设条件提出了各种质疑，不可否认的是，古典就业理论同样是基于劳动供给与劳动需求的均衡分析而展开的对供需均衡理论的研究。无论是"工资等于劳动的边际产品"，还是"边际产品所带来的效用等于边际就业所带来的负效用"，这些观点都是将劳动者的实际工资与劳动产品的实际价值联系起来考察的。其三，古典经济学的核心思想——"萨伊定律所意味着的整个产量的总需求价格在一切产量上都与总供给相等的说法就相当于到达充分就业不存在任何障碍这一命题"。❷不难看出，产量的总需求总是处于与总供给相等这一命题，正是对应于劳动需求等于劳动供给的充分就业状态。总之，在理论上或实践上，不论"供给创造自己的需求"的学说是否能做出令人信服的解释，毋庸置疑的是，古典学派是基于古典的就业理论对劳动供需模型的研究，从而建立起劳动供

❶ 托马斯·罗伯特·马尔萨斯. 政治经济学原理［M］. 北京：商务印书馆，1962：115.
❷ 约翰·梅纳德·凯恩斯. 就业、利息和货币通论［M］. 重译本. 北京：商务印书馆，1999：32.

给与劳动需求的均衡与产品供给和产品需求的均衡的整体分析。

第四，新古典学说的核心为最一般形态上正常需求与正常供给的稳定均衡模型，这一供需均衡的一般模型是与时间因素联系在一起的。

不可否认的是，在马歇尔以后，大多数经济学家遵循着马歇尔发展的经济科学的思想和研究方法，致力于发展和完善经济分析的科学方法，力图使经济学成为一门具有高度精确性的科学。

经济科学旨在采用科学的方法解释供需均衡的一般原理。首先，它的出发点是考察最一般的形态上正常需求与正常供给的均衡，用几何图形构建了一个正常供给与正常需求的一般均衡模型。其次，"劳动价值理论和劳动产品价值理论是不能分开的""价值论是使经济科学成为一个统一体的核心"。再次，正常需求与正常供给的稳定均衡模型基于产品供给与产品需求的均衡分析。然而，不可忽视的是，产品市场的稳定均衡对应于劳动市场的充分就业，即"总就业量的产量对有效需求的增加的反应已经缺乏弹性"❶。该模型假定产品供需的稳定均衡是与劳动供需分析联系在一起的，劳动供需分析与劳动产品供需分析是一个统一体中的两个部分。最后，马歇尔早就意识到，"时间的因素——这差不多是每一经济问题的主要困难之中心"。对新古典学说的供需均衡的一般模型来说，时间因素是最大的困难根源。由于时间本身是绝对连续的，所以这一困难体现在，如何将时间界定为短期或长期，并且能够形成从短期到长期的连续性的经济分析。

新古典学说的供需均衡模型是现代经济学家最熟悉的，我们在第九章将深入考察马歇尔的学说和稳定均衡模型，这里不予赘述。

第五，凯恩斯的就业理论的分析框架：劳动供给-劳动需求模型与总供给-总需求模型是相互作用的，并且供需均衡的一般模型与时间单位相联系。

根据第六章所述，凯恩斯的就业理论是建立在劳动供需与产品供需相互作用的均衡分析的基础上的。其分析框架的基本思路是：①选择了三个基本衡量单位——货币单位（货币价值量）、劳动单位（就业量）与时间单位。正如凯恩斯所言："在货币单位和时间单位以外，为什么我们可以只把

---

❶ 约翰·梅纳德·凯恩斯. 就业、利息和货币通论［M］. 重译本. 北京：商务印书馆，1999：32.

劳动当作经济制度的唯一物质单位。"并且，他采用工资单位衡量所有的经济总量。②就业理论是建立在劳动供给与劳动需求模型的基础上的，其模型的特征是，在短期内，劳动供给曲线是稳定的，就业量和实际工资取决于劳动需求曲线的移动；同时，产品的总需求和价格会影响劳动需求的变化。③将总供给和总需求定义为就业量的函数，在此基础上，构建了一个总供给-总需求模型,总供给曲线与总需求曲线的交点不但决定总产量和价格，而且影响就业量和实际工资。④通过分析劳动供需与产品的总供需的相互作用，将供需均衡的分析方法与劳动价值论结合在一起，从而得到一个一般性的供需均衡模型。

供需均衡的一般模型的结论是：劳动供给曲线与劳动需求曲线的交点决定就业量和工资水平，这一交点又被决定于总供给曲线与总需求曲线相交时的总需求的数值，即有效需求，这就是就业通论的实质内容。这一结论是凯恩斯创建就业理论分析框架的起点和基础。事实上，这一表述已经呈现出一幅描述劳动供需图形与产品的总供需图形之间关系的三维图像。就业理论的任务在于对这一图像做出解释。

第六，经济规律应归结为某种用空间-时间概念的表述，供需均衡的每一个点可由空间坐标 x，y，z 和时间坐标 t 来确定。

爱因斯坦指出："空间（位置）和时间在应用时总是一道出现的。世界上发生的每一事件都是由空间坐标 x，y，z 和时间坐标 t 来确定。"[1]可见，每一经济事件总是在一定的空间和时间中出现的，揭示经济规律的经济科学所采用的基本方法，理应归结为空间-时间概念的语言。爱因斯坦断言："没有一条自然规律不能归结为某种用空间-时间概念的语言来表述的规律。"作为一个科学的分析体系，不能不考虑科学思维与空间-时间概念之间的联系。只有用空间-时间方法表述的经济规律，才是科学的思维方法。

由于所有这些理由，经济科学需要拥有自己的基础，它的头等任务是正确地发展和运用更加科学的研究方法；几何学在逻辑上先于经济学，因此，经济科学应该基于空间-时间的概念构建一个科学的供需均衡的分析

---

[1] 阿尔罗伯特·爱因斯坦. 空间-时间[M]//爱因斯坦文集：第一卷. 北京：商务印书馆，1976：251.

框架。

　　劳动供需学说与产品供需学说是一个统一的理论体系，在很大程度上，供需均衡的一般理论就决定了供需均衡的分析方法：劳动供需与劳动产品供需是一个大的整体，它们是供需均衡体系不可分割的两个部分。在上述理论基础上，基于凯恩斯的劳动供给-劳动需求模型和总供给-总需求模型之间相互作用的思想，我们将 *NS-ND* 模型与 *AS-AD* 模型演变成为一个供需均衡的组合图形，并把这一组合图形发展成为供给与需求的四维模型。

　　就科学的方法而言，供需均衡的分析体系应该与空间-时间的概念联系在一起。概括地说，供给与需求的四维模型刻画了劳动供需均衡与产品供需均衡之间的相互作用，为考察一国供需均衡的整体状况，特别是分析均衡就业量与有效需求之间的定量关系，提供了一个统一的科学的分析框架。毫无疑问，经济科学可以在四维图解法的基础上进一步发展科学的分析方法。

第八章　均衡曲线与时间因素

我们曾发现了一条连续不断的线，它使供求均衡的一般理论
连续适用于各种不同时期……
　　　　——艾尔弗雷德·马歇尔《经济学原理》(第八版)

第一节　概　　述

早在 1890 年写作《经济学原理》时，马歇尔就已经敏锐地意识到时间因素对于经济分析的重要性，他坚信，时间因素"差不多是每一经济问题的主要困难之中心"[1]。1924 年，凯恩斯也已经很清楚地认识到时间因素对于经济分析的重要性。他认为："把时间因素直接引入到经济分析中来，主要应当归功于马歇尔。"[2]是马歇尔首先提出了长期和短期的概念，他强调，如何解决经济分析中长期与短期的界限问题，是供需均衡分析的主要困难的中心。马歇尔的《经济学原理》出版以来，120 多年来的理论研究经验证明，如何划分时间的短期与长期，确实是"经济学的最大困难的根源"。

自经济学成为一门具有精确性的独立学科以来，最值得探讨的问题可能是，马歇尔曾经发现了一条不同时期的供需均衡点的连线；也就是凯恩斯所说的"一条贯穿始终，并把供求均衡的一般原理与长短不同的时期联系起来的连线"[3]。马歇尔把时间因素直接引入经济分析中，通过这条不

---

[1] 艾尔弗雷德·马歇尔. 经济学原理：上卷 [M]. 北京：商务印书馆，1965：13.
[2] 约翰·梅纳德·凯恩斯. 精英的聚会 [M]. 南京：江苏人民出版社，1998：213.
[3] 约翰·梅纳德·凯恩斯. 精英的聚会 [M]. 南京：江苏人民出版社，1998：213.

同时期供需均衡点的连线,试图科学地解释"最一般的形态上的正常需求和正常供给的均衡"的连续变化。正确地理解这条供需均衡点的连线,对我们清晰地思考与时间因素相联系的供需均衡的一般原理至关重要。

在第七章讨论供给与需求的四维模型时,我们也发现了一条连接不同时期的均衡就业量与有效需求构成的点的连线。三维空间图形的底面刻画的是供需均衡的 N^w - Y^d 模型,它描绘了均衡就业量与有效需求构成的点随时间移动的轨迹。我们试图通过追溯这条贯穿经济分析的始终,把不同长短时期的供需均衡点联系起来的曲线,并与就业理论的基本原理联系起来,为供需均衡的分析框架提供一个统一的科学研究方法。

本章准备首先阐述"时间因素是经济学最大困难的根源"的含义,然后解释凯恩斯的短期模型的假定条件,在深入探讨这条供需均衡点的连线的基础上,分析并归纳供需均衡曲线的基本特征,最后总结这条供需均衡曲线的性质。

第二节 时间因素与经济科学

在探讨时间因素与经济科学的关系时,马歇尔不但告诫我们,时间因素是经济学最大困难的根源,而且提出了解决这一困难的基本思路。一般来说,可以通过假定"其他情况不变",从因变量的诸多影响因素中区分出短期因素,从而能够从短期与长期的不同角度来分析经济问题。

一、经济学最大困难的根源

在《经济学原理》第一版序言中,马歇尔凭借他敏锐的经济学直觉,清楚地指出把时间因素引入经济分析的困难所在。由于时间本身是绝对连续的,如何将时间界定为短期或者长期,这是分析每一个经济问题的主要困难之中心。

时间的因素——这差不多是每一经济问题的主要困难之中

心——本身是绝对连续的：大自然没有把时间绝对地分为长期和短期；但由于不知不觉的程度上的差别，这两者是互相结合的，对一个问题来说是短期，而对另一个问题却是长期了。❶

由于大自然没有把时间绝对地分为长期和短期，因此，马歇尔不主张在经济分析中人为地给时间划定一条长期和短期的分界线。他认为，经济学的价值在于其可以应用到实际分析中，如果人为地划出实际并不存在的长期与短期的严格分界线，会给经济分析带来很大的混乱。"由于进行了这种尝试，和在大自然没有划分界限的地方划出广泛的人为分界线，似乎已经发生很大的弊端。一种经济学说愈是简单和绝对，倘使它所指的分界线在实际生活中不能找到的话，则在把它应用到实际时它带来的混乱就愈大。"❷这是因为，大自然对经济活动的作用是复杂的，"如果把这种作用说成是简单的，并设法以一系列的基本命题来阐明它，毕竟没有什么好处"❸。

在其《经济学原理》第三篇的一节中，马歇尔具体地讨论了与时间因素有关的种种困难。"直到这里为止我们还未考虑作出精确的需要价格表和正确地解释这些价格表的种种困难。我们必须考虑的第一个困难是由于时间因素而引起的，时间因素是经济学上许多最大的困难的根源。"❹马歇尔细致地分析了由于长期与短期的不同界限，给正确地解释商品的供给与需求之间的关系带来的各种困难。他断言，时间因素是经济学上最大困难的根源。

为了解释时间因素对商品供给与需求的影响，马歇尔分析了一个商品需求的图表。他对短期分析的假定条件是其他情况不变，这样，商品价格的变化是由商品需求数量发生变化而引起的。"一个需求价格表——假定其他情况不变——就是代表一样商品能被出售的价格上的变化，而这种变化是因为该商品被提供出售的数量上的变化而引起的；但事实上，经过足以收集完全和可靠的统计的很长时间，其他情况不会没有变化的。"❺事实上，

---

❶ 艾尔弗雷德·马歇尔. 经济学原理：上卷 [M]. 北京：商务印书馆，1965：13.
❷ 艾尔弗雷德·马歇尔. 经济学原理：上卷 [M]. 北京：商务印书馆，1965：14.
❸ 艾尔弗雷德·马歇尔. 经济学原理：上卷 [M]. 北京：商务印书馆，1965：15.
❹ 艾尔弗雷德·马歇尔. 经济学原理：上卷 [M]. 北京：商务印书馆，1965：128.
❺ 艾尔弗雷德·马歇尔. 经济学原理：上卷 [M]. 北京：商务印书馆，1965：128-129.

长期内，所有的影响因素都会发生变化；马歇尔提出短期分析的假设条件，是为了对混合在一起的各种影响因素做出区分。他认为，经济学所要分开的那个特殊的因果关系，与各种因果关系混合在一起而不容易区分开来，并且原因和结果之间往往存在时滞。"在经济学上，一个原因的全部结果很少立即发生，而往往在这个原因已经消灭之后才表现出来。"❶这就是时间因素给经济分析带来的主要困难。

马歇尔解释了几个受时间因素影响而发生变化的重要因素。其一，货币本身的价值会不断发生变化，而短期模型考虑的是货币价值稳定的情况。"首先，货币购买力是不断地起着变化，我们从货币保持一律的价值这个假定中所得到的结果，就有改正的必要。"❷其二，经济繁荣会导致社会实际购买力发生变化。"其次就是一般繁荣和整个社会所支配的全部购买力的变化。"❸其三，人口和财富的逐步增长会引起劳动供给和总供给条件的变化。"再次就是由于人口和财富的逐步增长所引起的变化。"❹在长期分析中，对这些因素进行考虑是必要的；需要根据具体事实的变化，将这些长期的影响因素纳入分析体系中，对短期分析的结果进行修正。

另外，马歇尔也谈到人们的风尚、爱好和消费习惯随时间的变化，这种变化往往是缓慢而微妙的，但对社会消费品的供给和需求的影响的确是深远的。

二、假定"其他情况不变"

如何解决时间因素这个经济分析中最大的困难，是经济学首先需要思考的问题。马歇尔提出采用假定"其他情况不变"的方法，来解决时间因素的困难。他认为假定"其他情况不变"作为一种科学的方法，自古以来就被明智的人们所采用，以解决日常生活中的各种困难。"我们用'其他情况不变'这句话，把其他一切力量当作是不起作用的：我们并非认为这些力量是无用的，不过是对它们的活动暂不过问而已。这种科学的方法早在

---

❶ 艾尔弗雷德·马歇尔. 经济学原理：上卷 [M]. 北京：商务印书馆，1965：129.
❷ 艾尔弗雷德·马歇尔. 经济学原理：上卷 [M]. 北京：商务印书馆，1965：129.
❸ 艾尔弗雷德·马歇尔. 经济学原理：上卷 [M]. 北京：商务印书馆，1965：129.
❹ 艾尔弗雷德·马歇尔. 经济学原理：上卷 [M]. 北京：商务印书馆，1965：129.

科学发生之前就已存在了，自古以来明达的人研究日常生活中的每个困难问题，就有意或无意地采用这个方法了。"❶

如果把经济学作为一门科学，在经济分析中就必然离不开某种假设条件。"一切科学的学说无不暗含地采用条件的；但这种假设的因素在经济规律中特别显著。"❷并且，假定其他情况不变的分析方法，包含在每种科学的学说中。"差不多每种科学的学说，当它被仔细地和正式地说明的时候，无不包括某种附带条件在内，说明假定其他情况不变：假定所说的原因的作用是孤立的；这些原因会产生某些结果，但必先假设除了清楚说明的原因之外，别的原因是不能加进去的。"❸很明显，马歇尔从科学的角度解释了假定其他情况不变的含义：如果试图论证某些原因会产生某一结果，必须先假设除了这些原因之外，其他原因对结果不产生直接的或根本性的作用。

我们知道，经济科学研究的规律要受到某些条件的制约。马歇尔认为，经济学研究的因果关系受到一定条件的限制，要使得某些原因能够产生某些结果，其前提是假定其他情况不变。"有时说到经济学的规律是'假设的'。当然，像其他各种科学一样，经济学从事研究某些原因将产生哪些结果，但这种因果关系不是绝对的，而是受到以下两个条件的限制：第一，假定其他情况不变；第二，这些原因能够不受阻碍地产生某些结果。"❹关于第二个限制条件，由于原因产生结果必须经过一定的时间，因此很难保证这种因果关系不发生变化，这就需要分析影响因素随时间的变化如何对结果施加影响。"原因产生结果必须经过一定时间的这个条件，的确是经济学中重大困难的根源。因为，如果时间太长，原因所依据的材料，甚至原因的本身，都可发生变化；时间太短，则所说的倾向就没有足够长的时间，以充分发挥作用。"❺

考虑到经济现象的影响因素的错综复杂性，马歇尔主张可以把一个复杂的问题分成几部分，采用一次研究一部分的方法，这就需要对问题进行

---

❶ 艾尔弗雷德·马歇尔. 经济学原理：上卷 [M]. 北京：商务印书馆，1965：19.
❷ 艾尔弗雷德·马歇尔. 经济学原理：上卷 [M]. 北京：商务印书馆，1965：56.
❸ 艾尔弗雷德·马歇尔. 经济学原理：上卷 [M]. 北京：商务印书馆，1965：56.
❹ 艾尔弗雷德·马歇尔. 经济学原理：上卷 [M]. 北京：商务印书馆，1965：56.
❺ 艾尔弗雷德·马歇尔. 经济学原理：上卷 [M]. 北京：商务印书馆，1965：56.

合理的简化，即假定其他情况不变。然后，逐步放开这些假设条件，将更多的因素引入分析中，以符合经济事态的实际演变过程。最后，把对问题的局部解决方案综合起来，那么整个问题就或多或少能得以全面解决。

三、短期与长期的影响因素

尽管马歇尔不主张人为地划定一条长期与短期的严格界线，他还是从短期与长期两个角度来思考经济问题，试图将短期与长期的影响因素区分开来。"在短时期内，效用对价值起着主要的影响作用，而在长时期内，生产成本对价值起着主要的影响作用。"❶在商品供给与需求的分析中，马歇尔提出了时间因素影响商品价值的一般原则：在短期内，需求是影响价值的主要因素；在长期内，生产成本对于价值的影响更为重要。"就一般而论我们所考虑的时期愈短，我们就愈需要注意需求对价值的影响；时期愈长，生产成本对价值的影响将愈加重要。因为生产成本变动对于价值的影响与需求变动的影响比较起来，一般需要更长的时间才能表现出来。"❷在长期的生产过程中，企业对商品的供给不仅受到生产成本变动的影响，还受到各生产要素的成本变动的相互影响，这些因素会随着时间的变化而愈加显著。

从就业理论的角度来理解时间因素这一经济学困难的根源，主要包含以下几方面的含义：①产品的总供给是与大自然相联系的，由于时间因素本身是绝对连续的，如果将总供给条件作长期与短期的严格划分，可能会严重违背经济的现实。②就模型变量之间的因果关系而言，对一个问题来说是短期的，而对另一个问题来说则是长期的。例如，就业量的变化从劳动供给的角度看是长期问题，从劳动需求的角度看却是短期问题。③就一般而论，时间越短，就越需要注意有效需求对就业量和产量的影响；时间越长，生产成本对就业量和产量的影响将越发重要。因为，相对于有效需求的变动对就业量的影响，生产成本的变动对就业量的影响一般需要更长的时间才能表现出来。

❶ 艾尔弗雷德・马歇尔. 经济学原理：下卷［M］. 北京：商务印书馆，1965：39.
❷ 艾尔弗雷德・马歇尔. 经济学原理：下卷［M］. 北京：商务印书馆，1965：41.

第三节 短期模型的假定条件

由于时间因素是经济学困难的根源，经济分析首先涉及短期模型与长期模型的时间选择。一般来说，经济分析通常都是从短期模型入手，目的是找到若干自变量对因变量的直接影响。这种因果关系建立的前提是假定在其他情况不变的条件下，而且这种作用的结果必须可以从自变量直接传递到因变量。

一、《通论》关于短期的假定前提

对经济总量分析的时间因素进行考察，首先涉及短期模型与长期模型的适当时间范围，进而涉及短期模型的假定条件的合理性。参照不同的时间结构，各类期限的模型都具有某种程度的适用性。采用短期分析的方法，起点是对短期模型做出合理的假设，就是将所要分析的重要变量与其他变量分离开来，假定其他情况不变，从而近似地找出各个自变量与因变量之间的因果关系。

在发表《通论》以前，凯恩斯曾针对传统经济学的长期分析方法写过下面一段著名的话："长期是对当前事情的一个误导。在长期中，我们都会死。如果在暴风雨季节，经济学家只能告诉我们，暴风雨在长期中会过去，海洋必将平静，那么他们给自己的任务就太容易且无用了。"❶按照古典学派的说法，在长期内，自由市场有能力实现供给与需求的充分就业均衡，因此政府不需要对经济中存在的失业做出干预。凯恩斯认为，如果这样解决经济问题，实际上明显忽视了经济理论最根本的难题，因此，古典理论并不能解决现实经济中的基本矛盾。

与之相对，就业理论首先关心的不是长期问题，而是短期问题；特别是当经济深陷萧条时，政府的货币政策和财政政策应该如何应对失业危机，使大多数贫穷的劳动者摆脱饥饿和困苦。不能否认，在短期内，他们就可

---

❶ N.格里高利·曼昆. 宏观经济学分册［M］//经济学原理：第7版. 北京：北京大学出版社，2015：272.

能会在悲惨中死去。因此，《通论》立足于短期经济分析，其基本方法是，基于劳动市场和产品市场在短期假定其他情况不变的条件下，构建就业理论的基本模型。

　　那么，就凯恩斯而言，短期假定其他情况不变的具体含义是什么呢？在《通论》中，凯恩斯详细地列举了以下假定条件："被我们当作既定的是，现有的技能和劳动量、现有设备的质量和数量、现有的技术水平、竞争强烈的程度、消费者偏好和习惯、不同强度劳动的负效用、监督与组织活动的负效用以及社会结构。社会结构包括下面所列举的各个变量以外的决定国民收入分配的各种力量。"❶由此可以看出，对于短期分析而言，凯恩斯的假定其他情况不变所包括的内容极为广泛。当然，这种对影响因素的人为分离所产生的问题会随着时间的变化而愈加显著。

　　通读《通论》全书，不难看出，凯恩斯对短期的假设前提作了严谨的论述。比如说，在论述有效需求原理时，他说，"在既定的技术、资源和成本的条件下，企业家雇用一定数量的劳动者会使他具有两种支出……"❷。概括地说，关于技术、资源和成本的假定条件的含义，可以这样理解：首先，在既定的技术条件下，是指在短期内劳动生产力不发生变化；其次，在既定的资源条件下，是指在短期内资源条件不会导致总供给发生变化；最后，在既定的成本条件下，是指在短期内生产要素的价格不发生变化。简而言之，凯恩斯多次强调技术、资源和成本不变的假设前提表明，总供给曲线和劳动供给曲线在短期内是给定的。

　　如果说"其他情况不变"是假定在短期内供给条件不发生变化，那么，经济分析如何来描述供给曲线的形状呢？凯恩斯娴熟地运用了弹性分析的方法来描述短期供给曲线，这一方法源于马歇尔的创造性思维。"在创造术语和思维工具方面，我想再没有什么比马歇尔引入'弹性'的概念更令经济学家们获益甚多的了。"❸显然，对于短期劳动供给模型和短期总供给模型的假定条件，我们需要作更具体的讨论。

❶ 约翰·梅纳德·凯恩斯. 就业、利息和货币通论［M］. 重译本. 北京：商务印书馆，1999：252.
❷ 约翰·梅纳德·凯恩斯. 就业、利息和货币通论［M］. 重译本. 北京：商务印书馆，1999：28.
❸ 约翰·梅纳德·凯恩斯. 精英的聚会［M］. 南京：江苏人民出版社，1998：215.

二、劳动供给函数的假定条件

在短期模型中，凯恩斯关于劳动供给的假定条件为，假定货币工资和其他要素成本均保持不变。"我们假设：当每一劳动者单位的就业量增加时，货币工资和其他要素成本均保持不变。"❶他的意思是，在短期内，假定各要素成本保持不变，也就是说，劳动供给曲线保持不变，因此，就业量和实际工资的变化，仅取决于劳动需求曲线的移动。此外，我们在第六章已经介绍过，凯恩斯假定劳动供给曲线下端呈水平状，是假定存在失业时，实际工资在短期内保持不变。

劳动供给曲线的形状可以用它的弹性来计量。用就业量变动的百分比除以工资变动的百分比，就得到了劳动供给的工资弹性，劳动供给弹性反映了就业量相对于实际工资的短期变化程度。

$$劳动供给的工资弹性 = \frac{就业量变动的百分比}{工资变动的百分比}$$

在短期内，劳动供给曲线的弹性不变的前提下，由于劳动供给曲线的弹性不同，如果劳动需求曲线向右移动，对就业量和实际工资产生的影响程度也不同。可见，劳动需求的增加对就业量的影响程度主要是由劳动供给曲线弹性的大小决定的。

图 8-1 比较了劳动供给曲线弹性的不同对就业量和实际工资的影响。当经济体存在较大的失业量时，如果劳动供给曲线的弹性较大 [图 8-1（a）]，劳动需求的增加主要会引起就业量的增加，引起实际工资的增加较小；如果劳动供给曲线的弹性较小 [图 8-1（b）]，劳动需求的增加主要会引起实际工资的提高，引起就业量的增加较小。

我们可以归纳短期劳动供给曲线的基本特征如下：

① 劳动供给曲线的上端，既可以呈水平状，也可以呈垂直状；
② 劳动供给曲线的下端通常呈水平状；
③ 劳动供给曲线的形状可以用它的弹性来计量；劳动供给曲线的弹性

---

❶ 约翰·梅纳德·凯恩斯. 就业、利息和货币通论 [M]. 重译本. 北京：商务印书馆，1999：32.

不变，就业量和实际工资的变化，一方面取决于劳动需求曲线位移的多少；另一方面取决于劳动供给曲线的弹性的大小。

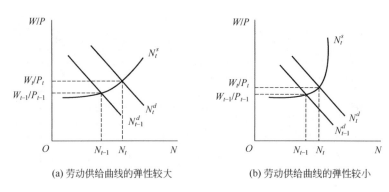

(a) 劳动供给曲线的弹性较大   (b) 劳动供给曲线的弹性较小

图 8-1 劳动供给曲线的弹性对就业量和实际工资的影响

短期劳动供给曲线模型的假定条件是符合经济现实的。就一般国家来讲，劳动供给曲线的位置每年向右移动零点几个百分点，或者在零附近波动。在一定的劳动供给状况下，决定一国就业量和实际工资水平的主要因素是劳动需求的变化。

三、总供给函数的假定条件

《通论》的总供给模型是与劳动市场的均衡联系在一起的，总供给是就业量的函数，被写作 $Z = \Phi(N)$。在一定程度上，总供给曲线的形状会受到劳动供给曲线的影响。我们应该知道，在总供给函数的关系式中，隐含着总供给与价格之间的关系，即总供给也是价格的函数。

在短期分析中，凯恩斯多次强调了总供给曲线的假定条件。"在技术、资源和每一单位就业量的要素成本均为既定时，每一单个厂商和行业以及社会总就业量取决于企业家对该就业量的产品所预期的卖价。"❶凯恩斯假定，劳动生产率、资源条件及生产要素的成本在短期不发生变化，其含义是假定总供给曲线保持不变，因此，总产量和价格水平取决于总需求曲线的移动。

❶ 约翰·梅纳德·凯恩斯. 就业、利息和货币通论 [M]. 重译本. 北京：商务印书馆，1999：29-30.

总供给曲线的形状可以用它的弹性来计量。用总产量变动的百分比除以价格变动的百分比，可以得到总供给的价格弹性，总供给曲线的弹性反映了总产量相对于价格的短期变化程度。

$$总供给的价格弹性 = \frac{总产量变动的百分比}{价格变动的百分比}$$

在短期总供给曲线的弹性不变的前提下，由于总供给曲线的弹性的不同，如果总需求曲线向右移动，对总产量和价格产生的影响程度也不同。可见，总需求的变化对总产量的影响程度，主要是由总供给曲线的弹性的大小决定的。

图 8-2 比较了总供给曲线弹性的不同对实际总产量和价格水平的不同影响。如果总供给曲线的弹性较大 [图 8-2 （a）]，总需求的增加引起的总产量的增长较大，引起价格水平的上升较小；如果总供给曲线的弹性较小 [图 8-2 （b）]，总需求的增加主要会引起价格水平上升，引起总产量的增长较小。

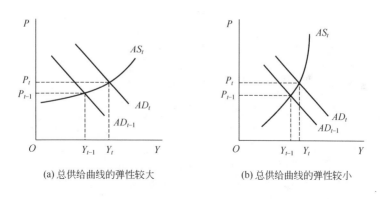

(a) 总供给曲线的弹性较大　　　　(b) 总供给曲线的弹性较小

图 8-2　总供给曲线的弹性对实际总产量和价格的影响

我们可以归纳短期总供给曲线的基本特征如下：

① 总供给是就业量的函数，总供给的变化在一定程度上受劳动供给大小的影响；

② 总供给曲线，既可以呈水平状，也可以呈垂直状；

③ 总供给曲线的形状可以用它的弹性来计量；总供给曲线的弹性不变，总产量和价格水平的变化，一方面取决于总需求曲线位移的多少；另一方面取决于总供给曲线的弹性的大小。

短期总供给曲线的假定条件是符合经济现实的。一般来讲，总供给曲线的位置一年通常向右移动几个百分点，较高的通货膨胀率（即一般价格水平迅速上涨的情况）通常是由总需求的快速增长引起的。

概括地说，凯恩斯的短期模型的假定条件，是将劳动市场的假定条件与产品市场的假定条件联系在一起考虑的。在短期既定的劳动生产率、资源及要素成本的条件下，可以假定劳动供给曲线和总供给曲线的弹性是不变的，这样，在一定的供给条件下，就业量和总产量的变化取决于需求方面的影响。

第四节　供需均衡点的"连线"

在第七章，我们采用四维图解法构建了供需均衡的 N^w-Y^d 模型，它描绘了一条连接不同时期均衡就业量与有效需求构成的点的曲线。其实，马歇尔在写作《经济学原理》时，就发现了一条不同时期的供需均衡点的连线，我们需要对这一连线作进一步的解释。

一、马歇尔首先发现了供需均衡点的连线

马歇尔把经济学作为一门科学来研究，他明确提出，经济科学的出发点是在最一般的形态上考察正常需求和正常供给的均衡；并且，这门科学的注意力几乎应该全部集中在供需均衡这一经济科学普遍共有的一般关系上。

> 我们的出发点是：我们在它们最一般的形态上考察正常需求和正常供给的均衡；我们撇开不谈经济科学中特殊部门所特有的那些特点，而把我们的注意力集中在差不多全部经济科学所共有的那些一般关系上。❶

显而易见，供给与需求的一般均衡理论是经济科学最重要的主题，而时间因素这一经济学的根本性难题是供需均衡的一般原理要解决的一个重要

---

❶ 艾尔弗雷德·马歇尔. 经济学原理：下卷［M］. 北京：商务印书馆，1965：33.

课题。经济科学如何在供需均衡分析中将短期与长期联系起来，使得经济分析不再局限于短期模型的假定条件的约束，从而能更准确地分析实际经济变量在各种不同时期的变化，对于供需均衡的一般原理具有特殊的重要性。

马歇尔首先把时间因素引入经济分析中，并且发现了一条连续不断的供需均衡点的连线，这样一条曲线的特点是：可以使供需均衡的一般原理连续适用于各种不同时期。马歇尔在《经济学原理》中作了如下表述：

> 我们曾发现了一条连续不断的线，它使供求均衡的一般理论连续适用于各种不同时期，从这样短的时期，以致生产成本对价值没有直接影响，到那样长的时期，以致各种生产工具的供给可以和它们的间接需求（亦即从对它们所生产的商品的直接需求所派生的需求）相适应。❶

对于供需均衡的一般原理来说，生产成本对价值的影响短期与长期是有着显著区别的。马歇尔运用一条连续不断的均衡点的连线将经济的短期变化与长期变化联系起来，这一曲线可以用于解释不同时期供需均衡的一般原理，而不需要对长短期做出人为的严格界定。可见，马歇尔试图用"长短不同时期联系起来的连线"来解决经济分析中由时间因素所产生的一系列难题。

更重要的是，马歇尔发现的这条连接各个不同时期的连续不断的供需均衡点的曲线，不仅适用于各种不同时期，还能把各种不同类型人的劳动与各种不同类型的劳动产品联系在一起，从而使劳动供需的均衡分析与劳动产品供需的均衡分析通过共同的衡量单位从根本上统一起来。

> 我们曾涉及另一条连续不断的线，它横交于连接各个不同时期的那条线。它把各种不同的生产工具（物质的和人的）都连接起来；虽然它们在外表上有重要的差别，而它却使它们在根本上统一起来。❷

❶ 艾尔弗雷德·马歇尔. 经济学原理：下卷 [M]. 北京：商务印书馆，1965：316-317.
❷ 艾尔弗雷德·马歇尔. 经济学原理：下卷 [M]. 北京：商务印书馆，1965：317.

上述思想是具有开创意义的，毫无疑问，马歇尔已经清楚地"看见"了一条连续不断的供需均衡点的连线。然而，客观地说，也许只有凯恩斯能够理解这条把不同时期联系起来的连线的内在含义。他在解释马歇尔的上述思想时，把不连贯的字句重新组合到一起，将其思路概括为：

> 把时间因素直接引入到经济分析中来，主要应当归功于马歇尔。"长期"和"短期"的概念，是他提出的。他引入时间因素的目的之一，是要追溯"一条贯穿始终，并把供求均衡的一般原理与长短不同的时期联系起来的连线"。❶

凯恩斯清楚地认识到，马歇尔引入时间因素的目的，在于追溯一条贯穿始终的供需均衡点的连线。毫无疑问，马歇尔的思路为后来的经济学家进行理论研究提供了一个重要的分析方法，遗憾的是，这一重要思想在论述上仍存在很多不足。正如凯恩斯所言，"这些思想都是具有开拓意义的，也是人们在进行清晰的思考时所不可或缺的。然而，依我来看，这一部分也是马歇尔论述得最不全面、最不令人满意的地方，他留下了许多工作需要由后继者们来完成。正如他在《经济学原理》初版序言中所说的，时间因素'几乎是每一个经济学难题的核心'。"❷我们应该承认，在一定程度上，发展科学的研究方法既是经济学最重要的任务，也是经济学最困难的工作。关于不同时期的供需均衡点的连线的研究，许多工作有待完成。

二、四维模型与"短期"均衡点的连线

根据第七章所述，用于经济整体分析的四维图解法，即就业量、总产量、工资与价格水平在三维空间中随时间变化的四维模型，描绘了劳动供给与劳动需求、产品的总供给与总需求以及劳动供需与产品供需之间的相互作用，在此基础上，可以考察均衡就业量与有效需求之间的关系。它也

---

❶ 约翰·梅纳德·凯恩斯. 精英的聚会 [M]. 南京：江苏人民出版社，1998：213.
❷ 约翰·梅纳德·凯恩斯. 精英的聚会 [M]. 南京：江苏人民出版社，1998：213.

刻画了在不同时期，当劳动市场和产品市场都达到均衡时，就业量、总产量、工资和价格水平的状况，为研究经济运行的整体情况提供了一个科学的图形分析工具。

基于凯恩斯的短期模型的假定条件，即劳动供需的模型和产品的总供需模型的基本假定条件下，我们构建了一个供给与需求的四维模型。

图 8-3 在四维模型中描绘了随着总需求曲线和劳动需求曲线的移动，所引起的均衡就业量与有效需求构成的点的连线的延伸，反映了供需均衡曲线的短期变化。

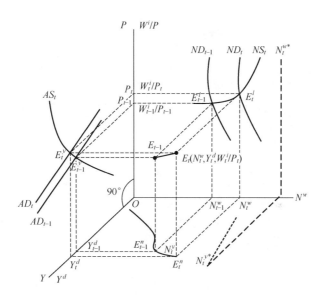

图 8-3　总需求曲线和劳动需求曲线的移动与供需均衡曲线的延伸

在短期内，假定劳动供给曲线和总供给曲线的弹性在给定的条件下，当总需求曲线向外移动时，有效需求的增长通常会带动劳动需求的增长，使得劳动需求曲线也向外移动。这样，总供给曲线与总需求曲线的交点从 E_{t-1}^y 向外移动到 E_t^y；与此同时，劳动供给曲线与劳动需求曲线的交点从 E_{t-1}^l 向外移动到 E_t^l；就业量与有效需求随时间的这种变化反映在四维模型中，表现为供需均衡点从 E_{t-1} 向外移动到 E_t，形成了一条从 E_{t-1} 点到 E_t 点的连线；将这条供需均衡点的连线投影到 N^w - Y^d 模型上，表现为均衡就业量与有效需求构成的点的连线从 E_{t-1}^n 向外移动到

E_t^n。当我们运用四维模型分析经济的短期变化时，可以观察到供需均衡点在各个短期内是如何移动的，将这些短期供需均衡点连接起来，就得到了一条描述劳动市场的供需均衡点与产品市场的供需均衡点所构成的点的连线——供需均衡曲线。

供给与需求的四维图解法是一个研究经济总量从短期到长期持续变化的分析工具。我们将在第十章进一步解释如何运用四维图解法来分析各经济总量从短期到长期的变化，目前我们更关心的是"短期"供需均衡点的连线的含义。

三、N^w-Y^d 模型与供需均衡曲线

如前所述，三维空间图形的底面——供需均衡的 N^w-Y^d 模型描绘了一条连接不同时期均衡就业量与有效需求构成的点的连线，我们称为供需均衡曲线。这样一条贯穿始终的曲线可以用来分析一个经济体系的供给与需求从短期到长期的持续变化。

图 8-4 在 N^w-Y^d 模型中描绘了均衡就业量与有效需求构成的点的连线。我们将 t-1 时点的供需均衡点 E_{t-1}^n 与 t 时点的供需均衡点 E_t^n 连接起来，就形成了供需均衡曲线在短期的延伸。对于短期的界定，我们将在第五节分析短期的时间单位时作专门讨论。

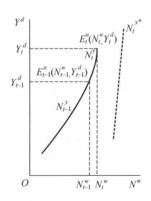

图 8-4　N^w-Y^d 模型与供需均衡曲线

供需均衡曲线的短期延伸反映了某一时间段就业量与有效需求的相对变化。凯恩斯的逻辑是，由于就业量取决于有效需求，如果我们知道就

业量与有效需求的函数关系，那么当有效需求确定时，就业量的大小就可以随之确定。

在第五节，我们将进一步考察这条连接长短不同时期供需均衡点的曲线的基本特征。在此之前，我们要先给出这条供需均衡点的连线的正式定义。把不同时期均衡就业量与对应的有效需求构成的点 $E_{t-n}^n, \cdots, E_{t-2}^n, E_{t-1}^n$，$E_t^n$ 连接起来，就形成了一条由均衡就业量与有效需求构成的点组成的连续曲线。我们将这条曲线定义为供需均衡曲线，简称均衡曲线，用 N_t^y 表示。供需均衡曲线是三维空间的供需均衡点的连线在 N^w-Y^d 模型上的投影，它反映了经济总量随时间连续变化的状况。

四、有效需求与均衡就业量的关系

为了对四维模型中的均衡点的连线做出更科学、更严密的解释，我们需要找出有效需求与均衡就业量的关系式，这样，供需均衡曲线上的点在经济学上就具有了明确的含义，可以对应于不同时点的实际经济状况。

在第五章中，根据凯恩斯选择的衡量单位和计量方法，我们定义用实际工资单位衡量的就业量 N_t^w 等于就业量与实际平均工资的乘积，$N_t^w = N_t \cdot \overline{W_t}$ ［式（5.3）］。根据凯恩斯的定义，总供给与总需求都是就业量的函数。当产品市场实现均衡时，总供给函数与总需求函数的交点决定了有效需求与价格水平，从而也决定了均衡就业量。

在第三章中，我们定义了工资收入比例 g，在 t 时点，一国的工资收入比例为工资总额与总收入的比值，即 $g_t = E_t / Y_t$ ［式（3.2）］。由于有效需求和均衡就业量是同时决定的，二者之间存在确定的关系，我们的目的是找到这一定量关系。由于工资总额 $E_t = N_t \cdot \overline{W_t} = N_t^w$，并且 $Y_t^d = Y_t$，由式（3.2）可以得到有效需求与均衡就业量之间的关系，即

有效需求与均衡就业量的关系：

$$Y_t^d = (1/g_t)N_t^w \qquad (8.1)$$

其中，N_t^w 代表就业量（用实际工资单位衡量）；Y_t^d 代表有效需求，假定在短期内工资收入比例 g_t 为常数。

由式（8.1）可以看出，在假定工资收入比例 g_t 为常数的条件下，均衡

就业量与有效需求存在一定的比例关系。在实际经济中，就业量与有效需求通常存在正相关的关系。

第五节　均衡曲线的基本特征

本节将进一步考察供需均衡曲线的几个基本特征，我们准备从四个方面介绍，包括供需均衡曲线的位置、供需均衡曲线的斜率、供需均衡曲线的延伸以及供需均衡点的时间单位的选择。

一、供需均衡曲线的位置

供需均衡曲线的第一个基本特征是：一个经济体的供需均衡曲线在供需均衡的 N^w - Y^d 模型中是唯一确定的。

如前所述，N^w - Y^d 模型描绘了一条连接不同时期的均衡就业量与有效需求（总产量）构成的点的曲线，即供需均衡曲线。这条曲线刻画了经济体在各个时间点的实际状态，即就业量与有效需求之间的关系，并直观地反映了这种关系随时间的变化。虽然三维空间图形是无限的，然而对于某一个经济体而言，它的供需均衡曲线在三维空间的位置是唯一确定的。

图 8-5 描述了在 N^w - Y^d 模型中，供需均衡曲线的位置是如何确定的。当产品市场的总需求曲线从 AD_{t-1} 移动到 AD_t 时，相应地，有效需求从 Y^d_{t-1} 增加到 Y^d_t；与之相联系的劳动市场的需求曲线从 ND_{t-1} 移动到 ND_t，相应地，就业量从 N^w_{t-1} 增加到 N^w_t。在 t 时点，均衡就业量 N^w_t 与对应的有效需求 Y^d_t 构成了一个新的均衡点 $E^n_t(N^w_t,Y^d_t)$。将从 0～$(t-1)$ 期的供需均衡曲线 N^y_{t-1} 上的 E^n_{t-1} 点与 E^n_t 点连接起来，就得到了 0～t 时期的供需均衡曲线 N^y_t。如果我们用 E^n_t 点的坐标来表示供需均衡曲线 N^y_t 的位置，可以说，从 $t-1$ 时点到 t 时点，供需均衡曲线的位置从 E^n_{t-1} 点移动到 E^n_t 点。

在 N^w - Y^d 模型中，供需均衡曲线 N^y_t 的位置是指均衡就业量 N^w_t 与对应的有效需求 Y^d_t 构成的 E^n_t 点的坐标，也就是说，均衡就业量 N^w_t 与有效需求 Y^d_t 唯一确定了供需均衡曲线 N^y_t 的位置。在不同时间点，就业量与有效需求的数值会发生变化，因此，供需均衡点的位置的变化是由就业量相对于有效需求随时间的改变而引起的。

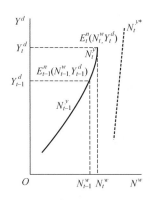

图 8-5　供需均衡曲线的位置与供需均衡曲线的延伸

二、供需均衡曲线的斜率

供需均衡曲线的第二个基本特征是：就长期而言，供需均衡曲线的斜率可能为正值、零或负值。

在某一时期，供需均衡曲线的斜率精确地刻画了就业量和平均工资的变化与其之间的关系，反映出就业量与有效需求的相对变化。概括地说，供需均衡曲线在某一时期的斜率描绘了供需均衡曲线持续延伸的方向，反映了经济发展的不同趋势。

如图 8-6 所示，从 $t-n$ 时点到 t 时点，有效需求从 Y_{t-n}^d 增加到 Y_t^d，与此同时，就业量从 N_{t-n}^w 增加到 N_t^w，于是，供需均衡点从 E_{t-n}^n 移动到 E_t^n。我们可以通过计算 $(t-n)\sim t$ 时期供需均衡曲线的斜率，来描述这一时期就业量相对于有效需求的变化。

用 s_t^n 表示 $(t-n)\sim t$ 时期供需均衡曲线的斜率，定义供需均衡曲线的斜率 s_t^n 为该时点就业量的变化与有效需求的变化量之间的比值，即

供需均衡曲线的斜率：

$$s_t^n = \frac{N_t^w - N_{t-n}^w}{Y_t^d - Y_{t-n}^d} \qquad (8.2)$$

其中，N_t^w 和 N_{t-n}^w 分别代表 t 时点与 $t-n$ 时点的就业量；Y_t^d 和 Y_{t-n}^d 分别代表 t 时点与 $t-n$ 时点的有效需求。

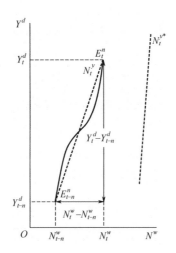

图 8-6　供需均衡曲线的斜率

如式（8.2）所示，供需均衡曲线的斜率刻画了在长度为 n 的时间区间内，就业量相对于有效需求的变化，反映了从 $t-n$ 时点到 t 时点供需均衡曲线的延伸方向。供需均衡曲线的斜率适用于不同时期的经济分析，特别是较长时期的分析。我们可以用供需均衡曲线的斜率来描述就业量的长期变化，根据经济分析的具体问题，选取不同的时间段 n。在几何学中，直线的斜率定义为对边与邻边的比值。供需均衡曲线的斜率采用邻边与对边的比值，即直线斜率的倒数，是为了更直观地表达在模型中体现的经济学含义。

在一定时期内，供需均衡曲线的斜率反映了用实际工资单位衡量的就业量相对于有效需求的增长速度，可以用来描述就业量的长期变化。在有效需求不断增长的条件下，供需均衡曲线的斜率 s_t^n 的经济学含义可以扼要地概括为以下几点。

① 当 $s_t^n > 0$ 时，表示供需均衡曲线向右倾斜，这意味着，在这一时期，当有效需求增长时，就业量同时增加。如果 s_t^n 的数值较小，表示用实际工资单位衡量的就业量相对于有效需求的增长比较缓慢；如果 s_t^n 的数值较大，表示就业量和实际平均工资相对于有效需求来说增长得比较快。

② 当 $s_t^n = 0$ 时，表示供需均衡曲线是垂直的，这意味着，在有效需求

增长时，就业量和实际平均工资长期保持不变。

③ 当 $s_t^n < 0$ 时，表示供需均衡曲线向左倾斜，这意味着，在长期内，当有效需求增长时，就业量反而下降。s_t^n 的绝对值越大，说明就业量和实际平均工资相对于有效需求的增长而下降的幅度越大。

三、供需均衡曲线的延伸

供需均衡曲线的第三个基本特征是：就短期而言，供需均衡曲线可能向不同的方向延伸。

我们在前面运用四维模型进行短期分析时，已经作过解释，由于有效需求的变化会引起就业量的改变，这样，在 N^w-Y^d 模型中，均衡就业量与有效需求构成的点也会发生移动，于是就引起了供需均衡曲线的延伸。可见，供需均衡曲线的延伸取决于劳动需求与有效需求在短期内的相对变化。

图 8-5 描述了 N^w-Y^d 模型的供需均衡曲线从 t-1 时点到 t 时点的延伸。均衡就业量与有效需求构成的点从 E_{t-1}^n 移动到 E_t^n，引起均衡曲线由 N_{t-1}^y 变化为 N_t^y，均衡曲线随时间发生的这种短期变化，我们称作供需均衡曲线的延伸。供需均衡曲线的延伸描述了用实际工资单位衡量的就业量相对于有效需求随时间的变化，它反映的是供需均衡曲线的短期变化。

根据上述定义，通过定量地描述有效需求的变化和就业量的变化，我们可以进一步解释供需均衡曲线延伸的经济学含义。

用 ΔY_t^d 表示从 t-1 时点到 t 时点有效需求的变化量，它等于 t 时点的有效需求量减去 t-1 时点的有效需求量，即

有效需求的变化量：

$$\Delta Y_t^d = Y_t^d - Y_{t-1}^d \tag{8.3}$$

其中，Y_t^d 和 Y_{t-1}^d 分别代表 t 时点与 t-1 时点的有效需求。

用 ΔN_t^w 表示从 t-1 时点到 t 时点的就业变化量，它等于 t 时点的就业量减去 t-1 时点的就业量，即

用实际工资单位衡量的就业变化量：

$$\Delta N_t^w = N_t^w - N_{t-1}^w \tag{8.4}$$

其中，N_t^w 和 N_{t-1}^w 分别代表 t 时点与 t-1 时点的就业量。

以上我们给出了供需均衡曲线延伸的经济学含义，根据式（8.4）和式（8.3），供需均衡曲线的延伸可以用就业变化量和有效需求的变化量这两个指标加以描述。从 $t-1$ 时点到 t 时点，无论有效需求的变化量 ΔY_t^d 为何值，就业量的变化决定均衡曲线的延伸方向。①当 $\Delta N_t^w > 0$ 时，就业量增加，供需均衡曲线向右上方延伸；②当 $\Delta N_t^w = 0$ 时，就业量不变，供需均衡曲线向正上方延伸；③当 $\Delta N_t^w < 0$ 时，就业量减少，供需均衡曲线向左上方延伸。

综上所述，供需均衡曲线的延伸可以直观地反映一个国家在短期内的就业量变化的方向，以及就业量变化的大小。

四、供需均衡点的时间单位的选择

对供需均衡曲线的斜率和延伸的研究，涉及短期模型与长期模型对时间单位的选择。那么，如何选择不同时期模型的时间单位呢？目前宏观经济分析的一般习惯做法是，短期模型采用一个季度或一年为时间单位；长期模型采用一年以上为时间单位。

马歇尔认为，经济分析的时间单位没有必要作严格的规定，而应该根据实际情况来选择。"时间单位可根据各个具体问题的情况加以选择：它也许是一日、一月、一年、甚或一个世代。"❶就 N^w-Y^d 模型而言，供需均衡曲线的精确性与时间单位密切相关。时间单位越小，供需均衡曲线的精确性越高，这意味着供需均衡曲线描绘的结果与实际观察到的经济事实之间的差异比较小，比如月度供需曲线比年度曲线有更接近真实的情况，因此有利于更准确地预测经济未来的变化。在对供需均衡曲线进行分析时，可以根据具体的情况人为划分短期与长期。

短期模型的时间单位可以采用一年或者一个季度，甚至可以采用一个月或者一天。短期模型的时间单位较小，有助于提高经济分析的准确性，关键在于统计和处理数据的能力。供需均衡曲线的时间区间可根据具体的经济问题做出不同选择，比如说短期分析可以预测供需均衡曲线在下个月的延伸方向和延伸幅度的短期变化。

---

❶ 艾尔弗雷德·马歇尔. 经济学原理：下卷［M］. 北京：商务印书馆，1965：34.

长期模型的时间单位可以采用五年，甚至更长，可以根据经济分析的具体问题人为选择，比如说长期分析可以比较供需均衡曲线每十年的长期斜率的变化。对于供需均衡曲线的长期分析应该是贯穿始终的，在通常情况下，我们可以根据其斜率的不同，分阶段对供需均衡曲线展开讨论。

综上所述，我们从四个方面讨论了供需均衡曲线的基本特征，即供需均衡曲线的位置、供需均衡曲线的斜率和供需均衡曲线的延伸，并解释了在使用供需均衡曲线时对于时间单位的选择。供需均衡曲线的基本特征表明，一国的供需均衡曲线可以根据经济分析的具体问题精确地描绘出来，因此，它可以作为一个科学的分析工具，用于解释经济体系内部存在的供需均衡关系在各时期的连续变化。

第六节　供需均衡曲线的性质

从供需均衡的一般原理的研究来说，时间因素是供需均衡分析中最大困难的根源。马歇尔把时间因素直接引入经济分析中，并且发现了一条长短不同时期的供需均衡点的连线。我们应该意识到，马歇尔这些思想是具有开拓意义的，也是经济学家在思考供需均衡的一般理论时所不可或缺的。因此，我们需要更加深入地理解这条贯穿始终的供需均衡点的连线的基本性质。

第一，通过一条贯穿始终的供需均衡点的连线，使供需均衡的一般原理连续适用于解释长短不同时期经济总量的各种供需均衡的状态。

首先，马歇尔早就意识到，经济学家的注意力几乎应该全部集中在探讨供给与需求的一般均衡这一经济科学普遍共有的关系上。然而，时间因素是经济科学最大困难的根源。针对这一问题的复杂性，马歇尔提出了长期和短期的概念，把时间因素引入供需均衡的分析中。

其次，宏观经济理论研究的实践也表明，时间因素差不多是经济分析的主要困难之中心。"对于长期与短期模型的合适的时间范围，一致的意见就少些。"[1]或者说，在中期阶段，"'总供给曲线有多陡'的问题是宏观经

---

[1] 鲁迪格·多恩布什，斯坦利·费希尔，理查德·斯塔兹. 宏观经济学：第8版［M］. 北京：中国财政经济出版社，2003：4.

济学中主要争论的问题"❶。

再次，马歇尔不但了解时间因素是经济学困难的根源，而且发现了一条连续不断的供需均衡点的连线，这条曲线使供需均衡的一般理论连续适用于各种不同时期的分析。正如马歇尔所言，"我们曾发现了一条连续不断的线，它使供求均衡的一般理论连续适用于各种不同时期"。值得探讨的是，正是在供需均衡点的连线的帮助下，马歇尔了解了供给与需求的时间连续性，这样，这条曲线与从短期到长期的供需均衡分析可以相适应。

最后，我们必须承认，马歇尔"这些思想都是具有开拓意义的，也是人们在进行清晰的思考时所不可或缺的"。凯恩斯早在 1924 年就了解时间因素对于经济分析的影响至关重要。"他引入时间因素的目的之一，是要追溯'一条贯穿始终，并把供求均衡的一般原理与长短不同的时期联系起来的连线'。"关于供需均衡点的连线的研究方法，为后来的经济学家研究均衡理论提供了重要的思路。

第二，就研究方法来说，一条连续不断的供需均衡点的连线的思想是具有开创意义的，为经济学发展科学的供需均衡的分析方法奠定了基础。

依照凯恩斯的见解，关于不同时期供需均衡点的连线的分析方法的研究，也是马歇尔论述得最不全面、最不令人满意的地方，马歇尔留下了许多工作需要由后继者来完成。在《通论》中，凯恩斯通过发展供需均衡点的连线的分析方法，试图构建一个供需均衡的分析框架。实际上，凯恩斯是将追溯一条贯穿始终的供需均衡点的连线的方法与其就业理论的研究联系在一起的。

首先，一个明晰的目标变量是建立供需均衡的分析框架的出发点。凯恩斯明确指出，"我们的分析的最终目标是找出：决定就业量的是什么。"他试图在确定经济分析的最终目标的基础上，找出影响因变量的各种自变量，并确定变量之间的定量关系。

其次，将总供给定义为就业量的函数，总供给函数被写作 $Z = \Phi(N)$；将总需求定义为就业量的函数，总需求函数被写作 $D = f(N)$。在此基础上，考察劳动供给-劳动需求与总供给-总需求之间的相互作用。"我们已经得到

❶ 鲁迪格·多恩布什，斯坦利·费希尔，理查德·斯塔兹. 宏观经济学：第 8 版 [M]. 北京：中国财政经济出版社，2003：9.

初步的结论，即：就业量取决于总供给函数和总需求函数的交点。"就其实质而言，均衡就业量与有效需求构成的点的研究是基于供需均衡点的连线这种研究方法，均衡就业量与有效需求构成的点的连线直接联系着各个不同时期。

最后，凯恩斯强调："就业量被决定于总需求函数和总供给函数的交点，……被称为有效需求。由于这就是就业通论的实质内容，我们的任务在于说明这一内容。"凯恩斯将长短不同时期供需均衡点的连线与供需均衡的一般原理联系起来，试图为就业理论提供一个统一的科学的分析框架。可见，就业量与有效需求构成的点的研究是就业通论的实质内容，《通论》的任务在于说明这一内容。

第三，供需均衡曲线的基本特征表明，如果没有供需均衡点的连线这一几何图形的帮助，我们要完全明了供需均衡的连续性是不容易的。

对于供需均衡的一般原理来说，马歇尔相当清楚，使经济学说成为可用于分析供需均衡连续现象的一般理论，最好的方法是借助几何图形的帮助。"如果没有数学符号或图表的帮助，我们要完全明了这一方面的连续性是不容易的。"经济科学应该运用几何图形来解释长短不同时期供需均衡的一般理论的连续性问题。

我们通过四维图解法，把四维模型中的供需均衡点的连线投影在三维空间的底面，在供需均衡的 N^w-Y^d 模型中得到了一条连续的供需均衡曲线，从而，"时间第一次明显地进入我们的讨论中。空间（位置）和时间在应用时总是一道出现的"。[1]这是一条均衡就业量与有效需求构成的点的连线，它贯穿经济分析的始终。供需均衡曲线上的每一个点描述了每一时间点均衡就业量相对于有效需求的状况。通过分析这条均衡曲线的基本特征不难看出，它可以为经济科学提供一种统一的科学的研究方法。

（1）供需均衡曲线的位置：N^w-Y^d 模型的纵轴为有效需求 Y^d，模型的横轴为用实际工资单位衡量的就业量 N^w。供需均衡曲线上的每一个点，是由劳动供给与劳动需求相交时的劳动需求的数值——均衡就业量，与劳动产品的总供给与总需求相交时的总需求的数值——有效需求构成的；供

---

　　[1] 阿尔伯特·爱因斯坦. 空间-时间 [M] //爱因斯坦文集：第一卷，北京：商务印书馆，1976：251.

需均衡曲线在 $N^w - Y^d$ 模型中的位置，以及它相对于充分就业水平的位置，可以直观地刻画出一国的就业量、平均工资和有效需求（总产量、总收入）等经济总量的整体均衡状态。

（2）供需均衡曲线的斜率：供需均衡曲线的斜率刻画了某一时期用实际工资单位衡量的就业量相对于有效需求（总产量）的变化。在长期内，当均衡曲线的斜率大于零时，有效需求的增加会使得就业量同时增加；当均衡曲线的斜率等于零时，有效需求的增加不会对就业量产生影响；当均衡曲线的斜率小于零时，随着有效需求的增加，就业量反而下降。因此，供需均衡曲线的斜率越大，就业量相对于有效需求（总产量）长期的变化也越大。

（3）供需均衡曲线的延伸：供需均衡曲线的延伸刻画了劳动供需的均衡点与产品供需的均衡点在短期内的相对变化，反映了市场供需短期调整的均衡结果。对于就业理论来说，供需均衡曲线的延伸描述了用实际工资单位衡量的就业量的变化：当供需均衡曲线向右延伸时，就业量增加；当供需均衡曲线向上延伸时，就业量不变；当供需均衡曲线向左延伸时，就业量下降。

上述基本特征表明，供需均衡曲线可以一目了然地反映一国经济整体的供需均衡状态，它具有简洁地解释经济体系内部的均衡水平的能力；运用供需均衡曲线的斜率和在短期内的延伸能够有效地分析经济总量的长期趋势及短期变化。

第四，就短期而言，供需均衡曲线的延伸是与凯恩斯的就业理论的基本模型联系在一起的。

对于具有丰富实践经验的经济学家凯恩斯来说，他关心的是短期就业问题；特别是当经济深陷萧条时，失业者与其家人可能会在悲惨的状态中死去。因此，政府的财政政策和货币政策应该探讨如何在短期内应对失业危机，使大多数贫穷的劳动者摆脱饥饿和困苦。《通论》立足于短期分析，凯恩斯试图用一个基本模型来解释供需均衡点的短期变化，我们称其为就业理论的基本模型。

毫无疑问，供需均衡点及其连线的研究为凯恩斯发展就业理论奠定了分析基础。因此，供需均衡曲线的研究为深入理解《通论》的基本含义提供了一个科学的分析工具。由于所有这些理由，我们需要定量地解释供需均衡曲线在短期内的延伸。"就业函数表示以工资单位来衡量的有效需求与就业量之间的关系。"就业函数是供需均衡曲线在 t 时点的函数表达式，考察的是有效需求如何影响就业量的变化。可见，凯恩斯的有效需求原理是建立在对供需均衡曲线的延伸作定量分析的基础上。在第二卷的第三篇《有效需求原理》中，我们将具体探讨供需均衡曲线与就业函数之间的联系。

　　无论如何，供需均衡曲线不只是给予经济学家一种方便的科学语言，我们应该认识到，如果没有一条贯穿始终的供需均衡点的连线，我们也许永远不了解经济体系内部的供需均衡的长期发展状况。通过供需均衡曲线的基本特征，我们可以看到，均衡就业量与有效需求构成的点的连线是唯一真实的客观实在。简而言之，通过追溯一条贯穿经济分析始终的均衡就业量与有效需求构成的点的连线，可以把供需均衡的一般原理与长短不同时期的供需均衡分析联系起来，为经济理论的研究提供一种科学的分析工具。

第九章　充分就业与潜在产量

　　所需要的假设条件又是古典学派的通常的假设，即：总是存在着在充分就业，从而，如果以产品来表示的劳动的供给曲线没有变动，那末，只存在着一个符合长期均衡的可能的就业水平。

　　　　　　　　——约翰·梅纳德·凯恩斯《就业、利息和货币通论》

第一节　概　　述

　　我们知道，萨伊定律是古典经济学的理论基石，该定律认为供给创造其自身的需求。"自从萨伊和李嘉图时期以来，古典经济学者们都在讲授供给创造自己的需求的学说——其大意是：全部生产成本必须直接或间接地被用来购买所生产出来的产品，但对该学说，他们并没有很清楚地加以说明。"[1]萨伊定律被李嘉图及其后继者成功地捍卫了，传统的新古典学说正是基于对萨伊定律的修正。然而，"该学说在今天从来不以这种简陋的形式出现。虽然如此，它仍然是整个古典理论的一个基础；没有前者，后者便要崩溃"。[2]新古典学说把最一般形态的正常供给与正常需求的均衡作为其理论研究的核心主题，经济科学的注意力几乎全部集中在考察正常供需均衡这一普遍共有的一般关系上。显而易见，最值得经济科学探讨的是，新古典学说中供需均衡的一般原理的实质内容是什么？

　　在《经济学原理》中，马歇尔明确提出了产品供给与产品需求"稳定

---

　　[1] 约翰·梅纳德·凯恩斯. 就业、利息和货币通论 [M]. 重译本. 北京：商务印书馆，1999：23.
　　[2] 约翰·梅纳德·凯恩斯. 就业、利息和货币通论 [M]. 重译本. 北京：商务印书馆，1999：25.

均衡"的概念。"当需求价格等于供给价格时，产量没有增加或减少的趋势，它处于均衡状态之中。"❶在这种状态下，市场价格稍有背离均衡的位置，自由市场本身将有恢复均衡的趋势，这就是正常供给与正常需求稳定均衡的基本含义。

20 世纪 30 年代，世界普遍性的大萧条导致了大规模的失业，传统的新古典理论对危机的解释已经无能为力。其后，新古典综合学派的学说不再坚持"供给创造自身的需求"的萨伊定律，而在稳定均衡思想的基础上，提出了潜在产量和产出缺口的概念。当前主流宏观经济学家在讨论总供给与总需求的均衡时，通常认为"产量并不总处于其趋势水平，也就是符合生产要素（经济上）被充分利用的水平"❷。尽管如此，主流宏观经济学强调，"产量围绕趋势水平波动"❸。

一般来说，宏观经济学通常假定可以确定经济增长的趋势水平，宏观经济分析是围绕增长趋势线进行的针对产出缺口的分析。宏观经济学通常采用经济周期理论来解释产出缺口的思想。"经济周期是围绕增长趋势线进行的多少具有规律性的扩张（复苏）与收缩（衰退）形式的经济活动。在周期的峰顶，相对于（长期）趋势而言，经济活动处于高涨状态；在周期的谷底，经济活动达到最低点。通货膨胀、增长和失业都具有明显的周期形式。现在，我们来集中量度产出活动，或相对于（长期）趋势的经济周期中的 GDP。"❹简而言之，当前主流宏观经济学在讨论产品市场总供给与总需求的均衡时，尽管承认产量并不总是处于稳定均衡的水平，但坚信，产量通常是围绕着趋势水平波动的。

综上所述，无论是古典学派的学说、新古典学派的学说，还是新古典综合学派的学说，其核心内容都集中在供给与需求的一般均衡关系的研究上，凯恩斯的就业理论同样延续了这一基本的分析方法。凯恩斯多次指出，就业通论并非否认经济可能处于稳定均衡的状态，而是古典学派的

❶ 艾尔弗雷德·马歇尔. 经济学原理：下卷 [M]. 北京：商务印书馆，1965：37.
❷ 鲁迪格·多恩布什，斯坦利·费希尔，理查德·斯塔兹. 宏观经济学：第 8 版 [M]. 北京：中国财政经济出版社，2003：14.
❸ 鲁迪格·多恩布什，斯坦利·费希尔，理查德·斯塔兹. 宏观经济学：第 8 版 [M]. 北京：中国财政经济出版社，2003：14.
❹ 鲁迪格·多恩布什，斯坦利·费希尔，理查德·斯塔兹. 宏观经济学：第 8 版 [M]. 北京：中国财政经济出版社，2003：13.

假设条件只适用于充分就业的特殊情况，而不适用于存在失业的一般通常的情况。

本章首先解释稳定均衡与充分就业均衡这一组相互关联的概念；其次，在供给与需求的四维模型中描绘一条充分就业曲线，并对充分就业时的潜在产量这一概念做出更为明确的解释；再次，阐明充分就业曲线的基本特征；最后，指出经济科学需要进一步研究的供需均衡的最优状态。

第二节　稳定均衡与充分就业均衡

自古典学派以来，经济理论的研究都围绕着供需均衡的分析方法，不但涉及产品的正常供给与正常需求的稳定均衡，而且涉及与其相联系的劳动供给与需求的充分就业均衡。本节准备在考察马歇尔的正常供给与正常需求的稳定均衡概念，以及凯恩斯的劳动供需的充分就业概念的基础上，探讨稳定均衡与充分就业均衡之间的联系。

一、产品正常供需的稳定均衡

经济科学的进步集中体现在考察供给与需求所共有的那些一般均衡关系上。经济学作为一门科学，首先需要考虑分析时所采用的假设条件。需要再次强调的是："一切科学的学说无不暗含地采用条件的：但这种假设的因素在经济规律中特别显著。"[1]在讨论最一般形态的正常供给与正常需求的均衡关系时，马歇尔提出了两个假定前提。其一，"我们假定：需求和供给自由地起着作用；……存在着很大程度的自由竞争"[2]，即新古典经济学考察的是在充分自由竞争的市场条件下供给与需求的一般均衡；其二，"暂时假定这适用于各种成品及其生产要素,适用于劳动的雇用和资本的借贷"[3]。由此可见，产品的供给与需求的均衡是与劳动供给与劳动需求的

---

[1] 艾尔弗雷德·马歇尔. 经济学原理：上卷［M］. 北京：商务印书馆，1965：56.
[2] 艾尔弗雷德·马歇尔. 经济学原理：下卷［M］. 北京：商务印书馆，1965：33.
[3] 艾尔弗雷德·马歇尔. 经济学原理：下卷［M］. 北京：商务印书馆，1965：33.

均衡，以及资本的供给与需求的均衡联系在一起的，并且这些生产要素在市场同样存在很大程度的自由竞争。

在上述两个假定前提下，马歇尔定义了产品供需的均衡产量和均衡价格。"当供求均衡时，一个单位时间内所生产的商品量可以叫做均衡产量，它的售价可以叫做均衡价格。"❶在此基础上，马歇尔解释了产品的正常供给与正常需求稳定均衡的一般特点。概括地说，如果产品供需处于稳定的均衡状态，市场价格稍有背离均衡的位置，市场本身将趋向于恢复均衡的状态。这种趋势可以形象地描述为，产量和价格像钟摆一样总是围着它的中心位置来回摇摆。概括地说，就产量和价格变化的趋势而论，这种供需均衡是稳定的。

> 这种均衡是稳定的均衡；这就是说，如价格与它稍有背离，将有恢复的趋势，像钟摆沿着它的最低点来回摇摆一样。我们将会看到，所有稳定均衡都有这样一个特点，那就是，在均衡状态中，需求价格大于供给价格的那些数量，恰恰也就是小于均衡数量的那些数量，反之亦然。因为当需求价格大于供给价格时，产量有增加的趋势。因此，如果需求价格大于供给价格的那些数量恰恰是小于均衡产量的那些数量，这时如果生产规模暂时减至稍低于均衡产量，则它就有恢复的趋势；可见，就向着那个方向移动而论，均衡是稳定的。❷

为了做出更科学的解释，马歇尔把供需偏离稳定均衡时，市场力量对产量和价格的影响，比喻为地心引力将立即有使钟摆恢复均衡位置的趋势。"当供求处于稳定均衡时，如有任何意外之事使得生产规模离开它的均衡位置，则将有某些力量立即发生作用，它们有使它恢复均衡位置的趋势；正如同一条线所悬着的一块石子如果离开了它的均衡位置，地心引力将立即有使它恢复均衡位置的趋势一样。生产数量围

---

❶ 艾尔弗雷德·马歇尔. 经济学原理：下卷［M］. 北京：商务印书馆，1965：37.
❷ 艾尔弗雷德·马歇尔. 经济学原理：下卷［M］. 北京：商务印书馆，1965：37.

绕着它的均衡位置发生的种种动荡，具有相同的性质。"❶对于均衡理论而言，清楚地解释何谓市场供需处于稳定均衡是非常重要的，上述生动的描述给后来的经济学家留下一个非常深刻的稳定均衡的形象。"钟摆在空间来回摆动的机械比喻"为大多数经济学家建立稳定均衡的概念起到了至关重要的作用。

我们都知道，马歇尔首先用图形描述了稳定均衡的模型。"为了用图形表示供求的均衡，我们可以一道作出供给曲线和需求曲线。"❷不可否认，在充分自由竞争的市场条件下，产品供需均衡的模型是现代经济学家最为熟悉的，这里不予赘述。

此外，马歇尔非常清楚时间因素对产品供需的稳定均衡所具有的重要性。在长期内，时间因素会使得产品价格有逐渐恢复到它的生产成本（钟摆的中心位置）的趋势。"上述考虑表明时间因素对于供求有着巨大的重要性，这是我们现在就要研究的。我们将逐渐发现下述原理的许多不同的限制：即一种东西可依以生产的价格代表它的实际生产成本，也就是说，代表那直接地和间接地用在它的生产方面的种种努力和牺牲。"❸可见，在考察稳定均衡时，既不能脱离时间因素对价格和产量的影响，也不能脱离劳动供给与需求及其他生产要素的供给与需求对于价格和产量的影响。

总之，正常供给与正常需求稳定均衡的学说，是指当产品市场和要素市场存在很大程度的自由竞争时，与劳动供需均衡等联系在一起的产品市场的供需均衡的学说。

二、劳动供需的充分就业均衡

在《通论》中，凯恩斯明确提出了充分就业的概念，这一概念与马歇尔的稳定均衡有着紧密联系。然而，与马歇尔不同的是，凯恩斯是从劳动市场供需均衡的角度来解释充分就业的。

---

❶ 艾尔弗雷德·马歇尔. 经济学原理：下卷 [M]. 北京：商务印书馆，1965：37-38.
❷ 艾尔弗雷德·马歇尔. 经济学原理：下卷 [M]. 北京：商务印书馆，1965：38.
❸ 艾尔弗雷德·马歇尔. 经济学原理：下卷 [M]. 北京：商务印书馆，1965：38.

首先，充分就业是指劳动市场不存在非自愿失业的情况。非自愿失业是除了摩擦和自愿失业以外的失业情况，这种称为"充分"就业的情况，是与古典理论的均衡特征相吻合的。"我们把这种没有'非自愿'失业的情况称之为'充分'就业。在这样的定义之下，'摩擦'和'自愿'失业并不与'充分'就业发生矛盾。"❶我们在第六章已经讨论过凯恩斯的劳动供给和需求的学说，这里不再赘述。

其次，劳动市场的充分就业是与产品市场的稳定均衡相联系的，并不存在单一市场的稳定均衡。凯恩斯用劳动者的行为进一步定义充分就业，他认为当劳动市场的总就业量达到这样一种程度时，即产品市场的有效需求的增加不会引起总就业量和产量的增加，就可以说经济处于充分就业的状态。

> 我们用劳动者的行为来提供一个充分就业的定义。……即：充分就业是一种状况；在其中，总就业量的产量对有效需求的增加的反应已经缺乏弹性。❷

可见，劳动市场的充分就业是一个与产品市场的有效需求相联系的概念。我们必须承认，从这一意义上说，凯恩斯的充分就业概念与马歇尔的稳定均衡概念，基本特征是相吻合的。

为了更清晰地解释充分就业均衡与产品供需均衡之间的联系，凯恩斯试图用他的基本模型的思想来解释经济处于充分就业的状态。他将消费倾向、新投资量与就业量联系起来，指出当产品的供给与需求处于稳定均衡时，只存在一个均衡水平的就业量，即充分就业均衡。"在既定的消费倾向和新投资量的情况下，只存在着一个均衡水平的就业量；因为，任何其他水平会导致全部产量的总供给价格和总需求价格之间的差异。均衡水平的就业量不能大于充分就业，即：实际工资不能小于劳动的边际

---

❶ 约翰·梅纳德·凯恩斯. 就业、利息和货币通论［M］. 重译本. 北京：商务印书馆，1999：20.
❷ 约翰·梅纳德·凯恩斯. 就业、利息和货币通论［M］. 重译本. 北京：商务印书馆，1999：32.

负效用。"[●]我们可以这样理解，消费倾向和投资量的增加会推动有效需求的增加，如果上述两者的增加使得实际就业量达到充分就业这一最佳状态，此时实际工资等于劳动的边际负效用，那么就可以说，总产量处于稳定均衡。

三、充分就业与稳定均衡的关系

正如马歇尔所言，经济科学的研究差不多全部应该集中在供给与需求均衡的普遍共有的一般关系上。产品市场的稳定均衡与劳动市场的充分就业涉及经济科学的这一基本问题，为了更清晰地理解劳动供需均衡的充分就业与产品供需正常供需的稳定均衡之间的联系，我们需要更清楚地解释上述二者之间的关系。

首先，古典理论建立在劳动供需与产品供需统一分析的基础上，它的假设前提意味着，"供给创造自己的需求"与充分就业均衡"在实质上可以说是同一事物"^❷。产量的总需求总是与总供给相等这一命题，正对应于劳动市场的充分就业状态。换句凯恩斯的话："萨伊定律所意味着的整个产量的总需求价格在一切产量上都与总供给相等的说法就相当于到达充分就业不存在任何障碍这一命题。"^❸

其次，新古典理论同样是基于产品市场与要素市场统一分析的一般性均衡理论，稳定均衡的假定条件也适用于劳动的雇用。正如凯恩斯所说，劳动供给曲线是以产品的总供给来表示的，"如果以产品来表示的劳动的供给曲线没有变动，那末，只存在着一个符合长期均衡的可能的就业水平"^❹。不可否认，这一表述符合亚当·斯密的真实工资的定义，即劳动的真实报酬是用一定数量的生活必需品和便利品表示的。可见，产品市场的稳定均衡是与劳动市场的充分就业均衡联系在一起的。

---

❶ 约翰·梅纳德·凯恩斯. 就业、利息和货币通论 [M]. 重译本. 北京：商务印书馆，1999：33.

❷ 约翰·梅纳德·凯恩斯. 就业、利息和货币通论 [M]. 重译本. 北京：商务印书馆，1999：27.

❸ 约翰·梅纳德·凯恩斯. 就业、利息和货币通论 [M]. 重译本. 北京：商务印书馆，1999：32.

❹ 约翰·梅纳德·凯恩斯. 就业、利息和货币通论 [M]. 重译本. 北京：商务印书馆，1999：196.

最后，凯恩斯就业理论的基本模型所使用的方法是劳动供需模型与总供需模型的相互作用，并将这一方法与劳动价值论结合在一起。凯恩斯的充分就业定义是与产品供需均衡相等价的范畴，"充分就业是一种状况；在其中，总就业量的产量对有效需求的增加的反应已经缺乏弹性"[❶]。也就是说，在充分就业状态下，有效需求的增加不能使得产量再增加，"这一状态显然同充分就业是相同的事情"[❷]。由此可见，劳动市场的充分就业均衡与产品市场的稳定均衡是同一事物的不同表述。

综上所述，无论是古典就业理论、新古典的一般均衡理论，还是凯恩斯的就业理论，都是围绕稳定均衡或者充分就业均衡展开研究的；充分就业与稳定均衡是一组不可分割的概念，是与劳动供需与产品供需相互作用的分析方法联系在一起的。

第三节　四维模型与充分就业曲线

如果说供需均衡的一般原理是围绕着稳定均衡和充分就业展开讨论的，那么，明确产品市场的稳定均衡与劳动市场的充分就业之间的关系，从而确定稳定均衡的产量水平与充分就业之间存在的某种定量关系，这是构建供需均衡的分析框架的一个基本问题。本节通过四维图解法，试图在供需均衡的 N^w-Y^d 模型中得到一条与潜在产量相联系的充分就业曲线。

一、四维图解法与充分就业均衡

如前所述，稳定均衡的产量是充分就业状态的产量水平。采用科学的方法描述充分就业量与稳定均衡的产量之间的关系，是经济科学的一个关键性的问题。

在供给与需求的四维模型中，稳定均衡产量的确定是与充分就业量相

❶ 约翰·梅纳德·凯恩斯. 就业、利息和货币通论 [M]. 重译本. 北京：商务印书馆，1999：32.
❷ 约翰·梅纳德·凯恩斯. 就业、利息和货币通论 [M]. 重译本. 北京：商务印书馆，1999：32.

联系的，或者说，是劳动市场的充分就业量决定着产品市场稳定均衡的产量。运用四维图解法，我们可以由不同时期劳动市场充分就业的均衡点，找出产品市场处于稳定均衡的产量水平，从而得到一条与稳定均衡相联系的供需均衡点的连线。我们的目的是试图采用科学的分析方法，对劳动市场处于充分就业与产品市场处于稳定均衡的经济状态做出更严密的解释。

图 9-1 描绘了四维模型与充分就业曲线。通过这条供需均衡点的连线，我们可以看到充分就业量与对应的稳定均衡产量是如何随时间变化的。

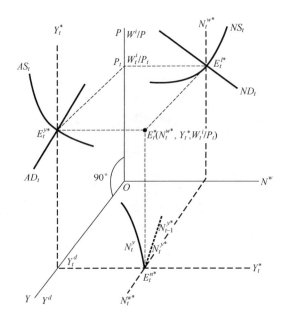

图 9-1　四维模型与充分就业曲线

如图 9-1 所示，在 t 时点，劳动市场处于充分就业均衡，劳动供给曲线与劳动需求曲线相交于短期的充分就业垂直线 $N_t^{w^*}$。NS - ND 模型 t 时点的充分就业曲线 $N_t^{w^*}$ 投影到 N^w - Y^d 模型上，与 $0\sim(t-1)$ 时期的充分就业曲线 $N_{t-1}^{y^*}$ 的延伸线相交于 $E_t^{n^*}$ 点，从而形成了 $0\sim t$ 时期的充分就业曲线 $N_t^{y^*}$，这样就得到了 $E_t^{n^*}$ 点对应的 t 时点的产品市场的稳定均衡产量 Y_t^*。我们可以确定，在 AS - AD 模型中，总供给曲线与总需求曲线相交于短期的稳定均衡产量的垂直线 Y_t^*；此时，劳动市场的充分就业均衡点 $E_t^{l^*}$ 与产品市场的

稳定均衡点 $E_t^{y^*}$ 在三维空间构成了 E_t^* 点。$E_t^*(N_t^{w^*}, Y_t^*, W_t^i / P_t)$ 点反映了一个经济体在 t 时点处于的稳定均衡状态，它表示当劳动市场达到充分就业均衡与产品市场达到稳定均衡时，用实际工资单位衡量的就业量、实际总产量、名义工资指数和一般价格指数分别为 $N_t^{w^*}$，Y_t^*，W_t^i，P_t。

采用四维图解法分析整体经济时，我们不仅要考虑一条连续的供需均衡曲线，还需要考虑另一条连续的供需均衡点的连线——充分就业曲线。在四维模型中，劳动市场供需均衡的充分就业量与产品市场的总供给与总需求的稳定均衡产量构成的点为 $E_t^*(N_t^{w^*}, Y_t^*, W_t^i / P_t)$，如果把不同时间点的充分就业量与稳定均衡产量构成的点 E_{t-n}^*，…，E_{t-2}^*，E_{t-1}^*，E_t^* 连接起来，就形成了一条连续的反映充分就业量与稳定均衡总产量的供需均衡点的连线——充分就业曲线。

二、$N^w - Y^d$ 模型与充分就业曲线

我们可以采用一种更简洁的方法来考察充分就业曲线。将不同时间点的劳动市场的充分就业垂直线投影到三维空间图形的底面，我们可以在供需均衡的 $N^w - Y^d$ 模型中描绘一条反映不同时期最优状态的充分就业曲线。这样，我们就可以用相对简单的 $N^w - Y^d$ 模型的图解方法替代复杂的四维图解法，来解释充分就业曲线及稳定均衡产量的含义。

在供需均衡的 $N^w - Y^d$ 模型中，从 $t-n$ 时点到 t 时点，用实际工资单位衡量的充分就业量与稳定均衡的实际产量构成的点分别为 $E_{t-n}^{n^*}(N_{t-n}^{w^*}, Y_{t-n}^*)$，…，$E_{t-2}^{n^*}(N_{t-2}^{w^*}, Y_{t-2}^*)$，$E_{t-1}^{n^*}(N_{t-1}^{w^*}, Y_{t-1}^*)$，$E_t^{n^*}(N_t^{w^*}, Y_t^*)$。把这些点连接起来，就形成了一条连续的由不同时间点的充分就业量与稳定均衡总产量构成的点的连线。我们将这条曲线定义为充分就业量与稳定均衡产量的曲线，简称充分就业曲线，用 $N_t^{y^*}$ 表示。充分就业曲线是三维空间图形中的供需均衡点 E_{t-n}^*，…，E_{t-2}^*，E_{t-1}^*，E_t^* 的连线在 $N^w - Y^d$ 模型上的投影，反映了在各时间点如果劳动市场达到充分就业时，就业量以及与其相对应的稳定均衡产量。

当劳动市场处于充分就业时，供需均衡曲线 N_t^y 与充分就业曲线 $N_t^{y^*}$ 相汇于一点，此时的产量水平是与充分就业相对应的。我们将与充分就业状

态相对应的产量水平定义为稳定均衡产量，用 Y_t^* 表示。

　　我们可以在供需均衡的 N^w - Y^d 模型中考察供需均衡曲线 N_t^y、充分就业曲线 $N_t^{y^*}$ 与稳定均衡产量 Y_t^* 之间的关系。如图 9-2 所示，在 t 时点，充分就业垂直线 $N_t^{w^*}$ 与充分就业曲线 $N_t^{y^*}$ 相汇于 $E_t^{n^*}$ 点，我们可以根据充分就业曲线得到各个充分就业均衡点对应的产量水平，$E_t^{n^*}$ 点的纵坐标即为 t 时点的稳定均衡产量。从 $t-n$ 时点到 t 时点，供需均衡曲线 N_t^y 有向充分就业曲线 $N_t^{y^*}$ 延伸的趋势，当供需均衡曲线 N_t^y 与充分就业曲线 $N_t^{y^*}$ 在 t 时点汇合时，供需均衡曲线的 E_t^n 点与充分就业曲线的 $E_t^{n^*}$ 点重合，在 t 时点，经济实现了充分就业均衡，或者说达到了产量的稳定均衡。此时供需均衡曲线的横坐标为充分就业量 $N_t^{w^*}$，纵坐标为稳定均衡的产量 Y_t^*。

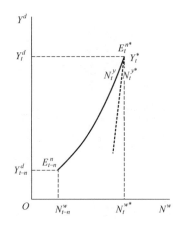

图 9-2　供需均衡曲线、充分就业曲线与稳定均衡产量

　　在这里，我们无意更深入探究四维模型的几何分析方法。我们的目的是：运用图解方法说明马歇尔的稳定均衡概念的含义，以及它与凯恩斯的充分就业概念之间的联系；解释就业理论的充分就业概念与宏观经济模型定义的"处于充分就业状态的潜在产量"的显著差别；试图为充分就业量与稳定均衡产量的定量分析提供一个科学的衡量方法。我们相信，在供需均衡的 N^w - Y^d 模型中描绘的充分就业曲线，体现了马歇尔和凯恩斯的供需均衡的一般原理的基本思想和意图。毫无疑问，经济分析的逻辑是相当清楚的，其目标就是要促使供需均衡曲线不断趋近于充分就业曲线。

第四节 对应充分就业的潜在产量

如前所述，马歇尔的供给与需求稳定均衡的模型通常假定市场存在着很大程度的自由竞争，那么，如果市场自由竞争的程度不够大，市场就很难处于稳定均衡的状态。从这一意义上讲，马歇尔并没有否认可能存在着供给与需求的其他的短期均衡状态。本节将考察宏观经济学关于潜在产量与充分就业状态的论述，然后给出充分就业量与潜在产量的计量方法，并讨论潜在产量曲线与充分就业曲线的关系。

一、对应于充分就业状态的产量

1929 年全球爆发了严重的大萧条，经济的崩溃动摇了民众对经济的信心，而传统的古典理论无法对经济危机做出合理的解释。资本主义世界急需一种经济学来说解释经济陷入大规模失业和大萧条的根源，更加紧迫的是要尽快找到解决失业和生产过剩的办法。"重大事件会塑造经济和经济学的研究。对宏观经济学的具体研究是从经济的经验，特别是经受了创伤的经验中发展起来的。在大萧条中，美国四分之一的劳动力无法找到工作。"[1]

在凯恩斯以后，宏观经济学提出了潜在产量和产出缺口的概念，当前主流宏观经济学基本上是围绕潜在产量展开经济分析的。宏观经济学在讨论产品的供需均衡时，通常认为，尽管产量并不是总处于稳定均衡的趋势水平，然而，它却是围绕着这种趋势波动的。宏观经济学定义潜在产量是对应于充分就业状态的产量水平。"垂直的古典供给函数基于这样一个假定，即：劳动总是处于充分就业状态，从而产量也总是处于相对应的 Y^* 水平。……我们把对应于劳动力充分就业状态的产量水平叫作潜在的 GDP、

---

[1] 鲁迪格·多恩布什，斯坦利·费希尔，理查德·斯塔兹. 宏观经济学：第 8 版 [M]. 北京：中国财政经济出版社，2003：419.

Y^*。"[1]很明显，宏观经济学认为可以确定产品市场的潜在产量，而且采用增长理论模型能够定量地分析经济增长的长期趋势。"产出缺口衡量实际产量与经济中现有资源得到充分利用时所能生产的产量之间的差额。充分就业的产量也叫做潜在产出。"[2]宏观经济学的潜在产量的概念告诉我们，产品市场的潜在产量水平是与劳动市场的充分就业量相联系的，并且，潜在产量与充分就业量之间存在着某种定量关系。总之，宏观经济理论是围绕潜在产量进行分析的，也就是说，如何确定与充分就业量相对应的潜在产量，是宏观经济理论的一个至关重要的问题。

令人遗憾的是，宏观经济学在讨论对应于充分就业状态的潜在产量水平时，实际上并没有与充分就业量建立起实质性的联系，或者说，宏观经济学并没有给出产品市场的潜在产量与劳动市场的充分就业量之间的函数关系式。严格地说，宏观经济模型所描述的经济处于充分就业状态，是脱离劳动市场的供需分析而单纯地讨论产品市场的潜在产量。宏观经济学认为，经济从长期来看是处于潜在产量水平的，这说明劳动市场在长期是充分就业的。

客观地说，脱离劳动市场的充分就业均衡这一基础来分析潜在产量，难免给人这样一种印象，即对应于充分就业状态的潜在产量似乎仅是一种理论上的定性陈述。作为一门科学来说，这种陈述方法既缺乏严谨性，也缺乏科学性。如果一个宏观经济分析框架，不能定量地分析产品的潜在产量与充分就业量之间的关系，仅假设产品市场的总供给与总需求围绕着潜在产量波动，就着手于计算潜在产量的数值，以及分析与潜在产量相联系的产出缺口，这就在很大程度上降低了这个宏观分析框架的可信度和科学性。

众所周知，新古典综合主要是以新古典学说作为其理论基础的。然而，马歇尔的产品供需稳定均衡的学说告诉我们，"劳动价值理论和劳动产品价值理论是不能分开的：它们是一个大的整体中的两个部分"。毋庸置疑，产品总供给与总需求的均衡产量是与劳动供给与劳动需求的均衡就业量联系

---

[1] 鲁迪格·多恩布什，斯坦利·费希尔，理查德·斯塔兹. 宏观经济学：第 8 版 [M]. 北京：中国财政经济出版社，2003：87.

[2] 鲁迪格·多恩布什，斯坦利·费希尔，理查德·斯塔兹. 宏观经济学：第 8 版 [M]. 北京：中国财政经济出版社，2003：14.

在一起的。

如果当代宏观经济学奉凯恩斯为其理论的开创者，那么，充分就业的概念是非常清晰的，"充分就业是一种状况；在其中，总就业量的产量对有效需求的增加的反应已经缺乏弹性"。无论如何，经济处于充分就业状态的产量是与劳动供需的充分就业量是相联系的。因此，宏观经济学就应该遵循凯恩斯的分析方法，以劳动价值论为基础，分析劳动市场与产品市场的供给与需求的相互作用，其实质内容是确定反映就业量与有效需求之间的关系的就业函数。总之，确定潜在产量与充分就业的概念，并建立二者之间的联系，应该成为经济科学的一个基本主题。

二、充分就业量和潜在产量的计算

凯恩斯把没有非自愿失业的情况称为充分就业。根据这一定义，摩擦失业和自愿失业并不与充分就业发生矛盾。用一国的劳动人口减去摩擦失业量和自愿失业量，就可以得到充分的就业量。

无论如何，我们需要建立产品市场的潜在产量（稳定均衡的产量）与劳动市场的充分就业量之间的联系。在 NS - ND 模型中，可以计算出用工资单位衡量的充分就业量；在供需均衡的 N^w - Y^d 模型中，通过充分就业量与其对应的产量构成的均衡点，可以得到对应于充分就业的潜在产量。

根据用实际工资单位衡量的就业量的表达式 $N_t^w = N_t \cdot \overline{W_t}$ [式（5.3）]，可以给出在 t 时点用实际工资单位衡量的充分就业量 $N_t^{w^*}$ 的表达式，即用实际工资单位衡量的充分就业量 $N_t^{w^*}$ 等于充分就业量与实际平均工资的乘积。

用实际工资单位衡量的充分就业量：

$$N_t^{w^*} = N_t^* \cdot \overline{W_t} \tag{9.1}$$

其中，N_t^* 代表充分就业量；$\overline{W_t}$ 代表实际平均工资。

式（9.1）通常的假定条件为：在短期内，假设实际平均工资保持不变。换句话说，在达到充分就业以前，假定劳动市场的供给曲线呈水平状。

根据凯恩斯的定义，总供给与总需求都是就业量的函数。在充分就业条件下，用工资单位衡量的充分就业量为 N_t^*，其对应的实际总产量为 $Y_t^* = \Phi(N_t^*)$。

我们用 Y_t^p 表示在 t 时点的潜在产量。

在第八章，已经给出了有效需求与均衡就业量的关系为：$Y_t^d = (1/g_t)N_t^w$ [式（8.1）]。根据以上关系式，假定最优的工资收入比例用 g_t^* 表示，由充分就业量 $N_t^{w^*}$ 的数值可以得到潜在产量 Y_t^p 的水平，二者的关系可以由以下模型给出。

对应于充分就业状态的潜在产量：

$$Y_t^p = (1/g_t^*)N_t^{w^*} \tag{9.2}$$

其中，Y_t^p 代表潜在产量；$N_t^{w^*}$ 代表充分就业量；g_t^* 代表最优的工资收入比例，我们可以假定这一最优的工资收入比例为常数。

式（9.2）表明，在假定 g_t^* 为常数的条件下，潜在产量与充分就业量之间存在着定量关系。由此我们得到两个初步结论：①潜在产量是与最优的收入分配相联系的；②潜在产量取决于充分就业量。换句话说，在既定的最优工资收入比例的条件下，当充分就业量的大小得以确定时，潜在产量就可以被唯一确定。

总之，我们可以根据经济学家设定的最优的充分就业水平，在短期内，在假定实际平均工资不变和确定最优的工资收入比例的条件下，可以计算出一个对应于充分就业量的潜在产量。我们将在第五节具体解释这一假定条件。

三、充分就业曲线与潜在产量曲线

根据以上所述，我们已经给出了计算充分就业量和潜在产量的方法。在供需均衡的 $N^w - Y^d$ 模型中的充分就业均衡点是与 $NS - ND$ 模型中的充分就业均衡点相对应的，我们可以通过确定 $N^w - Y^d$ 模型的不同时间点的充分就业均衡点的位置，来描绘一条连续的贯穿始终的充分就业曲线。

图 9-3 描述了如何借助 $NS - ND$ 模型，在供需均衡的 $N^w - Y^d$ 模型中找出充分就业曲线的位置。首先，在 $NS - ND$ 模型中，我们可以确定不同时间点用实际工资单位衡量的充分就业均衡点的位置；将这些充分就业均衡点投影在 $N^w - Y^d$ 模型上，根据已知的潜在产量与充分就业量的关系 [式（9.2）]，可以确定不同时间点的充分就业量与对应的潜在产量构成的均衡点的位置。

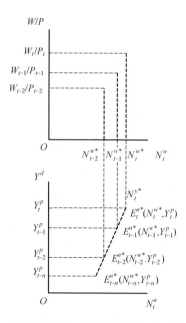

图 9-3 充分就业量、潜在产量与充分就业曲线

我们在前面已经给出了充分就业曲线的定义。在 N^w-Y^d 模型中，把不同时间点的充分就业量与潜在产量构成的均衡点 E_{t-n}^{n*}，…，E_{t-2}^{n*}，E_{t-1}^{n*}，E_t^{n*} 连接起来，就形成了一条连续的曲线。我们将这条连接不同时期充分就业量与潜在产量构成的点的连线定义为充分就业与潜在产量曲线，简称充分就业曲线，用 N_t^{y*} 表示。充分就业曲线反映的是一个经济体最优的供需均衡状态；严格地说，这只是一种理想的经济发展趋势。

潜在产量是经济体系处于充分就业时的产量水平。在 AS-AD 模型中，把不同时间点的潜在产量 Y_{t-n}^p，…，Y_{t-2}^p，Y_{t-1}^p，Y_t^p 连接起来，就形成了一条连续的长短不同时期的潜在产量的连线。我们将这条曲线定义为对应于劳动力充分就业状态的潜在产量曲线，简称潜在产量曲线。

综上我们介绍了充分就业曲线和潜在产量曲线的定义，以及在供需均衡的 N^w-Y^d 模型中如何确定在给定条件下的唯一的充分就业曲线和潜在产量曲线。很明显，充分就业曲线与供需均衡曲线不同的是，供需均衡曲线反映了就业量和总产量的实际情况，而充分就业曲线则是供给与需求的最理想的均衡状态。

第五节　充分就业曲线的基本特征

按照凯恩斯的解释,充分就业是一种相当于古典理论在一定假设条件下的特殊关系,即各种可能的均衡状态中的一个极端之点;从一定意义上说,这是一种最优的关系,我们当然有理由期望均衡水平的就业量等于充分就业量。要深入理解充分就业状态,需要探讨充分就业曲线的基本特征,包括充分就业曲线的位置、充分就业曲线的延伸与充分就业曲线的斜率这三个方面的特征。

一、充分就业曲线的位置

构建一个经济体的供需均衡的 N^w - Y^d 模型,不仅涉及供需均衡曲线的位置,还需要确定充分就业曲线的位置。粗略地讲,充分就业曲线的位置主要取决于劳动供给的水平。"而在实际工资为既定时,所可能有的劳动供给量仅仅决定就业量的最高水平。"❶我们已经知道,充分就业曲线是一条描述一个国家不同时期"最优"状态的供需均衡曲线。

凯恩斯的"在实际工资为既定时"的表述,涉及充分就业曲线的假定条件。在第八章,我们专门讨论了短期模型的假定条件。在四维模型的短期分析中,为了确定充分就业曲线的位置,我们假定"其他情况不变",遵循了凯恩斯的这一假定条件。不过,在具体的运用中,需要对此作一些处理。在 t 时点,如果没有实现充分就业,试图确定用实际工资单位衡量的充分就业量,显然需要某些关于实际工资的假定。在此时,如果实际就业量与充分就业量的差距不是很大,我们可以假定在达到充分就业以前,实际工资单位不变,即短期劳动供给曲线的下端呈水平状;如果实际就业量与充分就业量的差距较大,要使得就业量大幅度增长,实际工资水平必然会有显著的上升,因此,合理的做法是根据劳动供给曲线的斜率假定一个实际工资水平的上升系数。

---

❶ 约翰·梅纳德·凯恩斯. 就业、利息和货币通论 [M]. 重译本. 北京:商务印书馆,1999:36.

除了假定实际平均工资为既定，要确定充分就业曲线的位置外，我们还需要确定最优的工资收入比例，并假定其不变。在短期内，如果实际就业量与充分就业量的差距不是很大，可以假定在达到充分就业以前，实际平均工资不变；如果实际的就业量与充分就业量的差距较大，要使得就业大幅度增长，实际平均工资必须有一定的提高，因此，还需要对实际平均工资的上升速度做出假设。

实际上，当存在大量失业时，充分就业不过是一种理想的状态，或者说是，充分就业是长期的经济目标，而不是短期可以达到的。因此，在此情形下讨论充分就业，实际上已经脱离了短期分析的范畴，当然也不适合于短期模型的假定条件。如果进一步考察决定充分就业曲线的位置的主要因素，需要考虑人口的自然增长率、劳动人口的增长率，以及劳动供给与劳动需求之间在长期的相互作用等。总之，关于充分就业曲线位置的研究，涉及人口理论、劳动供给理论和分配理论等经济理论的系统研究，这些理论超出了我们目前讨论的范畴。尽管如此，上述因素对于我们分析的结果不会产生实质性影响。在我们目前的分析中，仍然假定其他情况不变。

如前所述，在供需均衡的 N^w-Y^d 模型中，描绘了一条连接不同时期的充分就业量与潜在产量构成的点的连线，即充分就业曲线。这条曲线刻画了一个经济体在各个时间点的最优状态，即用实际工资单位衡量的充分就业量与潜在产量之间的某种比例关系，并直观地反映了这一最优状态随时间的连续变化。

图 9-4 描述了在供需均衡的 N^w-Y^d 模型中，充分就业曲线的位置是如何确定的。在 t 时点，当劳动市场实现充分就业均衡时，充分就业垂直线 $N_t^{w^*}$ 与 $0 \sim t-1$ 时期的充分就业曲线 $N_{t-1}^{y^*}$ 的延伸线相汇于 $E_t^{n^*}$ 点，从而形成了 $0 \sim t$ 时期的充分就业曲线 $N_t^{y^*}$。此时，$E_t^{n^*}$ 点对应的总产量水平即为 t 时点的潜在产量 Y_t^p，由 $Y_t^p = (1/g_t^*)N_t^{w^*}$［式（9.2）］给出。如果我们用 $E_t^{n^*}$ 点的坐标来表示充分就业曲线 $N_t^{y^*}$ 的位置，可以说，从 $t-1$ 时点到 t 时点，充分就业曲线的位置从 $E_{t-1}^{n^*}$ 点移动到 $E_t^{n^*}$ 点。

在 N^w-Y^d 模型中，充分就业曲线 $N_t^{y^*}$ 的位置是指充分就业量 $N_t^{w^*}$ 与对应的潜在产量 Y_t^p 构成的 $E_t^{n^*}$ 点的坐标，也就是说，充分就业量 $N_t^{w^*}$ 与对应的潜在产量 Y_t^p 的数值确定了充分就业曲线 $N_t^{y^*}$ 的位置。由于充分就业量与潜在产量的数值随着时间而变化，因此充分就业曲线的位置也会发生改变；

换句话说，充分就业曲线位置的变化是由充分就业量和潜在产量随时间的改变而引起的。

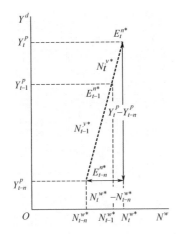

图 9-4　N^w-Y^d 模型与充分就业曲线

二、充分就业曲线的延伸

由于劳动供给的变化会引起充分就业量和潜在产量的改变，这样，在 N^w-Y^d 模型中，充分就业量与潜在产量构成的均衡点也会发生移动，于是就引起了充分就业曲线的延伸。由此可见，充分就业曲线的延伸取决于劳动供给与潜在产量在短期内的相对变化。

我们在图 9-4 已经描述了充分就业曲线的延伸。从 $t-1$ 时点到 t 时点，充分就业均衡点从 E_{t-1}^{n*} 移动到 E_t^{n*}，引起充分就业曲线由 N_{t-1}^{y*} 改变为 N_t^{y*}。我们将充分就业曲线随时间发生的这种短期变化称作充分就业曲线的延伸。充分就业曲线的延伸描述了用实际工资单位衡量的充分就业量相对于潜在产量随时间的变化，反映了充分就业曲线的短期特征。我们需要定量地描述充分就业量和潜在产量的变化，并且解释充分就业曲线延伸的经济学含义。

用 ΔN_t^{w*} 表示从 $t-1$ 时点到 t 时点充分就业的变化量（用实际工资单位衡量），它等于 t 时点的充分就业量减去 $t-1$ 时点的充分就业量。

用实际工资单位衡量的充分就业的变化量：

$$\Delta N_t^{w^*} = N_t^{w^*} - N_{t-1}^{w^*} \qquad (9.3)$$

其中，$N_t^{w^*}$ 和 $N_{t-1}^{w^*}$ 分别代表在 t 时点与 $t-1$ 时点的充分就业量。

式（9.3）表明，充分就业的变化量取决于充分就业量和实际平均工资的短期变化。与劳动人口的短期变化相联系的充分就业量的变化不但与一国人口的自然增长率密切相关，而且与一国的劳动供给政策密切相关，这就涉及短期劳动供给曲线的移动。

如果用 ΔY_t^p 表示从 $t-1$ 时点到 t 时点潜在产量的变化量，它等于 t 时点的潜在产量减去 $t-1$ 时点的潜在产量，即

潜在产量的变化量：

$$\Delta Y_t^p = Y_t^p - Y_{t-1}^p \qquad (9.4)$$

其中，Y_t^p 和 Y_{t-1}^p 分别代表在 t 时点与 $t-1$ 时点的潜在产量。

假定最优的工资收入比例 g_t^* 为常数的条件下，潜在产量的变化取决于充分就业量的变化，将 $Y_t^p = (1/g_t^*)N_t^{w^*}$ ［式（9.2）］代入式（9.4），可以近似地得到以下的关系式。

对应于充分就业状态的潜在产量的变化：

$$\Delta Y_t^p = (1/g_t^*)\Delta N_t^{w^*} \qquad (9.5)$$

其中，$\Delta N_t^{w^*}$ 代表充分就业量的变化量，假定 g_t^* 为常数。

以上我们给出了充分就业曲线的延伸的经济学含义。根据式（9.3）和式（9.4），充分就业曲线的延伸可以用充分就业的变化量和潜在产量的变化量这两个指标加以描述。当然，要精确地计量充分就业曲线的延伸，需要具体地分析充分就业量的变化，包括劳动供给量的变化和非自愿失业量的变化等，以及实际平均工资的变化和最优的工资收入比例的确定。我们以上的分析是对这一复杂问题的一种近似的简化。

三、充分就业曲线的斜率

在某一时期，充分就业曲线的斜率刻画了用实际工资单位衡量的充分就业量与潜在产量的相对变化，反映了劳动供给量和实际平均工资的增长

相对于潜在产量的增长。概括地说，充分就业曲线在一定时期的斜率，反映了充分就业曲线持续延伸的方向和潜在产量的发展趋势。

图 9-4 描绘了 $(t-n)\sim t$ 时期充分就业曲线的斜率。从 $t-n$ 时点到 t 时点，充分就业量从 $N_{t-n}^{w^*}$ 增加到 $N_t^{w^*}$，使得潜在产量从 Y_{t-n}^p 增加到 Y_t^p，于是，充分就业的均衡点从 $E_{t-n}^{n^*}$ 移动到 $E_t^{n^*}$。可以通过计算 $(t-n)\sim t$ 时期的充分就业曲线的斜率，来描述这一时期充分就业量与对应的潜在产量的相对变化。

用 $s_t^{n^*}$ 表示 $(t-n)\sim t$ 时期的充分就业曲线的斜率，定义充分就业曲线的斜率 $s_t^{n^*}$ 为该时期充分就业量的变化量与潜在产量的变化量的比值，反映了充分就业量相对于潜在产量的增长速度。

充分就业曲线的斜率：

$$s_t^{n^*} = \frac{N_t^{w^*} - N_{t-n}^{w^*}}{Y_t^p - Y_{t-n}^p} \qquad (9.6)$$

其中，$N_t^{w^*}$ 和 $N_{t-n}^{w^*}$ 分别代表 t 时点与 $t-n$ 时点的充分就业量；Y_t^p 和 Y_{t-n}^p 分别代表 t 时点与 $t-n$ 时点的潜在产量。

如图 9-4 所示，充分就业曲线的斜率刻画了在长度为 n 的时间区间内，充分就业量相对于潜在产量的变化，反映了 $(t-n)\sim t$ 时期充分就业曲线的延伸方向。充分就业曲线的斜率适用于不同时期的经济分析，特别是较长时期的分析。可以根据经济分析的具体问题，选取不同的时间段 n。与供需均衡曲线相同，充分就业曲线的斜率也采用邻边与对边的比值，这种定义更适合于其经济学含义的表述。

在一定时期，充分就业曲线的斜率反映了劳动供给相对于潜在产量的增长速度，可以用来描述劳动供给的长期变化。在潜在产量不断增长的条件下，充分就业曲线的斜率 $s_t^{n^*}$ 的经济学含义可以扼要地概括为以下几点。

① 当 $s_t^{n^*} > 0$ 时，表示劳动供给量在增加；如果 $s_t^{n^*}$ 的数值较小，这意味着，在长期内，用实际工资单位衡量的充分就业量的增长相对于潜在产量的增长比较慢。

② 当 $s_t^{n^*} = 0$ 时，表示劳动供给量不变，这意味着，在长期内，充分就业量保持不变。

③ 当 $s_t^{n^*} < 0$ 时，表示劳动供给量在下降；$s_t^{n^*}$ 的负值越大，说明长期

的劳动供给和实际平均工资相对于潜在产量的增长而下降的幅度越大。

另外，在供需均衡的 N^w-Y^d 模型中，充分就业曲线采用的时间单位与供需均衡曲线的时间单位应该是一致的。

充分就业曲线的斜率体现了某一时期劳动人口的长期变化。一个国家的充分就业曲线的斜率的决定因素，包括人口自然增长率、长期劳动供给的数量与质量、实际平均工资的增长速度，以及影响最优收入分配方式的诸多因素（比如社会制度和经济制度）。关于充分就业曲线斜率的研究，涉及人口原理和劳动供给理论等一系列经济理论，需要在以后章节中作具体讨论。

综上所述，我们从三个方面讨论了充分就业曲线的基本特征，即充分就业曲线的位置、充分就业曲线的延伸以及充分就业曲线的斜率。不难看出，充分就业曲线作为一条最优的供需均衡曲线，可以用于解释经济体系内部潜在的或者理想的供需均衡的一般规律。

第六节　需要研究经济的最优状态

如果说经济科学的注意力应该集中在考察正常供给与正常需求的稳定均衡，那么问题的关键在于，如何正确地解释这一经济科学所共有的供需均衡的一般关系。本章通过供给与需求的四维图解法，在供需均衡的 N^w-Y^d 模型中发现了一条充分就业量与潜在产量构成的点的连线，我们把这条最优的供需均衡点的连线称为充分就业曲线。为了更深入地理解充分就业曲线的基本性质，我们需要更深入地探讨供需均衡的最优状态。

第一，充分就业的概念起源于英国前古典政治经济学的早期思想。

充分就业的思想至少可以追溯到威廉·配第在 1662 年出版的《赋税论》中的论述，"我们就必须为所有其他贫民寻找一些固定的职业。这些人如果规规矩矩地从事劳动，是应该得到丰衣足食的"。上述思想起码包括以下两层含义：其一，一国政府必须为所有失业的劳动者解决就业问题，这已经隐含了经济学家力图达到充分就业的思想；其二，帮助所有失业者寻找工作是与他们应该得到丰衣足食的消费相联系的，这显然包含了需要支付劳动者合理的劳动报酬的思想。

需要特别指出的是，可能是理查德·坎蒂隆最早明确地提出了充分就业的概念。国家有责任为劳动者提供充足的就业机会，"给国内居民提供充足的就业机会是非常必要的。"●不仅如此，还要使他们获得足够的劳动报酬，来满足其对一切生活必需品的需求。"一个人不管通过劳动生产什么，这种劳动必须能给他提供生活资料，这是一条伟大的原理。"由此可见，为劳动者提供充足的就业机会，使他们能够满足对一切生活必需品的需求。毋庸置疑，这是一条通过充分就业来满足国民消费的伟大的原理。

第二，充分就业是一种最一般形式的供给与需求的最优均衡状态。

充分就业曲线可以用来解释马歇尔所说的正常供给与正常需求的稳定均衡状态。就其实质而言，充分就业曲线是将产品的正常供给和正常需求的稳定均衡与劳动供给和劳动需求的充分就业均衡联系在一起。通过追溯一条贯穿经济分析始终的充分就业曲线，我们可以把稳定均衡的原理与不同时期的供给与需求的最优均衡状态联系起来。

按照凯恩斯对于充分就业的理解，这种最优均衡状态相当于古典理论的假设条件下的特殊关系。"但在一般情况下，也没有理由来期望均衡水平的就业量等于充分就业。因为，与充分就业相对应的有效需求是一种特殊事例……。这种相当于古典理论的假设条件的特殊关系在一定意义上可以说是一种最优的关系。"●换句话说，古典学派所假设的情况是各种可能的均衡状态中的一个极端之点。因此，作为将不同时期充分就业量与潜在产量构成的点连接起来的联系短期与长期的曲线，充分就业曲线可以被视为一条反映不同时期的就业量与总产量的最优状态的供需均衡曲线。

第三，充分就业曲线的基本特征表明，它可以为供给与需求的最优均衡状态的研究提供一个科学的分析工具。

通过四维图解法，我们在 N^w - Y^d 模型中得到了一条随时间变化的充分就业量与潜在产量构成的点的连线，它是一条贯穿始终的并将长短不同时期联系起来的充分就业曲线。充分就业曲线是一条最优的供需均衡曲线。在考察实际的经济问题时，我们需要描绘一国的充分就业曲线，它可以作为一种科学的

● 理查德·坎蒂隆. 商业性质概论［M］. 北京：商务印书馆，1986：44.

● 约翰·梅纳德·凯恩斯. 就业、利息和货币通论［M］. 重译本. 北京：商务印书馆，1999：33.

分析工具用于解释一个经济体系内在的最优的供需均衡状态。

（1）充分就业曲线的位置：在供需均衡的 N^w-Y^d 模型中，充分就业曲线上的每一个点，是由用实际工资单位衡量的充分就业量与潜在产量构成的，它反映了一个国家供给与需求在短期的最优均衡状态；供需均衡点的连线可以直观地刻画一个国家的充分就业量、潜在产量以及收入分配在长期的最优均衡状态。

（2）充分就业曲线的斜率：对于供需均衡的 N^w-Y^d 模型来说，充分就业曲线的斜率刻画了一个国家在一定时期充分就业量与潜在产量的相对变化，反映了这一时期与劳动人口相联系的劳动供给的长期变化。当充分就业曲线的斜率大于零时，劳动供给量（用实际工资单位衡量）在长期增加；当充分就业曲线的斜率等于零时，劳动供给量在长期不变；当充分就业曲线的斜率小于零时，劳动供给量在长期下降。

（3）充分就业曲线的延伸：在供需均衡的 N^w-Y^d 模型中，充分就业曲线的延伸刻画了充分就业量相对于潜在产量的短期变化。一般来说，充分就业曲线在短期通常是按照一定的规律延伸的。

上述基本特征表明，充分就业曲线可以一目了然地反映一个国家充分就业、潜在产量和收入分配的整体状况，具有解释在一个经济体系中供需均衡的最优状态的能力，能够简洁地描述经济总量的稳定均衡状态。严格地说，如果没有这样一条贯穿始终的充分就业量与潜在产量构成的点的连线，我们可能难以清晰地了解一个经济体在长期的最优均衡状态。

第四，无论充分就业量和潜在产量的确定，还是最优的工资收入比例的确定，都与经济政策理论的研究密切相关，充分就业曲线为宏观经济政策的最终目标的研究提供了一种科学的方法。

充分就业曲线刻画了一国供需均衡的最优状态，当然，我们可以期望一国的就业量能够达到充分就业的水平，或者说，我们可以期望一国的均衡产量能够达到潜在产量的水平，这就涉及宏观经济政策的最终目标的研究。换句话说，给国民提供充足的就业机会是一国非常必要的经济政策目标，依靠充分就业曲线的分析方法，有助于经济政策的最终目标的理论研究。

采用充分就业曲线研究经济政策的最终目标，其基本含义可以粗略地概括为以下几点：（1）充分就业量的变化首先取决于劳动人口的变化，而劳动人口的变化是与人口的自然增长率相联系的，这显然与一国的人口政策密切相关。（2）充分就业量的变化同时取决于非自愿失业量的变化，后者取决于摩擦失业量和自愿失业量各自的变化，这就涉及一国的劳动供给政策以及与就业相关的一系列宏观经济政策。（3）对应于充分就业状态的潜在产量的变化不但取决于充分就业量的变化，而且取决于实际平均工资和工资收入比例的大小，这就涉及一国的税赋政策，并且与该国的收入分配政策密切相关。（4）我们是在假定其他情况不变的条件下，考察充分就业曲线的延伸，这意味着，存在一个明确的宏观经济政策的最终目标，并且在短期内难以改变。这就不可避免地涉及宏观经济政策的最终目标的研究。

简而言之，关于充分就业曲线的斜率的研究，涉及一系列长期宏观经济政策；关于充分就业曲线的延伸的研究，涉及一系列短期宏观经济政策。从这一意义上说，可以把供需均衡的 $N^w - Y^d$ 模型中的充分就业曲线，当作现实世界中宏观经济政策的最终目标。无论如何，经济科学可以采用供需均衡的 $N^w - Y^d$ 模型以及充分就业曲线更深入地研究供给与需求的最优均衡状态。

第十章 供需均衡的 N^w-Y^d 模型与就业通论

这样，我们就得到一个更加具有一般性的通论，而我们所熟悉的古典学派的理论则成为通论中的一个特殊事例。

——约翰·梅纳德·凯恩斯《就业、利息和货币通论》，序

第一节 概 述

本篇的标题为"就业通论与图解方法"，其写作目的是试图为解释就业理论的基本原理提供一个科学的图解分析方法。在第七章，我们发展了供给与需求的四维图解法，运用空间-时间的概念构建了供给与需求的四维模型，并且得到了一个供需均衡的一般模型——N^w-Y^d 模型。在其中，我们发现了一条供需均衡曲线，它是一条贯穿始终的均衡就业量与有效需求构成的点的连线；与此同时，我们还发现了一条充分就业曲线，它是一条贯穿始终的充分就业量与潜在产量构成的点的连线。我们应该认识到，供需均衡的 N^w-Y^d 模型为经济科学提供了一个统一的、科学的供需均衡的分析框架。

在第八章，我们探讨了这条贯穿始终的供需均衡曲线。马歇尔的供需均衡点的连线的思路为后来的经济学家的研究提供了重要的线索，然而，他也留下了许多工作给后继者。凯恩斯不但深刻理解这一思想，还力图发展供需均衡点的连线的研究方法。《通论》的实质内容在于，揭示就业量如何被决定于总供给函数与总需求函数相交时的总需求的数值——有效需求。为了说明这一内容，凯恩斯试图追溯"一条贯穿始终，并把供需均衡的一般原理与长短不同的时期联系起来的连线"，我们称为供需均衡曲线。

事实上，凯恩斯的就业理论的基本模型旨在解释这条供需均衡曲线的延伸在短期内是如何决定的。

在第九章，我们探讨了这条贯穿始终的充分就业曲线。在市场充分自由竞争的假定条件下，马歇尔解释了产品的正常供给与正常需求的稳定均衡状态。"这种均衡是稳定的均衡；这就是说，如价格与它稍有背离，将有恢复的趋势，像钟摆沿着它的最低点来回摇摆一样。"此外，马歇尔敏锐地意识到时间因素对于经济分析的重要性，"时间因素差不多是每一经济问题的主要困难之中心"。他提出了长期和短期的概念，首先把时间因素引入供需均衡分析中，目的是使供需均衡的一般理论连续适用于不同时期。在上述研究的基础上，马歇尔发现了一条连续不断的供需均衡点的连线，我们称为充分就业曲线。事实上，马歇尔的稳定均衡模型旨在解释这条充分就业曲线的基本性质。

本章准备进一步考察供需均衡曲线与充分就业曲线之间的关系，为了解释凯恩斯所说的经济的常态与特例，我们需要将供需均衡的 $N^w - Y^d$ 模型与就业通论联系起来。在供需均衡的 $N^w - Y^d$ 模型中，可以考察就业缺口与产出缺口，以及二者之间的关系；运用供需均衡曲线相对于充分就业曲线的斜率，可以进行长期经济分析；运用供需均衡曲线相对于充分就业曲线的延伸，可以进行短期经济分析。最后，我们需要深入探讨供需均衡的 $N^w - Y^d$ 模型的基本性质。

第二节　经济的"常态"与"特例"

对于亚当·斯密理论的不同解释，首先体现在 19 世纪初马尔萨斯与李嘉图激烈的学术争论上。200 多年以来，从马尔萨斯与以李嘉图为代表的古典学派的争论，到凯恩斯与新古典学派的争论，直到凯恩斯主义与新古典综合学派的争论，这场争论一直延续着，不但影响着几代经济学家的学术思想，而且左右着世界各国政府的经济政策。

就其实质而言，争论的焦点集中体现在对经济活动的基本规律的不同理解，以及对斯密理论体系的核心内容的不同解释。一个最重要的争议是，供给与需求的稳定均衡是一种"常态"还是一个"特例",换句话说,失业是一个长期现象还是短期现象。

一、经济理论争论的焦点

在《国富论》以后,经济理论争论的焦点主要围绕着古典学派的萨伊定律展开。"这个古典的概念经法国经济学家 J.B.萨伊(J.B.Say)的传播成了人们熟知的'萨伊定律'。该定律认为,供给创造其自身的需求。没有多少概念被如此地完全吸收到古典经济学的主流中去。"❶经济理论界通常认为,"凯恩斯与古典学派的根本决裂集中在萨伊定律的观念上⋯⋯"❷其实,凯恩斯并非全盘否认古典学派所信奉的萨伊定律,他只是认为,"古典学派的假设条件只适用于特殊情况,而不适用于一般通常的情况"❸。依照我们的见解,凯恩斯学说与传统的古典学派学说的分歧,至少涉及经济理论的三个基本问题。

(1)"供给创造其自身的需求"这一定律的真实含义。姑且不论马尔萨斯与李嘉图在理论上的根本分歧:供给能否创造其自身的需求,凯恩斯指出,古典学者们并没有很清楚地对这一学说做出解释。"自从萨伊和李嘉图时期以来,古典经济学者们都在讲授供给创造自己的需求的学说——其大意是:全部生产成本必须直接或间接地被用来购买所生产出来的产品,但对该学说,他们并没有很清楚地加以说明。"❹古典学派并没有解释清楚市场是如何使得总需求最终稳定在长期总供给的均衡水平。我们知道,如果要对供需均衡状态清楚地加以说明,需要建立一个劳动供给和需求与总供给和需求相互作用的整体分析框架,这正是《通论》所采用的分析方法。

(2)古典学派所假设的条件是否符合通常的情况。马歇尔在讨论最一

---

❶ 小罗伯特·B.埃克伦德,罗伯特·F.赫伯特.经济理论和方法史:第四版 [M].北京:中国人民大学出版社,2001:131.

❷ 小罗伯特·B.埃克伦德,罗伯特·F.赫伯特.经济理论和方法史:第四版 [M].北京:中国人民大学出版社,2001:394.

❸ 约翰·梅纳德·凯恩斯.就业、利息和货币通论 [M].重译本.北京:商务印书馆,1999:7.

❹ 约翰·梅纳德·凯恩斯.就业、利息和货币通论 [M].重译本.北京:商务印书馆,1999:23

般形式的稳定均衡时，提出的假定前提是：市场存在着很大程度的自由竞争，需求与供给自由地起着作用，"买主一般都是自由地同买主竞争，卖主一般都是自由地同卖主竞争"❶。这一假定前提显然是指，在充分自由竞争的市场条件下，稳定均衡可以成为一种常态。凯恩斯则认为，古典学派所假设的条件并非是经济的通常情况。一般情况下，由于存在市场失灵，产量会因为有效需求不足而下降，这会导致工人失业和生产停滞，因此，稳定供需均衡状态经常会被打破。

（3）供需均衡的一般原理的目的在于解释最一般形式的供需均衡状态，还是解释一个最优的供需均衡状态。凯恩斯认为，古典学派所讨论的只是经济的最优均衡状态，"古典理论所假设的特殊情况的属性恰恰不能代表我们实际生活中的经济社会所含有的属性。"❷。归根结底，凯恩斯的学说与古典学派的学说的本质区别在于：经济理论的目的旨在解释各种可能的经济状态，还是解释一个极端的最优的经济状态。

上述三个基本问题是一环扣一环的，经济学家们需要判断，根据经济社会的基本属性，稳定均衡状态是经济的常态还是特例。为了说明这一问题，我们有必要澄清就业的常态与特例之间的区别。

二、长期稳定均衡与短期均衡

古典学派的后继者们认为，经济存在恢复充分就业的自我调节机制，因此，失业只是一个短期现象；只要允许市场充分地调整，经济不会长期偏离充分就业状态。"关于萨伊定律（及其所有构件）的信仰被假定隐含着这样的命题，失业至少作为一个长期现象是不可能的。而且，它暗示经济总是自我调节的，即与充分就业完全生产均衡的背离仅仅是暂时的。"❸在第九章，我们讨论了马歇尔的正常需求与正常供给的概念，解释了产品的正常供给与正常需求的稳定均衡的一般规律。他运用钟摆的例子解释了产

---

❶ 艾尔弗雷德·马歇尔. 经济学原理：下卷 [M]. 北京：商务印书馆，1965：33.
❷ 约翰·梅纳德·凯恩斯. 就业、利息和货币通论 [M]. 重译本. 北京：商务印书馆，1999：7.
❸ 小罗伯特·B. 埃克伦德，罗伯特·F. 赫伯特. 经济理论和方法史：第四版 [M]. 北京：中国人民大学出版社，2001：394.

量和价格不会长期背离稳定均衡的一般原理。在此基础上，宏观经济理论是以产品的总供给曲线代替劳动供给曲线，并且，总供给曲线在长期是垂直的，说明就业量在长期内应该处于充分就业水平。从宏观意义上来讲，稳定均衡原理意味着"垂直的古典供给函数基于这样一个假定，即劳动总是处于充分就业状态，从而产量也总是处于相对应的 Y^* 水平"●。

　　不可否认，李嘉图的后继者认识到，在短期内，通常并不能保证经济总是处于充分就业均衡。为此，他们提出了长期的充分就业均衡的理论，该学说认为在足够长的时期内，总产量终归会回到充分就业的均衡状态。"其后的经济学者虽然并没有真正脱离李嘉图学说的实质内容，但却已具有足够程度的不安心情，从而在含糊其词中寻求掩护。正和对李嘉图所有的著作一样，上面的引文当然只能被解释为长期的理论，其着重之点为引文中的'永久地'。"●可见，古典学派以后的主流经济学尽管对古典学派的"供给创造其自身的需求"的学说作了一定程度的调整，却并没有真正脱离李嘉图学说的实质内容。

　　与此相反，凯恩斯的观点是，即使在长期中，经济运行也并不必然导致充分就业。为了说明这一问题，再考虑一下古典学派的学说赖以成立的通常假设条件是有意义的。"总是存在着充分就业，从而，如果以产品来表示的劳动的供给曲线没有变动，那末，只存在着一个符合长期均衡的可能的就业水平。"●然而，经济的长期运行通常要受各种因素的影响，这些因素的综合作用使得实际生活中的就业量可以长期低于充分就业水平。"李嘉图及其后继者所忽视的事实是：即使在长期中，就业量并不必然是充分的，而是可以处于变动之中，从而，相应于每一种银行政策，就存在着一个不相同的长期的就业量水平。"●这一陈述切中要害，无论短期或者长期，一国的就业量不仅受到市场内在因素的影响，而且受到政府经济政策的干预，

　　● 鲁迪格·多恩布什，斯坦利·费希尔，理查德·斯塔兹. 宏观经济学：第 8 版 [M]. 北京：中国财政经济出版社，2003：87.
　　● 约翰·梅纳德·凯恩斯. 就业、利息和货币通论 [M]. 重译本. 北京：商务印书馆，1999：196.
　　● 约翰·梅纳德·凯恩斯. 就业、利息和货币通论 [M]. 重译本. 北京：商务印书馆，1999：196.
　　● 约翰·梅纳德·凯恩斯. 就业、利息和货币通论 [M]. 重译本. 北京：商务印书馆，1999：196.

特别是不同的银行和金融政策,会对社会的就业水平产生极不相同的影响。在此情况下,并不存在就业量在长期能够自然恢复充分水平的机制。

三、凯恩斯强调就业"通"字

在《通论》的第一章,凯恩斯开宗明义,"我把本书命名为'就业、利息和货币通论',用以强调其中的'通'字。"❶我们应该意识到,如何理解凯恩斯所强调的"通"字,是就业理论研究的一个关键性问题。

首先,古典学派的学说研究的是各种可能的均衡状态中的一个极端之点,而不适用于经济通常的情况。《通论》写作的一个出发点就是针对古典理论的特殊性。"我将要进行争辩,说明古典学派的假设条件只适用于特殊情况,而不适用于一般通常的情况。古典学派所假设的情况是各种可能的均衡状态中的一个极端之点。"❷凯恩斯的这段表述非常精辟,相比于古典学派的追随者对凯恩斯与古典学派的根本分歧的论述,它能够提供一个更好的讨论问题的出发点。古典学派提出的"供给创造自己的需求"的理论,其假设条件只适用于供需均衡的最优状态,讨论充分就业条件下经济体的供需均衡;这种经济的最优状态即使在长期也不能必然实现。我们在第六章曾讨论过古典学派的假设前提,这里不再赘述。

其次,古典学派的学说忽视了有效需求不足所造成的经济衰退。凯恩斯深知,古典经济理论所研究的稳定均衡状态仅代表我们希望的经济运行的方式,它忽视了伴随经济增长而普遍存在的有效需求不足所导致的生产过剩,进而阻碍了就业量的增加。"传统经济理论……忽视了有效需求的不足所造成的对经济繁荣的障碍。因为,在符合古典学派的假设前提的社会中,显然会存在着趋于最优就业量的自然倾向。古典理论很可能代表我们希望我们的经济制度应该运行的方式。但是,把现实世界假设为这样就等

---

❶ 约翰·梅纳德·凯恩斯. 就业、利息和货币通论 [M]. 重译本. 北京:商务印书馆,1999:7.

❷ 约翰·梅纳德·凯恩斯. 就业、利息和货币通论 [M]. 重译本. 北京:商务印书馆,1999:7.

于把我们的困难给假设掉了。"❶我们必须承认，古典均衡理论的致命缺陷，就是不理解有效需求有存在不足的可能性，以及有效需求不足对失业的决定性影响。因此，古典理论并不能解释实际生活中普遍存在的失业难题。

最后，《通论》研究的是各种可能的供需均衡状态，特别关注的是相对于稳定均衡的另一个极端之点——经济危机。在 20 世纪 30 年代大萧条的背景下，凯恩斯写作了具有开创意义的《通论》，研究的目的是找出决定就业量的各种因素，从而提出如何增加就业量以摆脱失业危机的经济政策。凯恩斯强调其中的"通"字，他的"通"论与古典学派的特例有着本质性区别。

综上所述，凯恩斯认为经济生活的实际情况是，存在各种可能的均衡状态，特别是通常情况下会存在非自愿失业。为此，他提出了充分就业均衡与中性均衡（即非充分就业均衡）的概念，指出，经济运行的一般规律有一个显著特点，那就是一国的就业量和产量通常会长时期的在某一低于充分就业的均衡状态附近波动，而经济很少能实现大致的充分就业或者陷于大萧条。"我们生活于其中的经济制度的一个显著特点为，虽然它在产量和就业量上具有大幅度的波动，但是，它并不是非常不稳定的。确实，它似乎可以在相当长的时期中停留在正常状态以下的经济活动水平，而又不显示出任何趋于复苏或趋于完全崩溃的倾向。此外，实际例证表明，充分或甚至大致充分的就业量是少有的和短时存在的现象。"❷大萧条以来的历史资料表明，经济的确很难实现充分甚至大致充分的就业状态，特别是在全球几大经济体中，我们至今没有发现能在较长时期保持大致充分就业的实证经验。不得不承认，充分就业是经济的理想状态，并不是现实经济的常态，经济可以长期维持在相对较低的就业水平，甚至在某一特定时期可能陷入经济大萧条。由此不难看出，凯恩斯的学说更接近于古典学派之前的政治经济学，即失业是经济理论的一个最基本的难题。

---

❶ 约翰·梅纳德·凯恩斯. 就业、利息和货币通论［M］. 重译本. 北京：商务印书馆，1999：38–39.
❷ 约翰·梅纳德·凯恩斯. 就业、利息和货币通论［M］. 重译本. 北京：商务印书馆，1999：256.

第三节 供需均衡的 N^w-Y^d 模型与就业"通"论

在第八章和第九章，我们分别考察了供需均衡曲线与充分就业曲线的基本特征，在此基础上，需要进一步探讨上述两条曲线之间的关系。实际上，供需均衡的 N^w-Y^d 模型刻画的是真实的供需均衡曲线与最优的供需均衡曲线之间的关系。本节我们将考察供需均衡的 N^w-Y^d 模型的某些特征，并且将就业通论与 N^w-Y^d 模型联系起来，阐述运用供需均衡的 N^w-Y^d 模型如何能够清楚地解释就业"通"论的基本原理。

一、供需均衡的 N^w-Y^d 模型

我们在第二节谈到，凯恩斯的学说为解释就业量的决定因素提供了一个一般性的理论框架。我们采用四维图解法构建的供需均衡的 N^w-Y^d 模型，刻画了供需均衡曲线与充分就业曲线的相对变化，可以用于解释凯恩斯的就业理论的基本原理和模型。

要考察供需均衡的 N^w-Y^d 模型的基本特征，首先需要明确供需均衡曲线和充分就业曲线的假定条件。对于供需均衡曲线来说，这一曲线上的供需均衡点的确定是基于短期模型的假定前提。凯恩斯多次强调，"在既定的技术、资源和成本的条件下"，或者说，"在技术、资源和每一单位就业量的要素成本均为既定时"。其含义是，在短期模型中，劳动供给曲线与总供给曲线是给定的，就业量与总产量的变化取决于需求曲线的移动。对于充分就业曲线来说，这一曲线上的供需均衡点的确定，是基于充分自由竞争的市场的假定条件下。马歇尔提出的假定前提是，"需求和供给……存在着很大程度的自由竞争"；并且，"假定这适用于各种成品及其生产要素，适用于劳动的雇用和资本的借贷"。在第八章我们已经讨论了供需均衡曲线与时间因素，以及短期模型的假定条件；在第九章又解释了充分就业曲线的假定条件，在此不予赘述。

通过四维图解法，我们得到一个供需均衡的 N^w-Y^d 模型，它不仅刻画

了均衡就业量与有效需求构成的点的连线——供需均衡曲线；还刻画了充分就业量与潜在产量构成的点的连线——充分就业曲线。在 N^w–Y^d 模型中，在 t 时点供需均衡曲线的位置，是由供需均衡曲线 N_t^y 相对于充分就业曲线 $N_t^{y^*}$ 的水平距离决定的。供需均衡曲线距离充分就业曲线较远，表示存在较高的失业率；供需均衡曲线与充分就业曲线相交，表示此时已达到充分就业。

图 10-1 描绘了供需均衡曲线相对于充分就业曲线的位置。在一般情况下，供需均衡曲线 N_t^y 与充分就业曲线 $N_t^{y^*}$ 存在一定的距离，这一距离的大小反映了一个经济体所处的供需均衡的状态。从 $t-n$ 时点到 t 时点，如果供需均衡曲线 N_t^y 趋于向充分就业曲线 $N_t^{y^*}$ 延伸，使得二者之间的水平距离逐渐缩小，表明一个经济体的就业率在逐步提高。

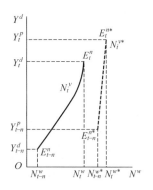

图 10-1　供需均衡曲线相对于充分就业曲线的位置

在 t 时点，供需均衡曲线与充分就业曲线的水平距离为（$N_t^{w^*}-N_t^w$），潜在产量与有效需求的垂直距离为（$Y_t^p-Y_t^d$）。供需均衡曲线相对于充分就业曲线的位置，不仅反映了实际就业量与充分就业量之间的关系，也反映了实际产量与潜在产量之间的关系。

关于供需均衡曲线与充分就业曲线之间的关系的研究，既涉及供需均衡的一般原理，也涉及稳定均衡的学说和劳动供给理论。这些内容在上两章讨论供需均衡曲线和充分就业曲线的基本特征时已经作了相应的介绍。很明显，这些内容构成了我们进一步研究供需均衡的 N^w–Y^d 模型的基本特征的基础。

二、N^w-Y^d 模型的基本特征

在考察供需均衡曲线和充分就业曲线的基本特征的基础上，我们可以将这两条曲线联系起来，进一步探讨供需均衡的 N^w-Y^d 模型的基本特征。我们可以从以下几个方面来讨论：其一，在某一时点，供需均衡曲线相对于充分就业曲线之间距离的大小；其二，在长期内，供需均衡曲线的斜率相对于充分就业曲线的斜率的大小；其三，在短期内，供需均衡曲线相对于充分就业曲线延伸方向的差异；其四，供需均衡的 N^w-Y^d 模型的时间单位的选择。下面分别解释 N^w-Y^d 模型这四个方面的基本特征。

（1）在某一时点，供需均衡曲线相对于充分就业曲线之间距离的大小。这一距离既刻画了非自愿失业量的大小，也刻画了产出缺口的大小。经济的一般情况是，供需均衡曲线与充分就业曲线之间存在一定的距离，供需均衡曲线距离充分就业曲线较远，表示该国存在较高的失业率，相应地，产出缺口也较大。经济的特殊情况是古典学派所假设的最优状态，即供需均衡曲线与充分就业曲线在同一时点汇合于一点，表示已经实现充分就业均衡。粗略地说，如果在某一时期内，一国的供需均衡曲线围绕着充分就业曲线在一定范围内波动，可以认为该国在该时期实现了充分就业；与此同时，实际产量达到了潜在产量。

（2）在长期内，供需均衡曲线的斜率与充分就业曲线的斜率可能不同，这反映了实际的均衡曲线与最优的均衡曲线的不同变化趋势。概括地说，供需均衡曲线的斜率主要取决于劳动需求量和实际平均工资相对于有效需求的长期变化，充分就业曲线的斜率主要取决于劳动供给量和实际平均工资相对于潜在产量的长期变化。考察供需均衡曲线的斜率相对于充分就业曲线的斜率的变化，可定量地分析就业量相对于劳动供给量的长期变化，以及有效需求（实际产量）相对于潜在产量的长期变化。

（3）在短期内，供需均衡曲线相对于充分就业曲线的延伸方向和幅度，反映了就业缺口和产出缺口的短期变化。一般来说，一国的人口以及劳动供给量在短期的变化幅度较小，并且是可以预测的，因此充分就业曲线是按一定的趋势延伸的；与之对应的是，由于决定就业量的各种因素的变化，

供需均衡曲线可能以不同的速度向不同的方向延伸。这样，考察供需均衡曲线相对于充分就业曲线的短期变化，一般假定充分就业曲线的斜率保持不变，经济分析主要关心的是供需均衡曲线延伸的方向和幅度，对于经济科学来说，需要定量地分析有效需求的变化所引起的就业量、实际工资以及有效需求（实际总产量）的短期变化。

（4）供需均衡的 N^w-Y^d 模型的时间单位可根据经济分析的实际情况来选择。总的来说，供需均衡曲线和充分就业曲线的时间单位越小，精确性就越高，分析的结果与经济事实之间的差异就越小。短期模型一般以季度作为时间单位，或者更小的时间单位，通常用于解释当前的经济状况及其短期变化的原因，并预测经济在未来若干时间单位可能发生的变化。长期模型一般以若干年作为时间单位，其目的是追溯一条贯穿始终的供需均衡曲线和充分就业曲线，以揭示经济的长期发展趋势以及影响阶段性变化的因素，并预测经济在未来若干年可能的发展趋势。

三、就业通论与 N^w-Y^d 模型

根据以上所述，凯恩斯将经济的状态区分为常态与特例，《通论》研究的目的是建立一种适用于研究供给与需求的通常状况的一般就业理论。"我们就得到一个更加具有一般性的通论，而我们所熟悉的古典学派的理论则成为通论中的一个特殊事例。"[1]当然，具有一般性的就业通论涵盖了只具有特殊性的稳定均衡理论。供需均衡的 N^w-Y^d 模型与凯恩斯的研究思路是一致的。N^w-Y^d 模型的基本特征表明，它是一个具有科学性的统一的供需均衡的分析框架。

姑且不论 20 世纪 30 年代的大萧条和第二次世界大战的特殊时期，从 20 世纪 40 年代以来，根据 80 多年的就业量与总产量的实际数据，每一位宏观经济学家都可以在自己的脑海中形成一幅描绘一个国家 80 多年来的就业量与有效需求（总产量）的关系的供需均衡曲线以及充分就业曲线的图像。通过供需均衡的 N^w-Y^d 模型解释一个国家的供需均衡曲线相对于充

---

[1] 约翰·梅纳德·凯恩斯. 就业、利息和货币通论 [M]. 重译本. 北京：商务印书馆，1999：3.

分就业曲线的位置、供需均衡曲线的相对于充分就业曲线斜率以及供需均衡曲线延伸方向的各种变化，我们不但可以更深刻地理解《通论》的经济思想，而且为观察经济体系的真实运作提供了一个科学的分析工具。毋庸置疑，供需均衡曲线相对于充分就业曲线的斜率，以及供需均衡曲线的延伸方向和幅度的研究，既是凯恩斯的就业通论的核心内容，也是供需均衡的分析框架的最终任务。

首先，从供需均衡的分析框架的目标的角度，构建供需均衡的 N^w - Y^d 模型的一个重要目的，是要描绘一条反映不同时期的均衡就业量与有效需求之间关系的供需均衡曲线；它的另一个目的，是要描绘一条贯穿始终并把不同时期的充分就业量与潜在产量联系起来的充分就业曲线。考察供需均衡曲线与充分就业曲线之间的距离，分析这两条均衡曲线斜率的相对变化，预测这两条均衡曲线延伸的方向和幅度，可以分析在各国不同的经济条件下，长短不同时期各种因素对就业量的影响。

其次，对于长期分析来说，供需均衡曲线的斜率相对于充分就业曲线的斜率的变化，既反映了有效需求相对于潜在产量的变化，也反映了实际就业量相对于充分就业量的变化。通过分析两条均衡曲线斜率的相对变化，可以考察一国的就业量、总产量、工资水平与收入分配等一系列经济总量的长期变化。

最后，就短期而言，供需均衡曲线相对于充分就业曲线的延伸，描述了劳动需求相对于劳动供给的短期变化，以及有效需求相对于潜在产量的短期变化。一般来说，充分就业曲线的延伸取决于劳动供给与潜在产量的短期变化，供需均衡曲线的延伸取决于劳动需求与有效需求之间关系的短期变化。《通论》问世后 80 多年的实际经验证明，找出决定就业量的因素具有较大的难度和复杂性。供需均衡曲线的延伸这一方法可以为解释就业量的决定因素提供一个科学的分析工具，从而有助于进一步解释凯恩斯的就业通论的实质内容。

简而言之，供需均衡的 N^w - Y^d 模型可以用于解释各种可能的均衡状态，是理解《通论》的基本思想和分析思路的的有效工具。至关重要的是，在短期内，供需均衡曲线的不同的延伸方向和幅度，直观地反映了一国的就业量是增加还是下降，经济是否面临失业危机，可以为各国经济政策的制定提供可靠的客观依据。

第四节 就业缺口与产出缺口

供需均衡的 N^w-Y^d 模型的基本特征之一，就是供需均衡曲线与充分就业曲线之间的距离刻画了就业缺口与产出缺口的大小。本节在介绍就业缺口与产出缺口的概念的基础上，运用 N^w-Y^d 模型阐明以上概念的经济学含义，以及它们之间的关系。

一、"非自愿"失业量与就业缺口

在供需均衡的 N^w-Y^d 模型中，供需均衡曲线与充分就业曲线分别描述了就业量的常态与特例。凯恩斯把没有"非自愿"失业的均衡状态定义为充分就业，那么，供需均衡曲线与充分就业曲线之间的距离，不仅描述了实际就业量与充分就业量的差额——"非自愿"失业量，或者说就业缺口，同时反映了有效需求（实际产量）与潜在产量之间的差额——产出缺口。

图 10-2 运用供需均衡的 N^w-Y^d 模型描述了就业缺口与产出缺口。每一时点的就业缺口取决于两条曲线的相对位置，用供需均衡曲线相对于充分就业曲线的水平距离，可以计算出非自愿失业量或就业缺口（用实际工资单位衡量）。从 $t-n$ 时点到 t 时点，供需均衡曲线 N_t^y 趋向于充分就业曲线 N_t^{y*} 延伸，使得就业缺口逐渐缩小。在 t 时点，供需均衡曲线 N_t^y 上的均衡点为 $E_t^n(N_t^w, Y_t^d)$，充分就业曲线 N_t^{y*} 上的均衡点为 $E_t^{n*}(N_t^{w*}, Y_t^p)$，很容易得出，就业缺口为 $(N_t^{w*}-N_t^w)$，对应的产出缺口为 $(Y_t^p-Y_t^d)$。

在 t 时点，非自愿失业量 N_t^{wu} 等于充分就业量 N_t^{w*} 与实际就业量 N_t^w 的差额，我们将这一差额称为就业缺口 N_t^{wu}，即

用实际工资单位衡量的就业缺口：

$$N_t^{wu} = N_t^{w*} - N_t^w \qquad (10.1)$$

其中，N_t^{w*} 代表充分就业量；N_t^w 代表实际就业量。

式（10.1）表明，一国的非自愿失业量等于实际就业量相对于充分就

业量的缺口。在供需均衡的 N^w-Y^d 模型中，就业缺口表现为供需均衡曲线 N_t^y 相对于充分就业曲线 N_t^{y*} 的水平距离。

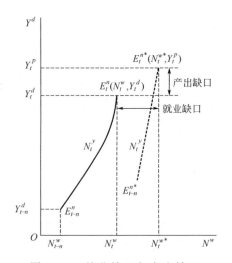

图 10-2　就业缺口与产出缺口

对于供需均衡的 N^w-Y^d 模型来说，就业缺口的基本特征可以表述如下：

① 当 $N_t^{wu} > 0$ 时，$N_t^w < N_t^{w*}$，说明供需均衡曲线与充分就业曲线存在一定距离，经济中存在一定的非自愿失业，或者说就业缺口，经济处于通常的非充分就业状态。就业缺口越大，说明社会的失业率越高。

② 当 $N_t^{wu} = 0$ 时，$N_t^w = N_t^{w*}$，说明供需均衡曲线与充分就业曲线汇合于一点，经济不存在非自愿失业，处于一种理想的充分就业状态。

③ 当 $N_t^{wu} < 0$ 时，$N_t^w > N_t^{w*}$，说明供需均衡曲线与充分就业曲线在 t 时点之前已经相交。在 t 时点，供需均衡曲线位于充分就业曲线的右上方，经济处于特殊的过度就业状态。

二、有效需求与潜在产量的缺口

产出缺口的概念我们比较熟悉。根据第九章所述，宏观经济学认为产量并不总处于其趋势水平，也就是说产量没有达到或者超过生产要素被充分利用的水平，而表现为产量围绕趋势水平上下波动。产量偏离趋势水平的差额被称为产出缺口。

"产出缺口衡量实际产量与经济中现有资源得到充分利用时所能生产的产量之间的差额。充分就业的产量也叫做潜在产出。

产出缺口≡潜在产出-实际产出

"产出缺口帮我们测定实际产出周期性偏离潜在产出或趋势产出（我们使用的这些术语可以相互替代）的范围。" ❶

我们在第九章已经指出了宏观经济学以上表述存在的问题。与之不同的是，我们基于四维图解法，给出了充分就业量和潜在产量的更科学、更严密的解释。在供需均衡的 $N^w - Y^d$ 模型中，根据潜在产量与充分就业量的关系 [式（9.2）]，可以找出不同时间点的充分就业量所对应的潜在产量的数值。

供需均衡曲线的位置的研究，可以直观地告诉我们实际就业量相对于充分就业量的差距，以及有效需求相对于潜在产量的差距。有效需求与潜在产量之间的差额，即产出缺口，可以通过 $N^w - Y^d$ 模型中充分就业曲线与供需均衡曲线在 t 时点的垂直距离来衡量。在供需均衡的 $N^w - Y^d$ 模型中，产出缺口表现为供需均衡曲线 N_t^y 相对于充分就业曲线 $N_t^{y^*}$ 的垂直位置。

在 t 时点，有效需求与潜在产量的缺口 Y_t^{pd} 等于对应于充分就业状态的潜在产量 Y_t^p 与有效需求 Y_t^d 的差额，即

有效需求与潜在产量的缺口：

$$Y_t^{pd} = Y_t^p - Y_t^d \qquad (10.2)$$

其中，Y_t^p 代表潜在产量；Y_t^d 代表有效需求（实际产量）。

三、产出缺口与就业缺口的关系

在用图解方法解释了就业缺口和产出缺口的概念之后，需要进一步考察就业缺口与产出缺口之间的关系。我们可以根据经济学家设定的最优的充分就业水平，计算出劳动供需模型的充分就业垂直线的位置。

---

❶ 鲁迪格·多恩布什，斯坦利·费希尔，理查德·斯塔兹. 宏观经济学：第 8 版 [M]. 北京：中国财政经济出版社，2003：14.

我们已知有效需求与就业量的关系为：$Y_t^d = (1/g_t)N_t^w$ ［式（8.1）］；已知潜在产量的表达式为：$Y_t^p = (1/g_t^*)N_t^{w^*}$ ［式（9.2）］，将式（8.1）和式（9.2）代入式（10.2），可以得到

产出缺口与就业缺口的关系：

$$Y_t^{pd} = (1/g_t)\left(N_t^{w^*}/V_t - N_t^w\right)$$
$$= (1/g_t)N_t^{wu^*} \tag{10.3}$$

其中，g_t 代表工资收入比例；$N_t^{wu^*}$ 代表调整后的就业缺口；$g_t^* = v_t \cdot g_t$，v_t 代表工资收入比例的上升系数。

由式（10.3）可以看出，在短期假定工资收入比例 g_t 不变的条件下，产出缺口 Y_t^{pd} 的大小取决于调整后的就业缺口 $N_t^{wu^*}$ 的数值，产出缺口与就业缺口是一一对应的关系。

简而言之，在某时点供需均衡曲线与充分就业曲线之间的距离，不但决定实际就业量与充分就业量之间的缺口，而且决定有效需求与潜在产量之间的缺口。就业缺口与产出缺口之间的关系告诉我们，劳动供需均衡与产品供需均衡是相互作用的。我们必须承认，就像不能脱离充分就业量去考察处于充分就业状态的潜在产量一样，我们不能脱离就业缺口去考察产出缺口的变化。

当然，需要具体地考察供需均衡曲线各种短期均衡状态下就业缺口与产出缺口的经济学含义。在本章第六节，讨论供需均衡曲线的延伸与短期分析时，我们将继续探讨供需均衡的 $N^w - Y^d$ 模型的就业缺口与产出缺口的分析方法。

第五节　两条曲线的斜率与长期分析

供需均衡的 $N^w - Y^d$ 模型的另一个基本特征，就是供需均衡曲线的斜率与充分就业曲线的斜率的差异，这一差异刻画了一国的实际就业量和产量相对于充分就业量和潜在产量的长期变化。粗略地说，一国的实际就业量相对于劳动供给量在长期的不同变化决定了供需均衡曲线相对于充分就业曲线的斜率的差异。本节准备在考察均衡曲线的斜率与充分就业曲线的斜

率之间关系的基础上，探讨这两条曲线斜率的相对变化对就业和产量的长期影响。

一、供需均衡曲线和充分就业曲线的斜率

在供需均衡的 N^w-Y^d 模型中，实际就业量相对于充分就业量的长期变化，以及实际产量相对于潜在产量的长期变化，可以通过考察供需均衡曲线的斜率与充分就业曲线的斜率之间的关系进行分析。换句话说，考察这两条均衡曲线斜率的相对变化，可以分析经济增长所伴随的长期就业发展趋势。

图10-3描绘了 $(t-n)\sim t$ 时期均衡曲线的斜率与充分就业曲线的斜率，刻画了这两条曲线的长期变化趋势。在 $(t-n)\sim t$ 时期，供需均衡曲线的斜率为 s_t^n，它反映了实际就业量相对于有效需求的长期变化；充分就业曲线的斜率为 s_t^{n*}，它反映了充分就业量相对于潜在产量的长期变化。

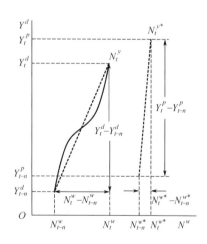

图 10-3 供需均衡曲线和充分就业曲线的斜率

由供需均衡曲线的斜率表达式：$s_t^n = \dfrac{N_t^w - N_{t-n}^w}{Y_t^d - Y_{t-n}^d}$ [式（8.2）]可知，在有效需求不断增长的条件下，供需均衡曲线的斜率的基本特征为：当 $s_t^n > 0$ 时，就业量增加；当 $s_t^n = 0$ 时，就业量不变；当 $s_t^n < 0$ 时，就业量随着有效

需求的增长反而下降。

由充分就业曲线的斜率表达式：$s_t^{n^*} = \dfrac{N_t^{w^*} - N_{t-n}^{w^*}}{Y_t^p - Y_{t-n}^p}$ ［式（9.6）］可知，在潜在产量不断增长的情况下，充分就业曲线斜率的基本特征为：当 $s_t^{n^*} > 0$ 时，充分就业量上升；当 $s_t^{n^*} = 0$ 时，充分就业量不变；当 $s_t^{n^*} < 0$ 时，充分就业量的下降反而伴随着潜在产量的增长。

在第八章、第九章我们已经分别讨论过供需均衡曲线的斜率和充分就业曲线的斜率的基本特征，在此不再作技术性描述。

二、两条曲线斜率的相对变化与长期分析

供需均衡曲线相对于充分就业曲线的变化趋势，可以采用比较供需均衡曲线与充分就业曲线的斜率的大小的方法加以考察。我们可以用以上模型计算出供需均衡曲线与充分就业曲线的斜率的数值，以及两条曲线斜率的不同所导致的就业缺口与产出缺口的变化。

在 n 个时间段，通常情况下，可以假设供需均衡曲线和充分就业曲线的斜率都是大于等于零的，即 $s_t^n \geqslant 0$ 且 $s_t^{n^*} \geqslant 0$。比较供需均衡曲线的斜率与充分就业曲线的斜率的关系，进而需要探讨供需均衡曲线相对于充分就业曲线的斜率的经济学含义。

第一种状态，供需均衡曲线与充分就业曲线重合，经济长期处于稳定均衡的状态。此时 $s_t^n = s_t^{n^*}$ 且 $N_t^w = N_t^{w^*}$，就业缺口和产出缺口均为零。

在 $N^w - Y^d$ 模型中，充分就业均衡的基本特征为：在短期内，供需均衡曲线与充分就业曲线相交，即 $N_t^w = N_t^{w^*}$；在长期内，供需均衡曲线与充分就业曲线的斜率相等，且这两条均衡曲线重合，达到一种长期的稳定均衡状态，即 $s_t^n = s_t^{n^*}$ 且 $N_t^w = N_t^{w^*}$。正如凯恩斯所说，"企业家之间的竞争力量会把 N 推进到它的最大值。在古典理论中，只有在这一点，才会存在稳定的均衡状态"。[1]

从 $t-n$ 时点到 t 时点，如果供需均衡曲线 N_t^y 围绕着充分就业曲线 $N_t^{y^*}$

---

[1] 约翰·梅纳德·凯恩斯. 就业、利息和货币通论［M］. 重译本. 北京：商务印书馆，1999：35.

波动，其波动范围限制在给定范围之内，可以认为，在该时期内经济实现了充分就业均衡，或者说，达到了产量的稳定均衡状态。

第二种状态，存在失业的情况下，如果供需均衡曲线的斜率等于充分就业曲线的斜率，说明就业率长期相对稳定。

在 $N^w - Y^d$ 模型中，凯恩斯的中性的均衡状态的基本特征为：供需均衡曲线位于充分就业曲线的左边。"按照古典理论，对所有的 N 的数值而言，$D = \Phi(N)$；而在 N 小于其最大值时，就业量均处于中性的均衡状态。"[1] 当 $s_t^n = s_t^{n^*}$ 且 $N_t^w < N_t^{w^*}$ 时，就业缺口和产出缺口均保持不变。一般来讲，如果实际工资在这个时间段稳定增长，就业率会保持不变。

第三种状态，存在失业的情况下，如果供需均衡曲线的斜率大于充分就业曲线的斜率，说明就业率会逐步上升。

当 $s_t^n > s_t^{n^*}$ 且 $N_t^w < N_t^{w^*}$ 时，就业缺口逐渐缩小的同时，产出缺口也在缩小。一般来讲，在这个时间段实际工资和就业率都会上升。至于就业率增长速度的大小，需要具体计算供需均衡曲线的斜率与充分就业曲线的斜率的相对变化量。

第四种状态，如果供需均衡曲线的斜率小于充分就业曲线的斜率，它意味着，一个国家的就业率在持续下降。

当 $s_t^n < s_t^{n^*}$ 且 $N_t^w < N_t^{w^*}$ 时，就业缺口扩大的同时，产出缺口也在扩大。一般来讲，在这个时间段就业率会持续下降。

宏观经济学通常认为，"产量并不总处于其趋势水平，……与此相反，产量围绕趋势水平波动"[2]。然而，就业量可能既不处于充分就业的趋势水平，也不围绕充分就业的趋势水平波动。在 $N^w - Y^d$ 模型中，长期失业状态的基本特征，就是供需均衡曲线的斜率小于充分就业曲线的斜率，或者说供需均衡曲线逐渐偏离充分就业曲线的趋势水平。随着就业缺口的扩大，就业率会持续下降，经济可能陷入大萧条。

概括地说，决定供需均衡曲线斜率的因素，主要包括就业量、实际工资和有效需求长期增长的速度，以及收入分配的比例；决定充分就业曲线

[1] 约翰·梅纳德·凯恩斯. 就业、利息和货币通论 [M]. 重译本. 北京：商务印书馆，1999：35.
[2] 鲁迪格·多恩布什，斯坦利·费希尔，理查德·斯塔兹. 宏观经济学：第 8 版 [M]. 北京：中国财政经济出版社，2003：14.

斜率的因素，主要包括人口的自然增长率、劳动供给量、摩擦失业量和自愿失业量，以及潜在产量的长期变化。充分就业曲线的斜率是用实际工资单位衡量的充分就业量的变化相对于潜在产量的变化的比例，它取决于与一国的人口变化相联系的劳动供给量和平均工资的长期变化，相对于最优的潜在产量的变化。这意味着，如果一国人口长期快速增长，充分就业曲线的斜率会比较大。可是，供需均衡曲线的斜率是实际就业量相对于有效需求的变化的比例，它取决于与一国的就业量和平均工资相对于有效需求的长期变化，劳动供需之间的关系表明，就业量和平均工资难以长期快速增长。这意味着，供需均衡曲线的斜率不会很大。这就是两条曲线斜率的不同的根本原因。

总而言之，供需均衡曲线的斜率相对于充分就业曲线的斜率，描述了均衡就业量与有效需求构成的点的连线相对于充分就业量与潜在产量构成的点的连线的长期变化。通过分析供需均衡曲线的斜率相对于充分就业曲线的斜率，既可以用来考察就业量相对于充分就业量的长期变化速度，也可以用来分析有效需求相对于潜在产量的长期变化趋势。

第六节　供需均衡曲线的延伸与短期分析

供需均衡的 N^w-Y^d 模型还有一个重要的基本特征，就是供需均衡曲线相对于充分就业曲线的延伸的方向和幅度的不同，将导致一国就业率在短期内发生变化，以及与其相联系的产量在短期内的变化。本节介绍供需均衡曲线的延伸对于就业缺口的影响；在短期内，供需均衡曲线不同的延伸方向和幅度，不仅直观地反映了就业量的大小，还反映了就业量变化的方向。

一、供需均衡曲线的延伸与就业缺口

短期模型的假定条件是假定其他情况不变。因此，我们有理由假定充分就业曲线按一定的规律变化——在短期按一定的趋势延伸。这样，供需均衡曲线相对于充分就业曲线之间距离的变化，主要取决于供需均衡曲线延伸的方向和幅度的大小。

图 10-4 刻画了供需均衡曲线和充分就业曲线的延伸与就业缺口和产出缺口的变化，或者说，反映了两条供需均衡曲线之间的距离在短期内发生的变化。从 $t-1$ 时点到 t 时点，由于供需均衡曲线相对于充分就业曲线的位置发生变化，就业缺口与产出缺口的大小也发生变化。有关供需均衡曲线与充分就业曲线在短期内的延伸的问题。我们已经分别在上两章作过介绍。

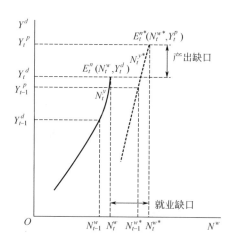

图 10-4　供需均衡曲线的延伸与就业缺口和产出缺口

我们可以采用以下公式定量地分析供需均衡曲线的延伸与充分就业曲线的延伸，以及所导致的就业缺口和产出缺口的变化。

用实际工资单位衡量的就业变化量：$\Delta N_t^w = N_t^w - N_{t-1}^w$ ［式(8.4)］。

用实际工资单位衡量的充分就业变化量：$\Delta N_t^{w*} = N_t^{w*} - N_{t-1}^{w*}$ ［式(9.3)］。

用实际工资单位衡量的就业缺口变化量：$N_t^{wu} = N_t^{w*} - N_t^w$ ［式（10.1）］。

由式(10.1)可以得到就业缺口的变化量与用实际工资单位衡量的就业变化量、充分就业变化量之间的关系。在 t 时点，如果用 ΔN_t^{wu} 表示实际工资单位衡量的就业缺口的变化，其表达式可以由以下公式给出。

用实际工资单位衡量的就业缺口的变化：

$$\Delta N_t^{wu} = \Delta N_t^{w*} - \Delta N_t^w \qquad （10.4）$$

其中，ΔN_t^{w*} 代表用实际工资单位衡量的充分就业变化量，ΔN_t^w 代表用实际工资单位衡量的就业变化量。

在供需均衡的 N^w-Y^d 模型中，实际就业量的短期变化，决定了供需均衡曲线的延伸相对于充分就业曲线的延伸的方向和幅度。在假设 $\Delta N_t^{w*} \geqslant 0$ 的条件下，由于供需均衡曲线与充分就业曲线的延伸的方向和幅度的不同，而导致的就业缺口的变化，有以下三种可能性。

① 当 $\Delta N_t^{wu} > 0$ 时，$\Delta N_t^w < \Delta N_t^{w*}$，实际就业量的增加小于充分就业量的增加，就业缺口扩大；它意味着，劳动需求增加量小于劳动供给增加量，一国的就业率下降。

② 当 $\Delta N_t^{wu} = 0$ 时，$\Delta N_t^w = \Delta N_t^{w*}$，实际就业量的变化等于充分就业量的变化，就业缺口不发生变化；它意味着，劳动需求变化量与劳动供给变化量在短期内相等。

③ 当 $\Delta N_t^{wu} < 0$ 时，$\Delta N_t^w > \Delta N_t^{w*}$，实际就业量的增加大于充分就业量的增加，就业缺口缩小；它意味着，劳动需求增加量大于劳动供给增加量，一国的就业率上升。

二、短期均衡状态与供需均衡曲线的延伸方向

在供需均衡的 N^w-Y^d 模型中，考察两条曲线在短期内的相对变化，可以更深入地理解经济发展所处的各种均衡状态。短期模型通常假定其他情况不变，我们可以假定充分就业曲线在短期内按一定的趋势延伸，供需均衡曲线与充分就业曲线之间的距离，主要取决于供需均衡曲线的延伸方向与延伸幅度。这样，短期经济分析的关键，就是要追溯供需均衡曲线是如何延伸的。

图 10-5 描述了供需均衡曲线不同的延伸方向与就业缺口的变化。我们可以看出，就业缺口的变化首先取决于供需均衡曲线的延伸方向；其次取决于供需均衡曲线的延伸幅度。

在供需均衡的 N^w-Y^d 模型中，存在失业的情况下，在短期内，供需均衡曲线与充分就业曲线持续延伸，供需均衡曲线相对于充分就业曲线之间的距离会不断发生变化，由此可能导致不同的供需均衡状态。从就业角度来看，即就业量增加、就业量不变和就业量下降。一般来说，供需均衡曲线

不同的延伸方向和幅度，可能导致就业缺口的变化至少有以下四种可能性。

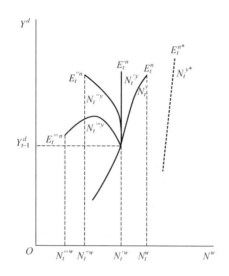

图 10-5　供需均衡曲线的不同延伸方向与
就业缺口的变化

第一，供需均衡曲线 N_t^y 向右上方延伸，且实际就业量的增加大于充分就业量的增加，就业缺口的变化量 ΔN_t^{wu} 为负值，就业缺口缩小，产出缺口也可能也随之缩小。

这种状态持续下去，供需均衡曲线与充分就业曲线 N_t^{y*} 长期会相交于一点，经济体达到充分就业均衡。此时，在短期内，劳动供给的变化等于劳动需求的变化，不存在就业缺口与产出缺口。在充分就业的条件下，进一步增加就业量，产量难以进一步增加。

供需均衡曲线 N_t^y 向右上方延伸的情况可分为三种，根据供需均衡曲线斜率不同，实际就业量的增加也可能小于或等于充分就业量的增加。此时，就业缺口的变化量 $\Delta N_t^{wu} \geqslant 0$。

第二，供需均衡曲线 $N_t^{\prime y}$ 向上方垂直延伸，充分就业量增加而就业量不变，就业缺口的变化量 ΔN_t^{wu} 为正值，就业缺口扩大，产出缺口也可能随之扩大。

第三，供需均衡曲线 $N_t^{\prime\prime y}$ 向左上方延伸，充分就业量增加而实际就业量下降，就业缺口的变化量 ΔN_t^{wu} 为正值，就业缺口扩大，产出缺口也可能随之扩大。

第四，供需均衡曲线 N_t^{wy} 向左下方延伸，充分就业量增加而实际就业量和产量同时下降，就业缺口的变化量 ΔN_t^{ww} 为正值，就业缺口和产出缺口同时扩大。有效需求下降，会引起失业率上升，导致工资和价格水平交替下降；如果一国的有效需求持续下降，失业率不断上升，可能会逐步演变成经济危机。

总之，供需均衡的 $N^w - Y^d$ 模型适用于短期经济分析，就业缺口与产出缺口的变化主要取决于供需均衡曲线的延伸。姑且不论供需均衡曲线向左下方延伸的情况，对于供需均衡曲线向上方延伸的三种情形，就业缺口的变化量 ΔN_t^{ww} 可能为正值、零或负值，说明在短期内，无论有效需求如何增长，经济的不同状态主要取决于就业量和平均工资的变化。

将供需均衡的 $N^w - Y^d$ 模型与就业通论相联系，可以更深入地解释供需均衡曲线的延伸的含义。客观地说，供需均衡曲线的延伸描述了凯恩斯的就业通论所适用于一般通常的情况。运用 $N^w - Y^d$ 模型，通过观察供需均衡曲线的延伸，以及它与充分就业曲线之间距离的变化，可以分析停留在充分就业状态以下的经济普遍现象，以及少有的和短时存在的大致充分就业的经济现象；并且可以考察就业缺口和产出缺口的不同状态。供需均衡曲线延伸的方向和幅度决定了就业缺口的变化，特别是供需均衡曲线可能以不同的速度向左下方延伸，即有效需求与实际就业量同时下降，就业缺口和产出缺口持续扩大，这种情形可以准确地描绘经济危机的演变过程及其基本特征。因此，对于经济科学来说，供需均衡的 $N^w - Y^d$ 模型的重要性是显而易见的。

第七节 供需均衡的 $N^w - Y^d$ 模型的性质

如前所述，经济学在成为一门独立的学科以后，需要拥有自己的基础，它亟须发展更完整的、更具科学性的研究方法。其实质问题是，经济科学如何发展一种科学的研究方法来解释供需均衡的一般原理；从一定意义上说，经济科学的进步几乎全部体现在供需均衡的一般模型的选择与改进上。

第二篇在亚当·斯密的供需均衡的一般理论的基础上，基于凯恩斯的一般就业理论，采用马歇尔的几何图解方法以及空间-时间的概念，发展了供给与需求的四维图解法，由此得到了一个供需均衡的 N^w-Y^d 模型。这一模型可以在不同时期和各种可能的均衡状态下，为经济分析提供一个统一的、科学的供需均衡的分析框架。为了深刻理解这一模型所包含的思想，我们需要归纳和总结供需均衡的 N^w-Y^d 模型所具有的基本性质。

第一，供需均衡的 N^w-Y^d 模型是建立在斯密的供需均衡的一般理论的基础上，供给与需求的一般均衡分析构成了经济学的基本原理。

经济科学力图正确地发展和运用科学的研究方法，应该建立在清晰地解释斯密的理论体系的基础上。斯密的供需均衡的一般理论揭示了经济活动的基本规律，这是就业理论研究的最基本的主题。

首先，斯密的供需均衡的一般理论是建立在劳动供需与产品供需之间相互作用的统一分析的基础上。一方面，劳动是供给国民每年消费的一切生活必需品和便利品的源泉，总供给是与就业量联系在一起的；另一方面，劳动需求取决于有效需求（消费需求和投资需求），在消费需求相对稳定的条件下，劳动者的就业量通常取决于资本量的大小及其用途。这样，劳动供给与需求的均衡、劳动产品的供给与需求的均衡，以及劳动供需均衡与总供需均衡之间关系的研究，就构成了供给与需求的一般均衡分析的基础。

其次，雇主支付给劳动者的货币只是工资的表象，真实工资是劳动生产物的一部分，这就在劳动价值与劳动产品价值之间建立了联系。更为重要的是，与一国的就业量相联系的总产量的变化，"要取决于这一国家的年产物每年是按照什么比例分配给这两个阶级的人民"。归根结底，一国的就业量和产量的变化要取决于工资总额与总收入的比例。

最后，"劳动是衡量一切商品交换价值的真实尺度"，劳动"价值论是使经济科学成为一个统一体的核心"。劳动供需与劳动产品供需是不可分割的，它们之间存在着相互作用的关系，而真实的价值尺度应该可以在不同的空间-时间体系中确定劳动价值与商品交换价值之间的定量关系。

总之，劳动供给和需求的学说与产品供给和需求的学说是不能分开的，它们是一个相互联系的整体中的两个部分；斯密的供需均衡的一般理论是建立在分配学说的基础上，这在很大程度上决定了供需均衡分析的基本方法。我们构建供需均衡的 N^w-Y^d 模型，旨在采用科学的方法来解释斯密的供需均衡的一般理论。

第二，供需均衡的 $N^w - Y^d$ 模型是运用空间-时间的概念来表述的，它是四维模型中的供需均衡点的连线在三维空间底面的投影。

发展一种更有力、更完整的科学研究方法考察供需均衡的一般原理，是经济科学的头等任务。换句话说，如果我们"致力于把这一学科（即经济学）建成一门独立的科学，使它拥有自己的基础"，不可避免地要涉及经济分析的科学方法。那么，理论研究的关键问题就在于：经济科学应该如何发展科学的研究方法。

首先，几何学"在逻辑上先于一切经验和一切经验科学"。几何学不但在逻辑上先于一切实际经济的经验，而且在逻辑上先于经济科学。如果没有几何学的帮助，许多经济科学的规律就无法准确的表示，因此，几何学应当走在经济科学的前面。不但对于道德哲学家，而且对于作为科学家的经济学家来说，欧几里得几何的基础地位是绝对不可动摇的。靠数学起家的马歇尔相当清楚这一点。根据凯恩斯的考证，"马歇尔的研究顺序可以表述如下：1867 年，他开始发展图解方法"。现代图解经济学的起源告诉我们，马歇尔的经济理论研究是由发展几何图形的方法开始的，他沿着这条线索使经济科学大大前进了一步。很明显，他是将几何图形的方法作为分析工具，运用到供给与需求的均衡分析中，从而使经济学成为一门独立的科学。目前，几何语言已经成为经济分析的标准工具。

其次，马歇尔早在 1890 年以前就已经敏锐地意识到时间因素对于经济分析的重要性。他断言，"时间因素差不多是每一个经济问题的主要困难之中心"。是马歇尔首先提出了长期和短期的概念，凯恩斯明确指出，"把时间因素直接引入经济分析中来，主要应当归功于马歇尔"。100 多年来的理论研究的经验证明，如何划分时间的长期与短期，确实是"经济学的最大困难的根源"。

再次，对于科学思维来说，"没有一条自然规律不能归结为某种用空间-时间概念的语言来表述的规律"。斯密的供需均衡的一般理论旨在揭示经济活动的基本规律。我们必须承认，探索经济规律与探索自然规律在本质上是一致的；从这一意义上说，经济学研究的基本方法，应该采用揭示自然规律的科学方法。从根本上讲，科学的思维是与空间-时间的概念联系在一起的，构建一个科学的供需均衡的分析框架应该采用空间-时间的概念。正如爱因斯坦所说，"世界上发生的每一事件都是由空间坐标 x，y，z 和时间坐标 t 来确定"。因此，供需均衡的分析框架实质上应该是四维的。

最后，供需均衡的图解方法是一种用空间-时间概念的表述。通过发展供给与需求的四维模型，"时间第一次明显地进入我们的讨论中。空间（位置）和时间在应用时总是一道出现的"。采用供需均衡的四维模型意味着，一个经济体的经济总量以及它们之间的关系都可以由空间坐标 x，y，z 和时间坐标 t 来确定。

供需均衡的 $N^w\text{-}Y^d$ 模型是四维模型中的供需均衡点的连线在三维空间底面的投影。在其中，我们发现了一条均衡就业量与有效需求构成的点的连线，这条贯穿始终的供需均衡点的连线被称为供需均衡曲线；与此同时，我们还发现了一条充分就业量与潜在产量构成的点的连线，这条贯穿始终的最优的供需均衡点的连线被称为充分就业曲线。

简而言之，供需均衡的图解方法以及我们最终得到的供需均衡的 $N^w\text{-}Y^d$ 模型，是建立在空间-时间概念上的科学的经济分析方法。这种方法适用于供给与需求的一般均衡分析，包括经济的真实状态和最优状态的比较分析，长期的趋势分析以及短期的动态分析等一系列经济问题。

第三，在供需均衡的 $N^w\text{-}Y^d$ 模型中，一条贯穿始终的充分就业曲线为考察供需均衡的最优状态提供了科学的分析工具。

马歇尔在发展几何图形的方法研究供需均衡的一般原理时，已经相当清楚地认识到，"如果没有数学符号或图表的帮助，我们要完全明了这一方面的连续性是不容易的"。可以说，使经济学说成为一般性的可用于分析供需均衡连续现象的一般理论，最好的方法是借助几何图形的帮助。

自经济学成为一门具有精确性的独立的学科以来，最值得探讨的问题可能是，马歇尔首先发现了"一条贯穿始终，并把供求均衡的一般原理与长短不同的时期联系起来的连线"。马歇尔把时间因素直接引入经济分析中，通过这条不同时期的供需均衡点的连线，试图科学地解释"最一般的形态上的正常需求和正常供给的均衡"的连续性。正确地理解这条供需均衡点的连线，对我们清晰地思考与时间因素相联系的供需均衡的一般原理至关重要。对经济科学来说，一条连续不断的供需均衡点的连线的方法是具有开创意义的。

在供需均衡的 N^w - Y^d 模型中,我们发现了一条充分就业量与潜在产量构成的点的连线,这条贯穿始终的最优的供需均衡点的连线被称为充分就业曲线。充分就业曲线的基本特征表明,在充分自由竞争的市场条件下,充分就业曲线可以一目了然地反映一国的劳动供给量、潜在产量和最优工资收入比例的整体状况,为深入考察一个经济体的供需均衡的最优状态提供了科学的分析工具。

就其实质而言,充分就业曲线是将产品的正常供给和正常需求的稳定均衡与劳动供给和劳动需求的充分就业联系在一起,通过追溯一条贯穿经济分析始终的充分就业曲线,可以把稳定均衡的一般原理与不同时期的供给与需求的最优均衡状态联系起来。由此可见,充分就业曲线可以解释马歇尔的正常供给与正常需求的稳定均衡状态的连续变化;如果没有这样一条贯穿始终的充分就业量与潜在产量构成的点的连线,我们可能难以清晰地了解一个经济体在长期的供需均衡的最优状态。

我们期望一国的实际就业量能够达到充分就业水平,并且期望一国的实际产量能够达到潜在水平。重要的是,一个国家给国民提供与他们的丰衣足食相联系的充足的就业机会,是一国政府非常必要的经济政策的最终目标。毫无疑问,在很大程度上,充分就业曲线为宏观经济政策的最终目标的研究提供了一种科学的工具。

第四,在供需均衡的 N^w - Y^d 模型中,一条贯穿始终的供需均衡曲线为研究供需均衡的一般状态提供了一种科学的分析工具。

如前所述,马歇尔把时间因素直接引入到济分析中,并且发现的一条长短不同时期的供需均衡点的连线。这一方法是开拓性的,然而,依照凯恩斯的见解,这一部分内容也是马歇尔论述得最不全面、最不令人满意的地方,他留下了许多工作需要由后继者们完成。凯恩斯区分了充分就业均衡与非充分就业均衡的概念。概括地说,古典学派提出的"供给创造自己的需求"的理论,其假设条件只适用于供需均衡的最优状态;经济生活的实际情况是,存在各种可能的均衡状态,特别是通常情况下会存在非自愿失业,也就是一国的就业量和产量通常会长时期的在某一低于充分就业的均衡状态附近波动。诚然,对于凯恩斯来说,供需均衡分析所使用的基本方法仍然是供给与需求之间的相互作用,这种方法是与劳动价值论结合在一起的。他在劳动供给-劳动需求模型与总供给-总需求模型相互作用的基础上，建立了统一的供需均衡的一般模型。

在供需均衡的 N^w-Y^d 模型中，我们发现了一条均衡就业量与有效需求构成的点随时间变化的连续曲线，它是一条贯穿经济分析始终的，并将不同时期联系起来的供需均衡曲线。这条贯穿始终的供需均衡点的连线使得供需均衡的一般原理连续适用于解释长短不同时期经济总量的供需均衡的各种状态。

如果没有供需均衡点的连线这一几何图形的帮助，我们要完全明了供需均衡的连续性是不容易的。供需均衡曲线的基本特征表明，首先，供需均衡曲线的斜率刻画了一定时期用实际工资单位衡量的就业量相对于有效需求的变化。在某一时期，当有效需求增加时，如果供需均衡曲线的斜率大于零，说明就业量同时增加；如果供需均衡曲线的斜率小于零，说明就业量反而下降。并且，供需均衡曲线的斜率的绝对值越大，就业量相对于有效需求在长期内的变化也越大。其次，供需均衡曲线的延伸刻画了劳动供需的均衡点与产品供需的均衡点在短期内的相对变化，反映了经济短期调整的结果。

简而言之，供需均衡曲线可以直观地反映一国经济的整体状况，能够简洁地解释经济体系处于的各种水平；运用供需均衡曲线能够有效地分析经济总量的供需均衡状态从短期到长期是如何变化的。

第五，供需均衡的 N^w-Y^d 模型为经济科学发展统一的供需均衡的分析框架提供了一种更完整、更科学的研究方法。

凯恩斯明确指出，"我把本书命名为'就业、利息和货币通论'，用以强调其中的'通'字"。那么深入理解凯恩斯所强调的"通"字，就成为研究就业理论的一个关键性问题。在区分供需均衡的常态与特例的不同的假定前提下，"我们就得到一个更加具有一般性的通论，而我们所熟悉的古典学派的理论则成为通论中的一个特殊事例"。毫无疑问，经济科学需要发展适用于研究通常状况的一般均衡理论，这就是凯恩斯的"一般性的通论"的含义。

在供需均衡的 N^w-Y^d 模型中，通过考察供需均衡曲线与充分就业曲线之间的关系，我们可以清晰地看出经济体系的真实状态与最优状态之间的差异。供需均衡的 $N^w - Y^d$ 模型具有三个基本特征。其一，供需均衡曲线与充分就业曲线之间的距离，刻画了不同时间点实际就业量相对于充分就业量的缺口，以及有效需求相对于潜在产量的缺口；其二，供需均衡曲线的斜率与充分就业曲线的斜率的比较，刻画了劳动需求相对于劳动供给的长期变化，以及实际产量相对于潜在产量的长期变化；其三，供需均衡曲线相对于充分就业曲线的延伸方向和幅度，决定了就业缺口与产出缺口在短期内的变化。

通过以上的基本特征，我们可以看到这条均衡就业量与有效需求构成的点的连线是唯一真实的客观实在（如果经济数据是真实的）。无论如何，由供需均衡曲线与充分就业曲线构成的供需均衡的 $N^w - Y^d$ 模型，给予我们的不只是一种方便的科学语言，而且可以为经济科学发展一种统一的供需均衡的分析框架提供一个更完整、更科学的研究方法。如果没有这两条贯穿始终的供需均衡点的连线，我们可能很难区分经济的常态与特例，也许难以了解经济体系在长期的实际状况，以及在短期各种状态的连续变化。

第六，对于供需均衡的 $N^w - Y^d$ 模型来说，供需均衡曲线在短期内的延伸是与凯恩斯的一般就业理论的要旨相联系的。

事实上，在《通论》中，凯恩斯试图采用经济模型追溯这条贯穿始终的供需均衡点的连线在短期内的变化，并且，他把这种研究方法与一般就业理论的核心内容联系了起来。

首先，凯恩斯的一般就业理论关心的是短期问题，特别是当经济深陷萧条时，大量失业者和他们的家人可能会面临极为悲惨的状况。政府的财政政策和货币政策需要考虑的是，应该如何对失业危机迅速做出反应，使大多数贫穷的劳动者能摆脱失业、饥饿和困苦。

其次，凯恩斯明确提出："我们的分析的最终目标是找出：决定就业量的是什么。到目前为止，我们已经得到初步的结论，即就业量取决于总供给函数和总需求函数的交点。"这一结论是凯恩斯创建就业理论的分析框架的起点。事实上，就业量取决于总供给函数与总需求函数相交时的总需求的数值——有效需求这一表述，已经呈现出一幅劳动市场的供需均衡与产品市场的供需均衡相互作用的三维空间的图像。我们已经知道，供需均衡曲线蕴含的基本关系是：均衡就业量决定于劳动供给曲线与劳动需求曲线的交点，这一交点又决定于总需求曲线与总供给曲线的交点。毫无疑问，供需均衡曲线描述了就业量取决于有效需求的思想，概括了《通论》的实质内容。

《通论》详细地阐述了就业理论的短期分析方法。对供需均衡的 N^w-Y^d 模型来说，在短期内，完全有理由假定充分就业曲线按一定的规律延伸，这样，就业缺口的变化就取决于供需均衡曲线的延伸。换句话说，供需均衡曲线的延伸不但描绘了就业变化的数量，而且反映了就业变化的方向；特别是，供需均衡曲线在短期内可能向不同的方向延伸。供需均衡曲线的延伸的分析方法，为考察供需均衡的短期变化提供了一个科学的图形分析工具。

最后，由于供需均衡曲线在短期内可能有不同的延伸方向和幅度，这意味着一国的就业量可能增加，也可能下降，甚至爆发失业危机。我们在第二章讨论过凯恩斯的一般就业理论的要旨，即"均衡的就业量取决于，1）总供给函数，Φ，2）消费倾向，χ，和 3）投资量，D_2"。凯恩斯试图采用就业函数来解释均衡曲线的延伸，客观地说，就业函数考察的是总供给函数、消费倾向和投资量以及影响它们的各种因素如何决定就业量的变化，它是描述供需均衡曲线的延伸的函数表达式。在第二卷的第十四章，我们将运用就业函数进一步解释供需均衡曲线的延伸。

综上所述，我们基于马歇尔和凯恩斯的研究方法，采用几何图解方法和空间-时间的概念，构建了供需均衡的 N^w-Y^d 模型，旨在采用科学的方法阐释斯密的供需均衡的一般理论，揭示供需因素在空间和时间上相互作用的普遍规律；在此基础上，我们进一步解释了凯恩斯的一般就业理论，试图发展一种更有力、更完整的图解分析方法，为经济科学提供了一个统一的科学的供需均衡的分析框架。